Sibylle Ryser (Hg. | Ed.)

sonja feldmeier

based on a true story

Verlag für moderne Kunst

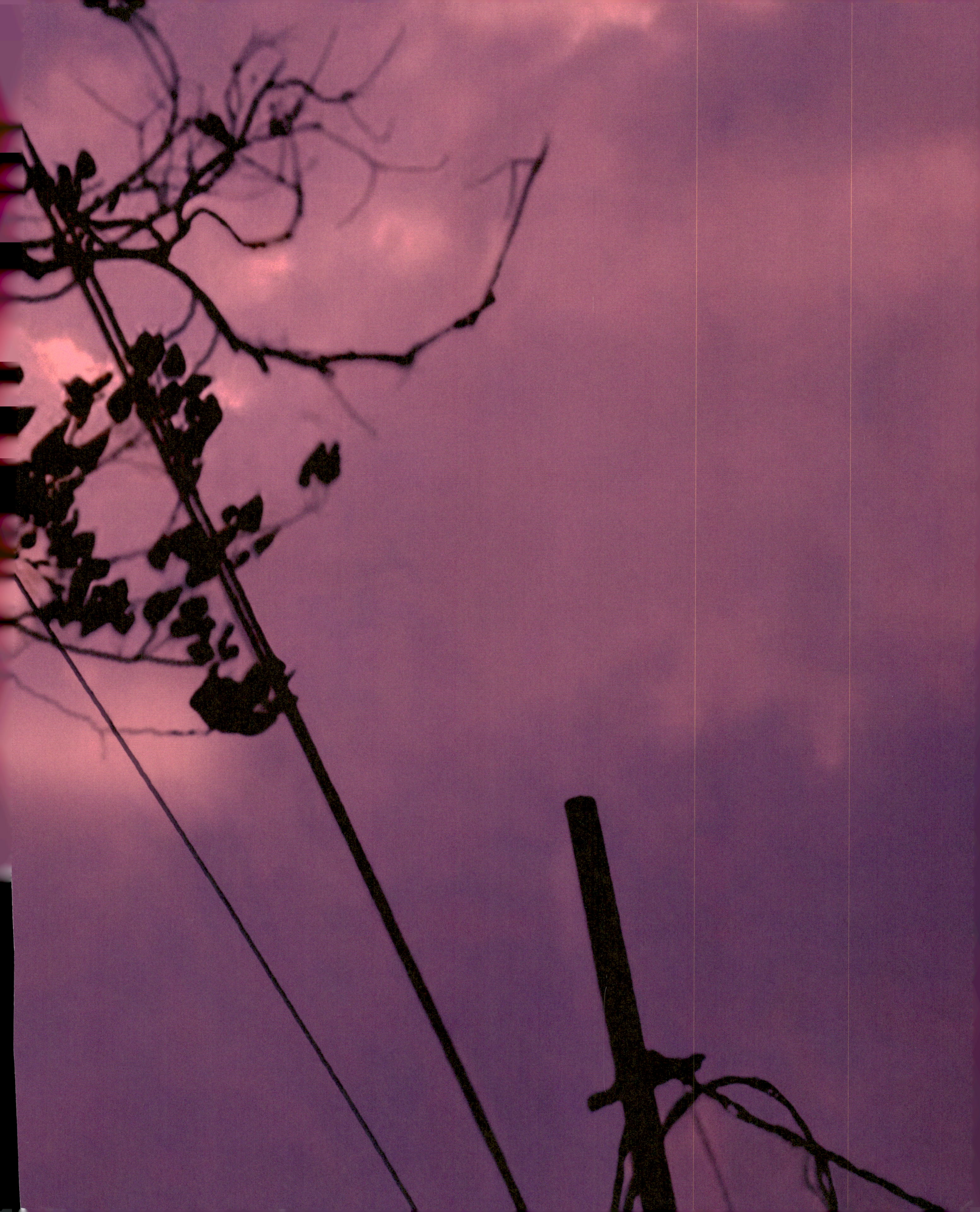

From: Sonja Feldmeier <post@sonjafeldmeier.com>
Date: December 28, 2010
Re: Gopferdelhi

Dear Sisterella,

Now it's cold in Delhi, too. Only a very few of
the houses here have heaters, and it's also
biting cold in the restaurants, shops, and public
transit. I managed to get hold of an ancient,
rusty heater that, when it grows up, might serve
as a toaster. When you sit very close to it,
isolated parts of your body get warmed up, but the
mini source of heat is in no way sufficient to
substantially raise the room temperature. So that
I don't freeze when I sleep, after a long search
I was fortunate to be able to find a hot-water
bottle.

Little fires are lining up on the street at which
you can warm yourself somewhat in a squatting
position. Pretty much everything is burned that's
near at hand, and the flames flicker in all colors.
The air is filthy, and I have a bad cough that
doesn't want to go away. That's why I've decided to
leave the city and travel to the Himalayas for a
while. It'll be even colder there, but I'm looking
forward to cleaner air!

I don't know whether and how often I'll have access
to the Internet along the way. But you should
be able to reach me most of the time on my Indian
cell phone.

Big hugs,
Sonja

Von: Sonja Feldmeier <post@sonjafeldmeier.com>
Datum: 28.12.2010
Betreff: Gopferdelhi

Liebe Sisterella,

es ist nun in Delhi auch kalt geworden. Die wenigsten
Häuser hier haben Heizungen und auch in den
Restaurants, Läden und öffentlichen Verkehrsmitteln
ist es bitter kalt. Ich konnte mir zwar ein
uraltes verrostetes Teil ergattern, das, wenn es mal
gross ist, vielleicht ein Toaster wird. Wenn man
da ganz nahe dransitzt, können einzelne Körperteile
punktuell aufgewärmt werden, aber die Mini-Wärme-
quelle reicht mitnichten aus, um die Raumtemperatur
wesentlich zu erwärmen. Um beim Schlafen nicht
zu frieren, habe ich glücklicherweise nach längerer
Suche eine Bettflasche ausfindig machen können.

Auf den Strassen reihen sich die kleinen Feuerchen,
an denen man sich in kauernder Stellung etwas
wärmen kann. Es wird so ziemlich alles verbrannt,
was gerade zur Hand ist, und die Flammen züngeln
in allen Farben. Die Luft ist dementsprechend
scheisse, und ich habe einen schlimmen Husten, der
nicht heilen will. Ich habe mich deshalb entschieden,
die Stadt zu verlassen, und werde für eine Weile
in den Himalaya verreisen. Dort wird es zwar noch
kälter sein, aber ich freue mich auf bessere Luft!

Ich weiss nicht, ob und wie oft ich unterwegs
Internetzugang haben werde. Auf meinem indischen
Handy werde ich jedoch wohl meistens erreichbar sein.

Liebe Umarmung
Sonja

3

*"My artistic work consists in finding
a framework for the images
that gripped me along the way."*
Sonja Feldmeier

At the turn of the year 2010/11, Sonja Feldmeier is in Haridwar, a city in northern India at the foot of the Himalaya Mountains. It is biting cold, in the unheated indoors scarcely less than in the dusty streets. Here, one is far, very far away from the country's touristic wellness zones. Having just arrived from Delhi, the artist witnesses how a crew of men is busy felling a tree of enormous dimensions. Working with axes and hand saws, they climb barefoot onto the giant tree, chopping and cutting it bit by bit. It is a peepul tree, one that is considered holy by Hindus; people visit the shrine at its base even as it is being felled. The occurrence, as spectacular as it is disturbing, immediately fascinates the artist. She remains at the site for several days, using her video camera to capture the disconcerting event on film.

She communicates with the workers by means of facial play and gestures; the shared verbal language is limited to several English expressions. Over the course of the day, she construes an explanation out of fragmentary pieces of information, observations, and suspicions: the ancient tree has to give way, because the city's main street has to be widened in order to handle the onslaught of several million people for the upcoming pilgrim festival Kumbh Mela. Subsequent research, which the artist conducted in 2016 accompanied by a translator, also confirmed the background of this intricate story, at the basis of which is a religious-political contradiction. A sacred Hindu tree had to be forfeited for a Hindu pilgrim festival: the Hindu-majority government solved this dilemma by enlisting Muslim men only as tree fallers.

The artist used her camera to closely follow the progress of the tree felling, this incomprehensible sacrilege that she intuitively recognized. The inequity affects the tree not only as a religious shrine, but also as an impressive living entity. An ancient tree brings a dimension home to us that goes far beyond our own time horizon, irrespective of our cultural background. Its existence is rooted in the distant past and points to a future that we will no longer experience. This connection between generations of overarching periods of time is irretrievably severed with the felling of the tree.

Journeys in the Unknown

Numerous stays on different continents are an important part of Sonja Feldmeier's artistic practice. During her journeys in the mid-1990s she created an extensive photo, video, and audio archive that serves as material for her intermedia works. The artist travels alone. She often finds herself in places that are remote from cultures influenced by Western Europe and avoids paths that have been developed for tourists. Without communicating with anyone from her own cultural sphere, she exposes herself both physically as well as mentally to extremely intense experiences in foreign everyday life. A logbook serves as her sole, silent companion. The artist travels without a specific purpose or concrete plan. She is mindful of situations that immediately arouse her attention, that engender a response. Her interest is directed toward communication processes, the creation of patterns of meaning, the construction of value systems.

Sibylle Ryser
Based on a True Story
On the Evolution
of the Series
The Peepul Tree

*«Meine künstlerische Arbeit besteht darin,
eine Fassung zu finden für die Bilder,
die mich unterwegs gepackt haben.»*
Sonja Feldmeier

Sibylle Ryser

Nach einer wahren Geschichte
Zur Entstehung des Werkkomplexes *The Peepul Tree*

Um den Jahreswechsel 2010/11 ist Sonja Feldmeier in Haridwar, einer nordindischen Stadt am Fuss des Himalaya. Es ist bitter kalt, in den ungeheizten Innenräumen kaum weniger als auf den staubigen Strassen. Man ist hier weit, sehr weit entfernt von den touristischen Wellnesszonen des Landes. Eben aus Delhi angekommen, beobachtet die Künstlerin, wie ein Team von Holzfällern damit beschäftigt ist, einen Baum von enormen Ausmassen zu fällen. Die Männer arbeiten mit Beilen und Handsägen, klettern barfuss auf den Baumriesen, zerlegen ihn Stück für Stück. Der Baum ist ein den Hindus heiliger Pipalbaum, der Schrein an seinem Fuss wird auch während der Fällung besucht. Das ebenso spektakuläre wie aufwühlende Geschehen zieht die Künstlerin unmittelbar in seinen Bann. Sie bleibt mehrere Tage vor Ort und filmt mit der Videokamera den befremdlichen Vorgang.

Mit den Arbeitern verständigt sie sich mit Mimik und Gesten, die gemeinsame verbale Sprache beschränkt sich auf wenige englische Ausdrücke. Im Lauf der Tage reimt sie sich aus bruchstückhaften Informationen, Beobachtungen und Vermutungen eine Erklärung zusammen: Um den Ansturm von mehreren Millionen Menschen für das bevorstehende Pilgerfest Kumbh Mela zu bewältigen, soll die Hauptstrasse der Stadt verbreitert werden. Dafür muss der uralte Baum weichen. Bei der Nachrecherche – von der Künstlerin 2016 in Begleitung eines Übersetzers unternommen – bestätigen sich auch die Hintergründe dieser verwickelten Geschichte. Ein religiös-politischer Widerspruch liegt ihr zugrunde. Für ein hinduistisches Pilgerfest muss ein hinduistisches Heiligtum weichen: Gelöst hat die mehrheitlich hinduistische Regierung dieses Dilemma, indem sie ausschliesslich muslimische Männer als Baumfäller verpflichtete.

Mit der Kamera bleibt die Künstlerin ganz nahe am Fortgang der Baumfällung, diesem unverständlichen Sakrileg, das sie intuitiv erkannt hat. Der Frevel trifft den Baum nicht nur als religiöses Heiligtum, sondern als eindrückliches Lebewesen. Ganz unabhängig von unserem kulturellen Hintergrund führt uns ein uralter Baum eine Dimension vor Augen, die den eigenen Zeithorizont weit übersteigt. Seine Existenz wurzelt in ferner Vergangenheit und weist in eine Zukunft, die wir nicht mehr erleben werden. Diese Verbindung von Generationen überspannenden Zeiträumen wird mit der Fällung unwiederbringlich gekappt.

Reisen im Unbekannten

Zahlreiche Aufenthalte auf verschiedenen Kontinenten sind ein wichtiger Teil von Sonja Feldmeiers künstlerischer Praxis. Auf ihren Reisen entsteht seit Mitte der 1990er Jahre ein umfangreiches Foto-, Video- und Audioarchiv, das ihr als Material für ihre intermedialen Arbeiten dient. Die Künstlerin reist alleine. Sie befindet sich oftmals fernab westeuropäisch geprägter Kulturen und meidet touristisch erschlossene Pfade. Ohne Austausch mit einer Begleitung aus dem eigenen Kulturraum setzt sie sich physisch und mental äusserst intensiven Erfahrungen im fremden Alltag aus. Einzig ihr Logbuch dient ihr als stiller Gefährte. Die Künstlerin reist ohne konkreten Vorsatz oder festes Vorhaben. Sie achtet auf Situationen, die unmittelbar ihre Aufmerksamkeit wecken, eine Resonanz erzeugen. Ihr Interesse gilt Kommunikationsprozessen, der Entstehung von Bedeutungsmustern und Zuschreibungen, *der Konstruktion von Wertsystemen.*

On her journeys, the artist engages in occurrences that hold no immediate explanation in store. Verbal communication and online research are complicated or completely impossible. A great deal remains incomprehensible, cannot be totally integrated into one's personal patterns of interpretation. This lack of understanding increases one's awareness and enables perceiving images and scenes that are not instantly reshaped by interpretations. In this constellation, the peculiarities of the human construction of meaning become much more acutely apparent than when we are part of the construction model ourselves. The artist seeks and again finds herself in situations in which any implicitness collapses. What she sees in such alienation, in an "unexpected, tricked mirror situation" (Feldmeier), is what human beings share.

Intermedia Narratives

The artist develops extensive series from the source footage over the course of lengthy creative phases. She often presents her videos as multichannel installations in stage-like settings, incorporating them into a fictional context. In her solo show *Inhale Exhale* (2007) at the Kunst Halle Sankt Gallen, she cultivated a labyrinthine "forest" consisting of scaffolding and tree stumps along with their root systems. The scene was illuminated solely by the flickering of the displays, monitors, and projections that presented several of her videos. Nest-like growths evoked the transitory stay, the hiding place, the temporary dwelling place in border regions in which nature and technology strangely approach one another.

Sonja Feldmeier's works develop in a wide range of different media. Her intermedia, processual method already found multiform expression in her series *Meter hinter dem Meeresspiegel* (Meters behind Sea Level, 2005–12). Based on the camouflage patterns of various national armies, the artist developed three-dimensional plaster models. In an almost ritualistic manner, she dipped the models in dye baths that tattooed the structural contours into them—this is related in a video. In a further transformation process, they became models for large-format, seemingly hyperplastic paintings of fictitious territories. Open for renewed appropriation by viewers, the signature of their origin nevertheless remains inscribed in these landscapes.

Radical Subjectivity as an Artistic Stance

Sonja Feldmeier focuses on questions concerning the supposed objectivity of the documentary gaze in her artistic processing of the footage from Haridwar. She counters the dark suspicion of postcolonial appropriation with emphasis on her own radical subjectivity. She is not concerned with "explaining" foreign occurrences and integrating them into a Western body of knowledge. She does not want to disappear as an author behind an "objective, documentary camera"; neither should the people she has filmed be degraded to the role of mere extras.

The sacred tree constitutes the gravitational center of the video *The Peepul Tree.* Close-up shots initially acquaint us with the seemingly archaic working method of the tree fallers. The teeth of the enormous handsaws are sharpened individually, the men brace their naked feet against crannied bark, self-confidently wield ropes and axes. The eye of the camera gradually recedes, presages the dimensions of the undertaking. The dense, noisy traffic only stops for several seconds when large parts of the tree plummet to the street. The dust has hardly settled before all manner of vehicles, pedestrians, and animals search for a way around the debris. Little by little, we take notice of the faces and gestures of the tree fallers, recognize passers-by we have seen before, see off the statues of deities being removed from the shrine. We attend the death of the tree until its final removal by a tractor, which pitches under the load. In the present volume, stills from *The Peepul Tree* accompany the artist's logbook, which is based on her video recordings in Haridwar and provides a look back, so to speak, at the origins of the video.

Verbal communication between the artist and the tree fallers was not possible in situ. As an echo of this situation, for *The Peepul Tree* Sonja Feldmeier creates sound portraits of all of the protagonists, and in doing so lends them a nonverbal, individual presence. For the development of these bodies of sound, she calls in the Swiss film composer and sound designer Vojislav Anicic, with whom she had already worked previously (for example, on the video *from nowhere to somewhere* from 2010, or on the art-in-architecture project *Kaleidophon* on the grounds of a school in Zurich in 2019). They work together to create the atmospheric, melodic compositions out of natural and digital sounds, which the artist assembles with rhythmized original sounds to produce a complex soundtrack. The sound portraits can always be heard when the protagonist and the artist behind the camera make eye contact. These moments, emphasized by nearly indiscernible slow motion, structure the film editing of *The Peepul Tree.* The look into the camera becomes recognizable as a look at the artist, and at the same time it includes the author in the story.

Synesthesia as a Resource

In the darkroom of the artistic process, work on *The Peepul Tree* develops and branches out into the three-dimensional and the painterly. Sonja Feldmeier uses her synesthetic perception as a direct resource for her artistic work for the first time. She applies herself intensely to the color-spatial echo that awakens a vis-à-vis in her. In her concentration on the fluid, fleeting character of the synesthetic impression, she creates visual "portraits" of the protagonists in the goings-on. She works with plaster and natural materials, with photography and digital tools, with airbrush and brush. The artist explores materializations, taking great pleasure in finding and inventing. She engages with the ramifications that open up in her work with extravagant energy and full of curiosity, creating a series of large-format pictures in the interaction between the various media: *The Peepul.* These works rhythmize the present book. As a recurring element, they allow pausing between the days in Haridwar and the essays by the three authors, who reflect on the body of works from different perspectives. The corresponding sound portraits can be retrieved as integral compositions with the attached QR codes and enhance *The Peepul* by a sound level.

Exploring the synesthetic impressions leads to completely new, unconventional pictorial compositions. *The Peepul* engenders "interior views" of the protagonists in *The Peepul Tree,* so to speak. In the process of externalizing her inner images, Sonja Feldmeier crosses natural and artificial forms and lends them intensive coloration. Biomorphic figurations leave neon-colored marks in digitally constructed networks in indefinite but palpable spaces; fiery nuclei sparkle before glimmering star clusters, framed by ornamental neural bundles. Even the artist herself cannot completely decipher the synesthetic coding process and its artistic recoding. Hence, Sonja Feldmeier includes her own lack of understanding in the artistic practice and finds adequate forms for an experience in which interior and exterior images are combined in a double exposure.

Auf ihren Reisen lässt sich die Künstlerin auf Geschehen ein, die keine sofortige Erklärung griffbereit halten. Sprachliche Kommunikation und Online-recherchen sind erschwert oder nicht möglich. Vieles bleibt unverständlich, lässt sich nicht ohne Rest in mitgebrachte Deutungsraster einfügen. Das Nicht-Verstehen schärft den Blick und ermöglicht es, Bilder und Szenen wahrzunehmen, die nicht sogleich von Interpretationen überformt werden. In dieser Konstellation treten die Eigenheiten menschlicher Bedeutungskonstruktion schärfer hervor als dort, wo wir selbst Teil des Konstruktionsmodells sind. Die Künstlerin sucht und findet sich in Situationen wieder, in denen jede Selbstverständlichkeit in sich zusammenfällt. In solcher Verfremdung, in einer «unerwarteten, getricksten Spiegelsituation» (Feldmeier) erkennt sie das gemeinsam Menschliche.

Intermediale Erzählungen

Aus dem filmischen Ausgangsmaterial entwickelt die Künstlerin in langen Schaffensperioden umfangreiche Werkkomplexe. Häufig präsentiert sie ihre Videoarbeiten als Mehrkanal-Installationen in bühnenartigen Settings, bindet sie so in einen fiktionalen Kontext ein. In ihrer Soloschau *Inhale Exhale* (2007) in der Kunst Halle Sankt Gallen liess sie aus Baugerüsten und Baumstümpfen mitsamt Wurzelwerk einen labyrinthischen «Wald» wachsen. Die Szenerie wurde nur vom Flackern von Displays, von Monitoren und Projektionen erhellt, die mehrere ihrer Videoarbeiten zeigten. Nestartige Wucherungen evozierten den transitorischen Aufenthalt, das Versteck, die provisorische Bleibe in Grenzräumen, in denen sich Natur und Technologie seltsam nahekommen.

Sonja Feldmeiers Arbeiten entfalten sich in den unterschiedlichsten Medien. Ihre intermediale, prozesshafte Arbeitsweise fand bereits in der Werkgruppe *Meter hinter dem Meeresspiegel* (2005–12) vielgestaltigen Ausdruck. Ausgehend von den Camouflagemustern verschiedener Nationalarmeen, entwickelte die Künstlerin dreidimensionale Gipsmodelle. Geradezu ritualhaft tauchte sie die Modelle in Farbbäder, die ihnen die Höhenkurven eintätowierten – davon erzählt eine Videoarbeit. In einem weiteren Transformationsvorgang wurden sie zu Vorbildern für grossformatige, hyperplastisch wirkende Gemälde fiktiver Territorien. Offen für eine neuerliche Aneignung durch die Betrachter*innen, bleibt diesen Landschaften die Signatur ihrer ursprünglichen Herkunft dennoch eingeschrieben.

Radikale Subjektivität als künstlerische Haltung

In der künstlerischen Bearbeitung des Filmmaterials aus Haridwar stellt Sonja Feldmeier Fragen nach der vermeintlichen Objektivität des dokumentarischen Blicks ins Zentrum. Dem bösen Verdacht postkolonialer Aneignung «exotischer» Bilder begegnet sie mit der Betonung ihrer eigenen, radikalen Subjektivität. Es geht ihr gerade nicht darum, fremde Begebenheiten zu «erklären» und in einen westlich geprägten Wissensbestand einzugliedern. Weder will sie als Autorin hinter einer «objektiv-dokumentarischen» Kamera verschwinden, noch sollen die Menschen, die sie gefilmt hat, zu Statisten degradiert werden.

Der heilige Baum bildet das Gravitationszentrum der Videoarbeit *The Peepul Tree*. Zunächst machen uns Close-ups vertraut mit der archaisch anmutenden Arbeitsweise der Baumfäller. Die Zähne riesiger Handsägen werden einzeln geschärft, nackte Füsse stemmen sich gegen die schrundige Borke, souverän wird mit Seilen und Äxten hantiert. Nach und nach nimmt die Kamera mehr Distanz, lässt die Dimensionen des Unterfangens erahnen. Der dichte, lärmende Verkehr stoppt nur für wenige Sekunden, wenn grosse Teile des Baumkörpers auf die Strasse donnern. Kaum hat sich der Staub gelegt, suchen sich allerlei Fahrzeuge, Fussgänger und Tiere einen Weg um die Baumtrümmer herum. Nach und nach nehmen wir Gesichter und Gesten der Baumfäller wahr, erkennen wiederkehrende Passanten, verabschieden die Götterstatuetten aus dem Schrein. Wir begleiten das Sterben des Baums bis zum finalen Abtransport mit einem sich unter der Last aufbäumenden Traktor. Im vorliegenden Buch begleiten Stills aus *The Peepul Tree* das Logbuch der Künstlerin, das auf ihren Aufzeichnungen in Haridwar basiert und gleichsam einen Rückblick auf die Ursprünge der Videoarbeit bietet.

Vor Ort war eine sprachliche Kommunikation zwischen Künstlerin und Baumfällern nicht möglich. Als Echo auf diese Situation kreiert Sonja Feldmeier für *The Peepul Tree* Soundporträts aller Akteure des Geschehens und verleiht ihnen so eine nichtsprachliche, individuelle Präsenz. Für die Entwicklung dieser Klangbilder zieht sie den Schweizer Filmkomponisten und Sounddesigner Vojislav Anicic hinzu, mit dem sie bereits früher zusammengearbeitet hat (so etwa für die Videoarbeit *from nowhere to somewhere,* 2010, oder für ihr Kunst-und-Bau-Projekt *Kaleidophon* in einer Schulanlage in Zürich, 2019). Gemeinsam entwickeln sie atmosphärisch-melodische Kompositionen aus natürlichen und digitalen Klängen, die von der Künstlerin mit rhythmisierten Originaltönen zu einer komplexen Tonspur montiert werden. Die Soundporträts erklingen immer dann, wenn sich ein Blickkontakt zwischen Protagonist und Künstlerin hinter der Kamera ergibt. Diese Momente, durch eine fast unmerkliche Slow Motion hervorgehoben, strukturieren den Filmschnitt von *The Peepul Tree*. Der Blick in die Kamera wird erkenntlich als ein Blick auf die Künstlerin und bezieht so die Autorin in die Geschichte mit ein.

Synästhesie als Ressource

In der Dunkelkammer des künstlerischen Prozesses entwickelt und verzweigt sich die Arbeit an *The Peepul Tree* ins Dreidimensionale und Malerische. Erstmals nutzt Sonja Feldmeier ihre synästhetische Wahrnehmung als direkte Ressource für ihre künstlerische Arbeit. Sie widmet sich intensiv dem farbräumlichen Widerhall, den ein Gegenüber in ihr weckt. In der Konzentration auf den fluiden, flüchtigen Charakter des synästhetischen Eindrucks entwickelt sie visuelle «Porträts» der Protagonisten des Geschehens. Sie arbeitet mit Gips und Naturmaterialien, mit Fotografie und digitalen Tools, mit Airbrush und Pinsel. Mit grosser Lust am Finden und Erfinden erprobt die Künstlerin Materialisierungen. Mit verschwenderischer Energie und voller Neugierde lässt sie sich ein auf die Verästelungen, die sich in ihrer Arbeit eröffnen. Im Wechselspiel der verschiedenen Medien schafft sie eine Serie grossformatiger Bilder: *The Peepul*. Diese Werke rhythmisieren das vorliegende Buch. Als wiederkehrendes Element lassen sie innehalten zwischen den Tagen in Haridwar und den Essays der drei Autor*innen, die den Werkkomplex aus unterschiedlichen Perspektiven reflektieren. Mit den beigefügten QR-Codes lassen sich die zugehörigen Soundporträts als integrale Kompositionen abrufen und bereichern *The Peepul* um eine klangliche Ebene.

Das Ausloten der Synästhesie-Impressionen führt zu ganz neuen, eigenwilligen Bildfindungen. Mit *The Peepul* entstehen gleichsam «Innenansichten» der Protagonisten von *The Peepul Tree*. Im Prozess der Veräusserung ihrer inneren Bilder kreuzt Sonja Feldmeier natürliche und artifizielle Formen und verleiht ihnen eine intensive Farbigkeit. In unbestimmten, aber spürbaren Räumen hinterlassen biomorphe Figurationen neonfarbige Spuren in digital konstruierten Netzen; vor flimmernden Sternhaufen funkeln Glutkerne, gefasst von ornamentalen Nervenbündeln. Der synästhetische Kodierungsprozess und dessen künstlerische Re-Kodierung sind selbst für die Künstlerin nicht restlos zu entschlüsseln. So bezieht Sonja Feldmeier das eigene Nicht-Verstehen in die künstlerische Praxis mit ein und findet adäquate Formen für ein Erleben, in dem sich innere und äussere Bilder überblenden.

The Peepul (Taslim Mohammad), 2017
Fine Art Print, Airbrush, Lack, MDF mit Grundierfolie, Esche massiv
Fine art print, airbrush, varnish, MDF with primer film, solid ash
118 × 101.5 × 5 cm

8

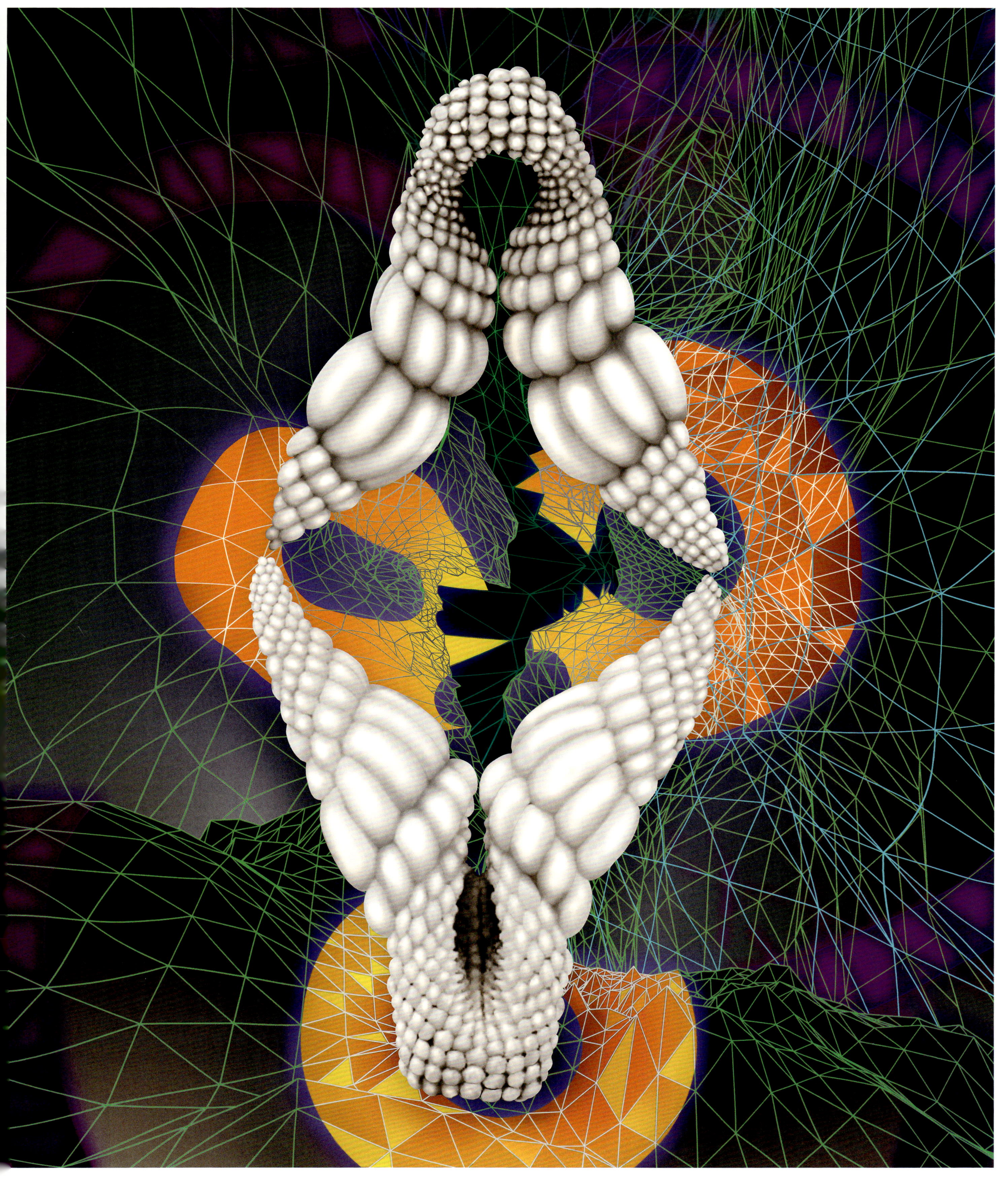

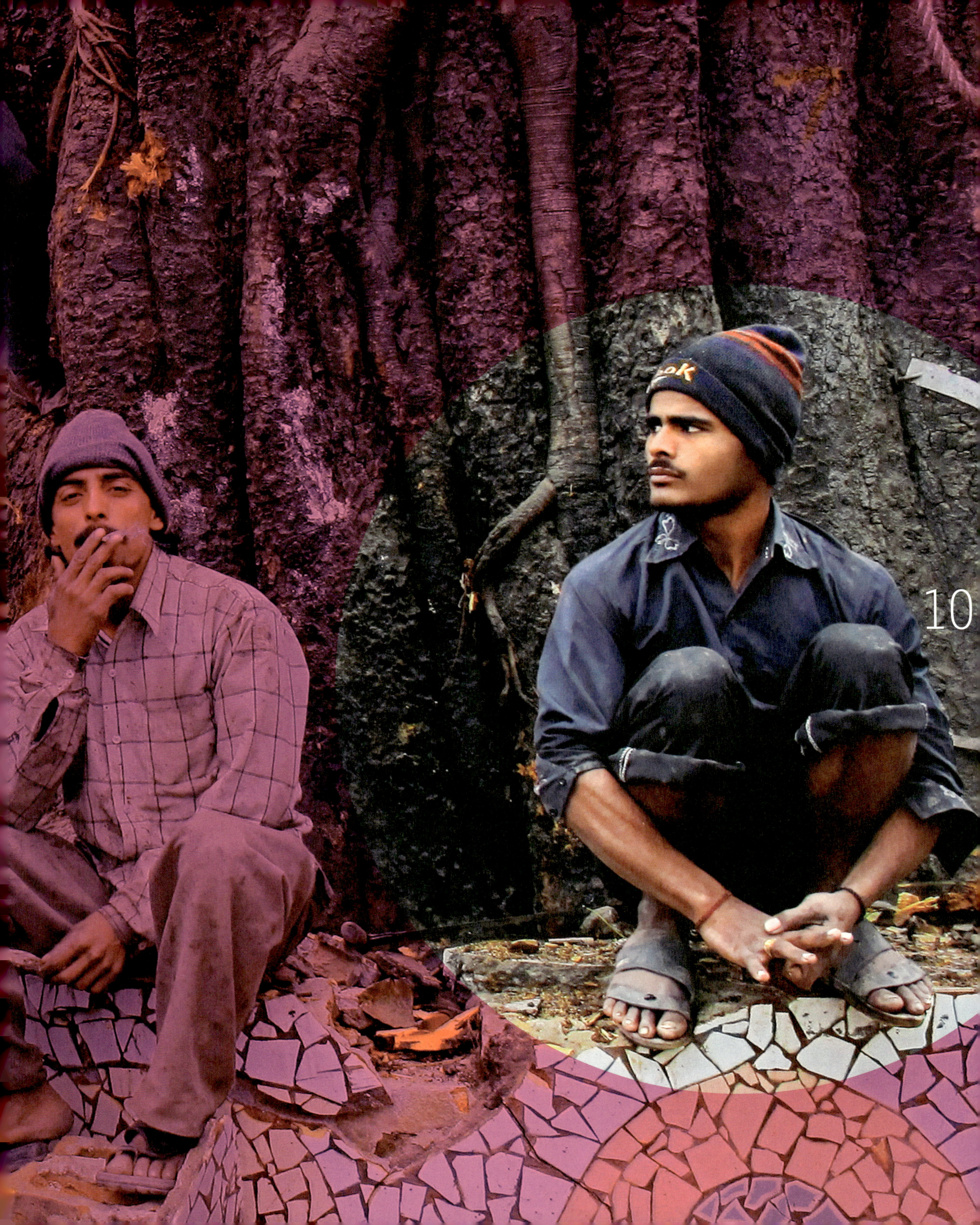

Haridwar, 30. Dezember 2010

Ich sitze in einem Restaurant und frühstücke.
Ich habe mich dazu an das grosse Fenster
mit Blick auf die Strasse gesetzt und betrachte die Passanten und den regen Verkehr
von Autos, Fahrrädern und den kleinen,
dreirädrigen Taxis, den Autorikschas. Viele
der Vorbeigehenden befördern Reisetaschen,
Koffer und Bündel, und die meisten bewegen
sich stadteinwärts. Einige tragen Instrumente wie Sitars, kleine Trommeln und Flöten
mit sich. Manche sind in ausschliesslich
safranfarbene Kleider und Tücher gehüllt.
Ich nehme an, es handelt sich bei vielen um
Pilger und Sadhus. Es ist kalt draussen,
und auch hier im Restaurant gibt es keine
Heizung. Auch mein Hotel ist ungeheizt. Ich
habe die ganze Nacht gefroren. Nun bin
ich froh um den heissen Chai und die Schärfe
der warmen Speisen. Einige Passanten gehen
barfuss. Ich komme mir ziemlich verweich-
licht vor mit meinem Schlottern in der dicken
Daunenjacke und den gefütterten Stiefeln.

Nach der etwas abenteuerlichen Reise von
Delhi nach Haridwar ist es schön, hier einfach in Ruhe aus dem Fenster zu gucken.
Plötzlich fällt mir auf der gegenüberlie-
genden Strassenseite ein riesiger Baum auf.
Einige dicke Äste fehlen und ihre Stümpfe
ragen wehrlos in den milchig verhangenen
Himmel. Um den Baum stehen einige Männer, die
mit Sägen und Äxten den enormen Stamm be-
arbeiten. Ich bin irritiert: Im Wissen darum,
dass Bäumen in Indien aus religiösen Gründen
grosser Respekt gezollt wird, ist dieses
Geschehen äusserst verwunderlich. Ich bezah-
le umgehend und verlasse das Lokal.
Der Fuss des Baums ist mit einem meterbreiten,
kniehohen, runden Sockel eingefasst, der
mit gebrochenen, hellen Keramikplatten in
unterschiedlichen Grössen gefliest ist.
Die Platten bilden grosszügige Kreisformen,
die sich in hellblauen, roten und grünen
Ornamenten rund um das Podest ziehen. Auf
der Vorderseite dieses Mauerwerks steht ein
einfacher Schrein aus Metallgittern, seine
Türen sind offen. An Nägeln, irgendwann in
den Stamm gehauen, hängen Wollschals, metallene Essgefässe, Taschen und mannshohe
Baumsägen; auf dem Sockel sind Äxte in verschiedenen Grössen ausgelegt.

Drei Männer schlagen mit Holzfällerwerk-
zeugen tiefe Kerben in den Stamm. Ich grüsse
sie auf Hindi und frage sie auf Englisch nach
ihrem Tun. Sie grüssen lachend zurück und
geben mir mit Schulterzucken zu verstehen,
dass sie meine Fragen nicht verstehen. Durch
Vorzeigen meiner Kamera und mit einer seit-
lich geneigten Kopfbewegung frage ich um
Erlaubnis, sie bei ihrem Tun aufnehmen zu
dürfen, worauf sie amüsiert ihr Einverständnis geben. Manchmal kommt einer der Männer zu

---

Haridwar, December 30, 2010

I'm sitting in a restaurant having breakfast.
I have a view of the street from the large
window and watch the passers-by and the
busy traffic—cars, bicycles, and the small
three-wheeled taxis, the autorickshaws, many
of which are transporting carryalls, suit-
cases, and bundles; most of them are moving
toward town. Some of them are carrying
instruments such as sitars, small drums, and
flutes, and are wrapped exclusively in
saffron-colored cloths. I assume that many of
them are conveying pilgrims and sadhus. It's
cold outside, and there's no heater in the
restaurant. Neither is my hotel heated. I was
freezing all night. Now I'm glad to be drink-
ing hot chai and eating warm, spicy food.
Several of the passers-by are barefoot. I feel
rather like a sissy shivering in my thick
down jacket and lined boots.

After the somewhat adventurous trip from
Delhi to Haridwar, it's nice to just be looking out the window in peace. I suddenly
notice an enormous tree on the opposite side
of the street. Some of its thick branches
are gone, and their stumps project helplessly
into the murky sky. There are several men
standing around the tree who are working on
the huge trunk with saws and axes. I'm
confused: conscious of the fact that in India
trees are treated with great respect for
religious reasons, this occurrence is extremely surprising. I promptly pay my bill and
leave the restaurant. The foot of the tree is
surrounded by a meter-wide, knee-high, round
base tiled with light ceramic plates of
various sizes. The plates form generous cir-
cular shapes that run around the platform
in light blue, red, and red ornaments. There
is a simple metal-lattice shrine, its doors
open, at the front of this tiled structure.
Woolen scarves, metal dishes, bags, and seg-
ment saws as tall as a man hang on nails
hammered into the trunk at some point; axes of
different sizes have been placed on the base.

LOGBOOK
HARIDWAR
THURSDAY
XII/30

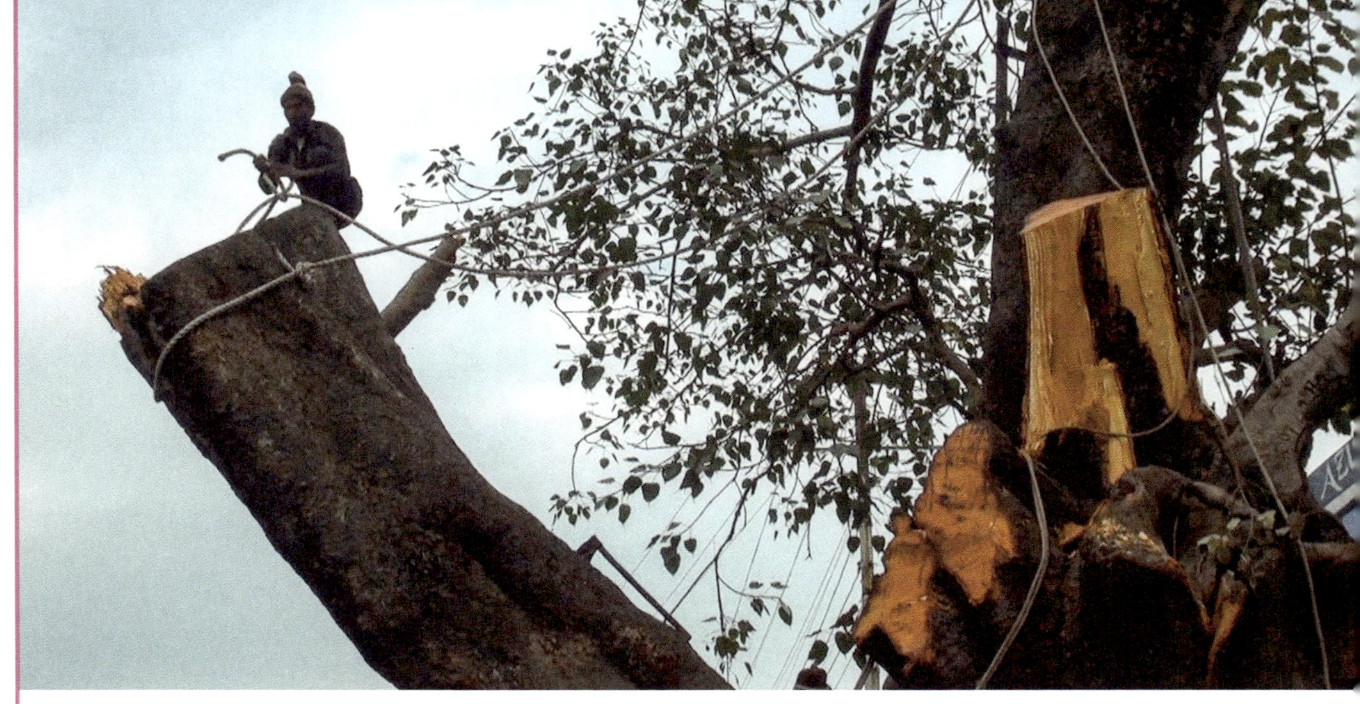

Three men are using tree-faller tools to hack deep notches in the trunk. I greet them in Hindi and ask them what they're doing in English. Laughing, they return my greeting and, shrugging their shoulders, indicate that they don't understand my question. By showing them my camera and tilting my head to the side, I ask for permission to take pictures of what they're doing. Amused, they give me their consent. Every once in a while one of the men comes over to me, looks over my shoulder, and tells the others what I'm doing. At least I assume so. My knowledge of Hindi isn't good enough to understand the verbal information, and so I rely on gestures, facial expressions, and the context of the situation.

Shortly after my arrival, the men take a break. Sitting on one of the felled pieces of tree, they drink tea and smoke. They take pictures of me with their cell phones and laughingly invite me to take their picture, too. I do, and subsequently show them the photos. I'd be eager to see what kind of pictures they take of me, of course, but I don't have the heart to ask.

Although I don't necessarily see the ubiquitous presence of cell phones as a gain, I'm glad they're being used here—it takes the pressure off me as a camerawoman. The problematic imbalance of power caused by the one-sided use of the camera is in large part compensated for and offset by new technologies that are generally easily accessible. A lot of pictures are taken of me in India, often covertly by a duo that plays all kinds of pranks behind my back. The person taking the picture (and they are almost exclusively men) gives a hand signal to the one behind me to put his arm around me from a perspectivally correct distance or to kiss me on the cheek. However, I'm also repeatedly asked for a selfie with someone. I'm game most of the time and am delighted when women also ask me. In all of the places I'm familiar with in the world, women generally behave skeptically toward cameras, and this for a reason. Whereas men like to pose in front of cameras, often without being asked, and apparently consider getting their picture taken to be a sign of one's appreciation, women tend to be afraid that images of them will be manipulated in the direction of an erotic connotation, which in many cases is associated with a depreciation or at least with a masking of their personality.

Most of the time I ask people in advance for their permission to record their image and trust that after a while they'll get used to my presence and forget the camera. That's the best way to work, and sometimes I even

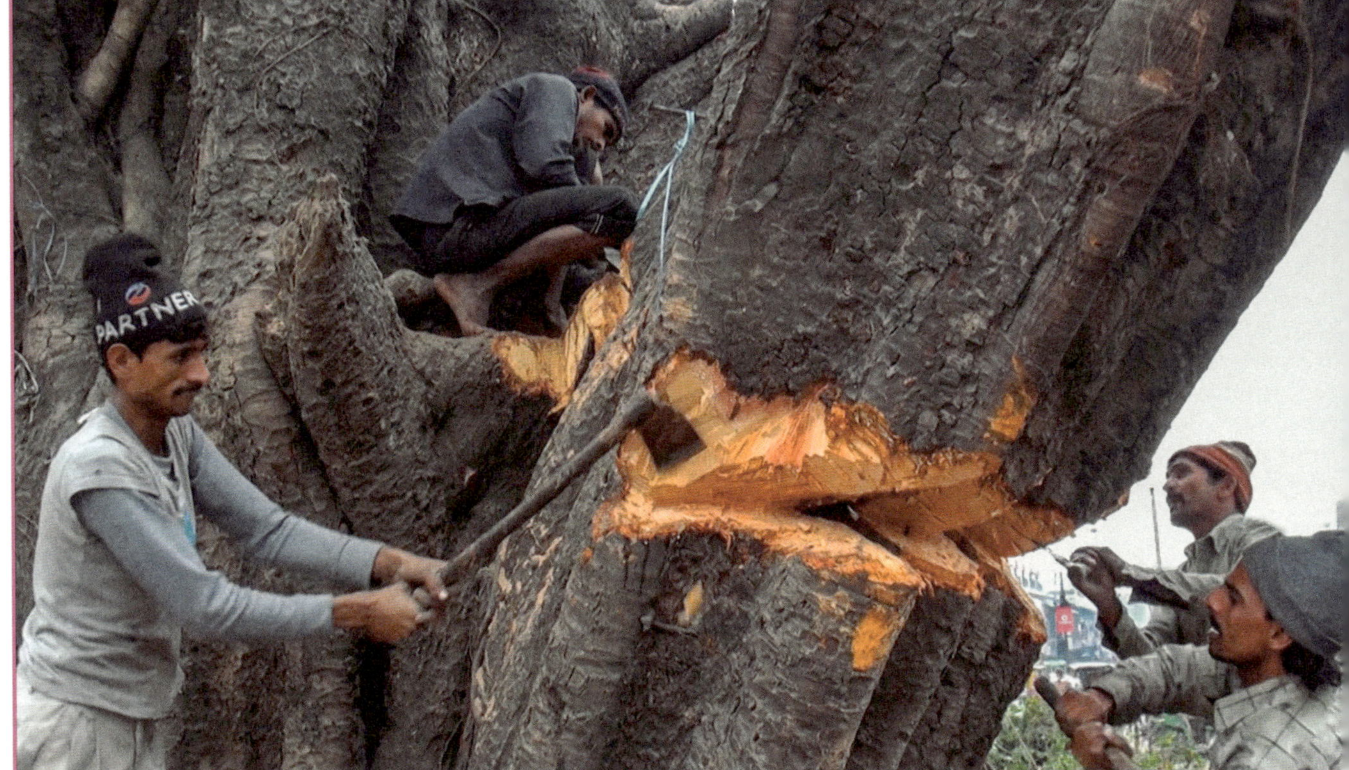

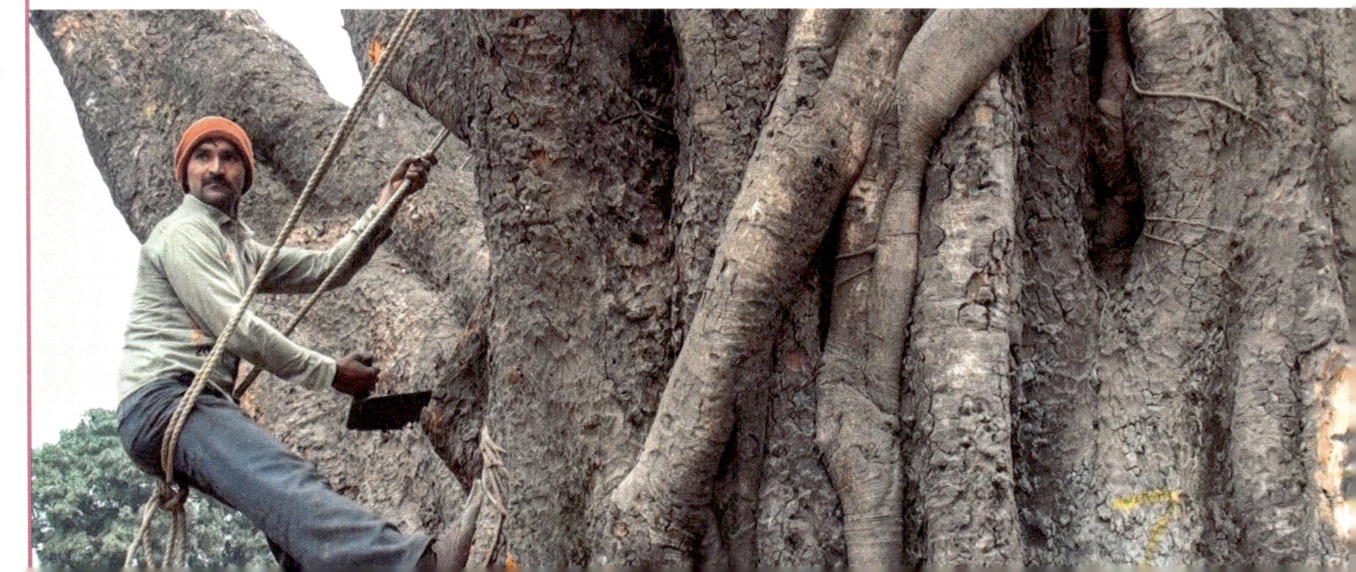

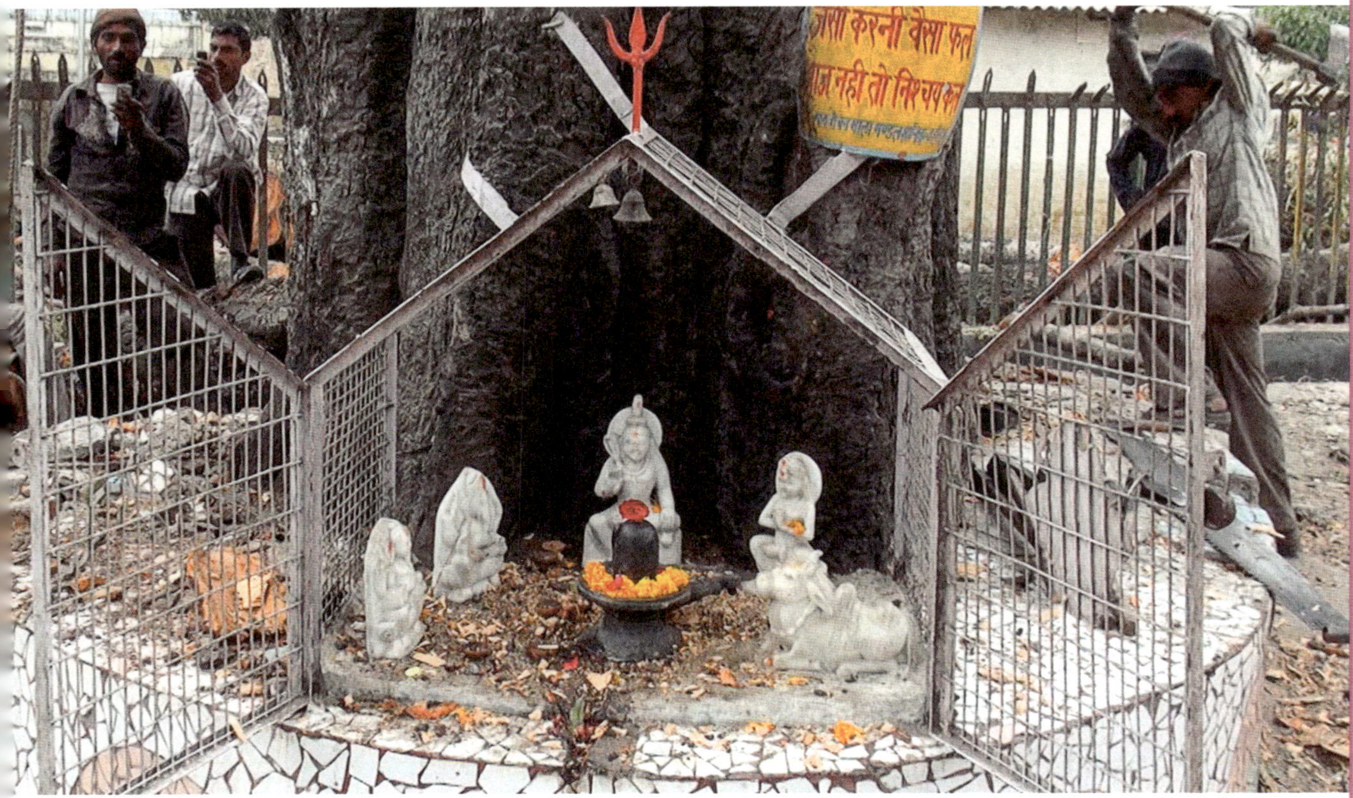

13

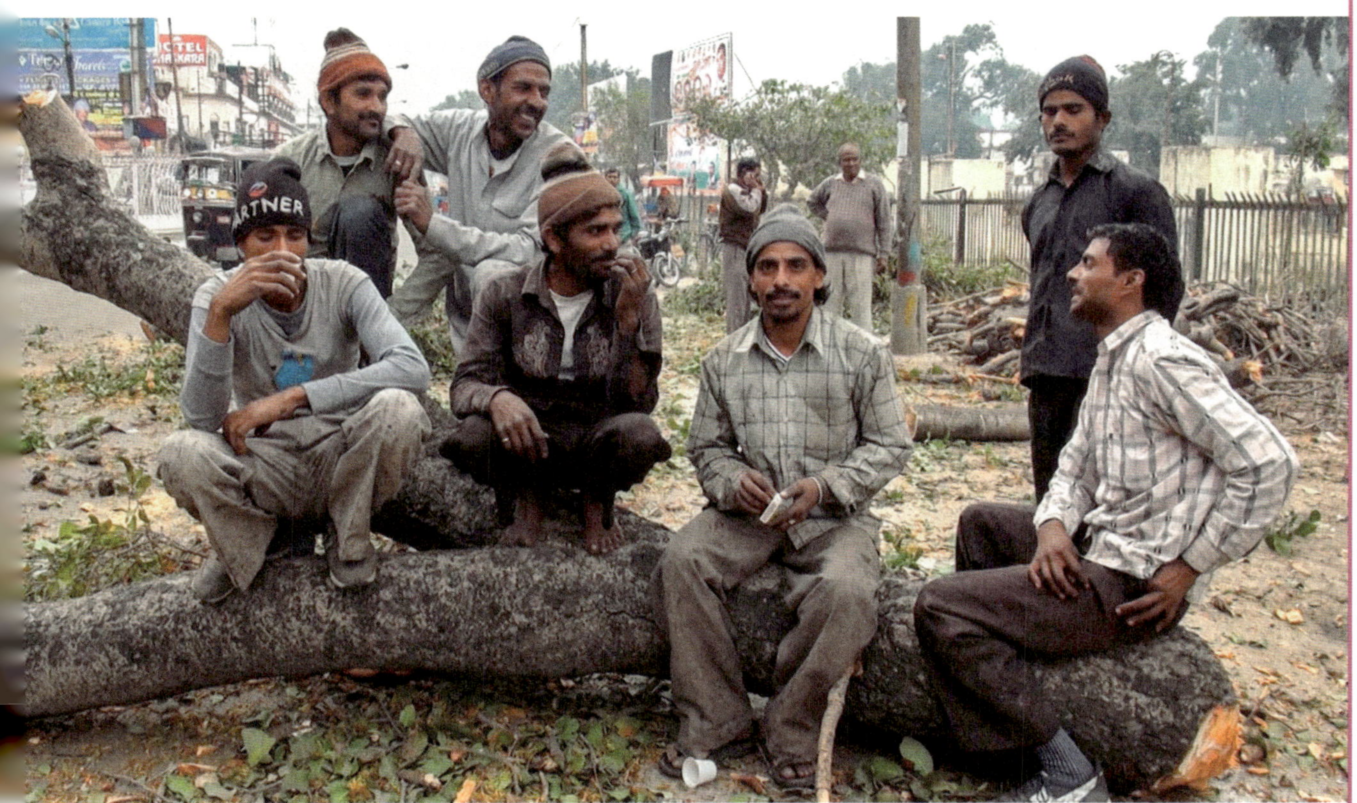

mir, schaut mir über die Schulter und teilt den anderen mit, was ich gerade mache. Das nehme ich jedenfalls an. Mein Hindi-Wortschatz reicht nicht aus, um die sprachliche Mitteilung zu verstehen, und so verlasse ich mich auf die Gesten, die Mimik und den durch die Situation gegebenen Zusammenhang.

Kurze Zeit nach meiner Ankunft machen die Männer eine Pause. Es wird Tee getrunken und geraucht. Dabei sitzen sie auf einem der gefällten Baumstücke. Sie machen mit ihren Handys Bilder von mir und fordern mich lachend auf, auch sie zu fotografieren. Das tue ich und zeige ihnen im Anschluss die Bilder. Mich würde es natürlich umgekehrt auch wundernehmen, was sie für Bilder von mir gemacht haben. Ich getraue mich jedoch nicht, danach zu fragen.

Auch wenn ich selbst die allgegenwärtige Präsenz von Mobiltelefonen nicht nur als Gewinn sehe, bin ich hier um ihren Einsatz froh – er entlastet mich als Kamerafrau. Das problematische Machtgefälle des einseitigen Festhaltens wird durch die weitgehend gut zugänglichen neuen Technologien zu einem guten Teil ausgeglichen und damit aufgehoben. Ich werde in Indien häufig fotografiert, oftmals im Versteckten durch ein Duo, das hinter meinem Rücken allerlei Schabernack treibt. Der Fotografierende (und das sind fast ausschliesslich Männer) weist die Person hinter mir mit Handzeichen an, in perspektivisch korrektem Abstand den Arm um mich zu legen oder mich auf die Wange zu küssen. Immer wieder werde ich jedoch auch um ein gemeinsames Selfie gebeten. Ich mache meist mit und freue mich, wenn ich auch von Frauen danach gefragt werde. Frauen verhalten sich generell an allen mir bekannten Orten auf dieser Welt eher skeptisch gegenüber Kameras, und dies mit Grund. Während Männer sehr gerne und oft auch unaufgefordert vor Kameras posieren und das Fotografiertwerden offensichtlich meist als Wertschätzung betrachten, befürchten Frauen wohl eher eine Manipulation in Richtung erotischer Konnotation ihrer Abbilder, was in vielen Fällen mit einer Abwertung oder zumindest mit einer Überdeckung ihrer Persönlichkeit verbunden ist.

Ich bitte die Menschen meist im Voraus um ihr Einverständnis für Aufnahmen und vertraue darauf, dass sich nach einer Weile alle an meine Anwesenheit gewöhnen und die Kamera vergessen. Das ist für meine Arbeit am besten, und manchmal vergesse ich mich wohl selber dabei. In diesen Momenten bin ich zwar sehr wohl vor Ort und werde als Person auch wahrgenommen, jedoch nicht in meiner Tätigkeit als Kamerafrau. Dieser magisch anmutende Zustand kann jedoch schlagartig entzaubert werden, sobald die gefilmte Person unerwartet in die Kamera blickt und

forget myself. While at moments like these
I'm indeed present and also noticed as a
person, my activity as a camerawomen isn't.
Yet this seemingly enchanted state can
suddenly lose its magic as soon as the person
being filmed unexpectedly looks into the
camera and I am so startled that I often interrupt the recording. Regretting the abrupt
termination, I curse at myself afterwards
for this reflex.

The tree fallers' breaks are always very
short, and I'm invited for a hot cup of chai
each time, which I readily and thankfully
accept. The felling work high up in the branches is done without any kind of protection
and mostly by the same man. He moves quickly
and light-footedly at the dizzying heights,
swings his axe, freestanding and unaffected
by the gaping depth below him. First of
all, he ties the branch to be cut on a rope,
the other end of which the crew down on
the street jerkily tugs over and over. When
noises announce that the branch is breaking,
he calls down to the workers on the street
to halt the traffic. In order to protect himself from being struck by the breaking
and falling branches, he briefly holds on to
a rope that runs along the tree trunk.
Several seconds later, the pieces of the tree
plummet down to the asphalt, after which
the waiting traffic instantly begins to move
again, seeking and finding new lanes around
the debris. After his strenuous efforts,
the exhausted man high up in the tree sits
down on the newly created stump and contentedly smokes a beedi, most of the time
laughing proudly into the camera.

Seven men are performing the felling work.
Their ages are hard to estimate. Several of
them are in their early to mid-twenties.
All of them have moustaches and are wearing
trousers and knitted caps. One of them is
a bit older, maybe fifty, and he's the only
one with the negative of a moustache, so to
speak, a specific kind of beard I've only seen
on Muslim men. He's wearing a three-quarter-
long shirt and is dressed completely in
white. A man of about the same age assists
every now and again and seems to be keeping
track of the whole undertaking. Another man
is apparently exclusively there to supervise
the tree fallers and only looks on.

A somewhat younger, tall man on a motorcycle
comes by a few times, gives instructions,
and stands around looking important. He's the
only one here who speaks a smattering of
English. I therefore try to learn from him
why this felling is taking place, but he
hedges my questions, or doesn't know why. I
stay until it slowly begins getting dark.
I only have to interrupt the recording once

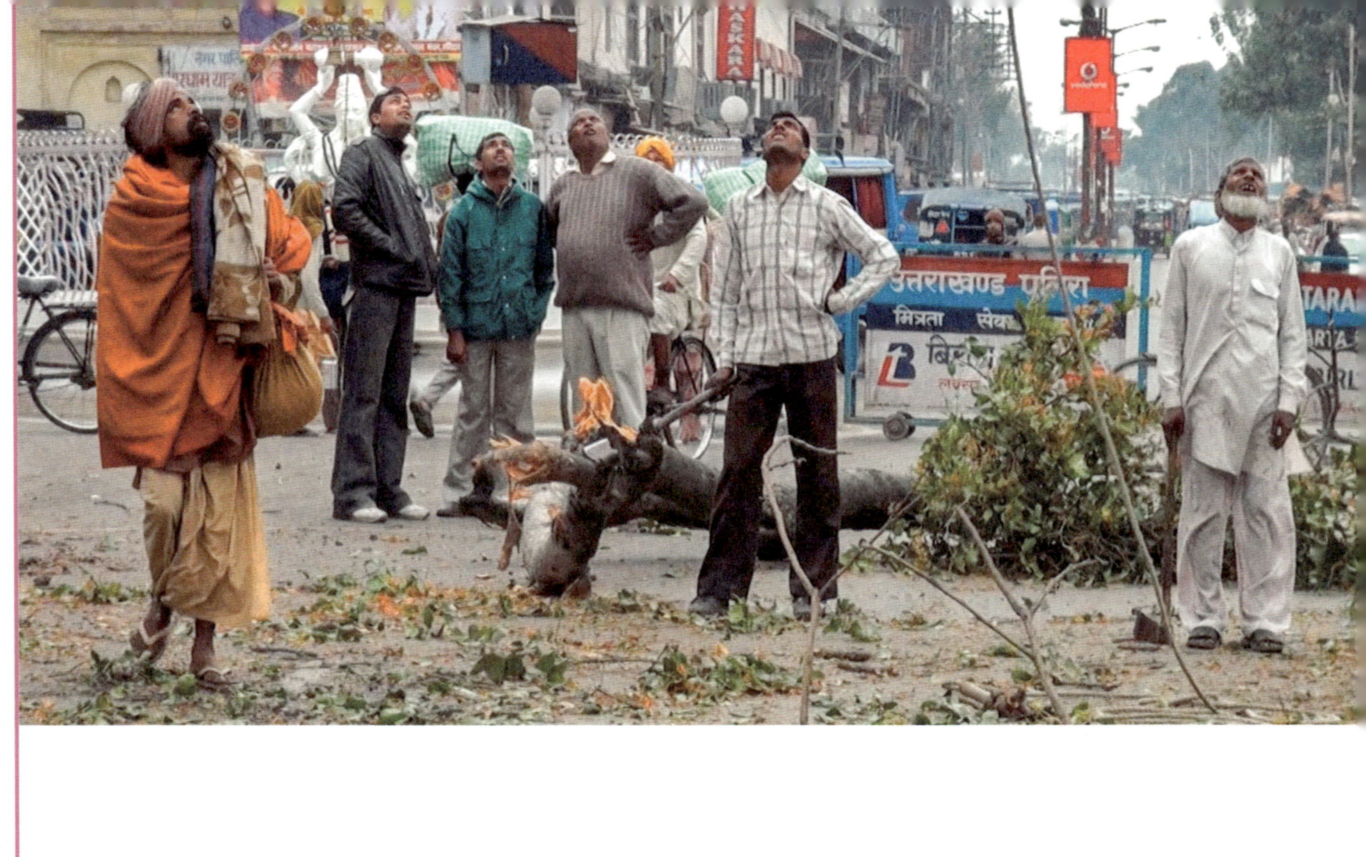

14

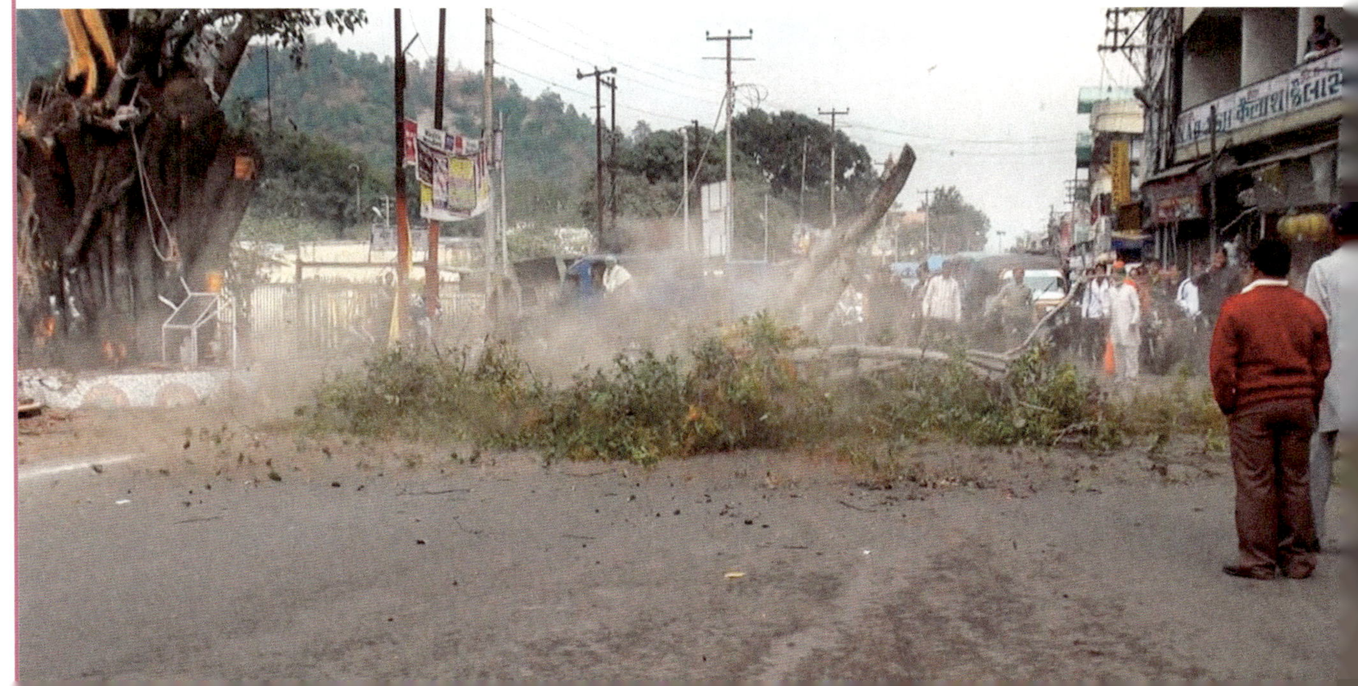

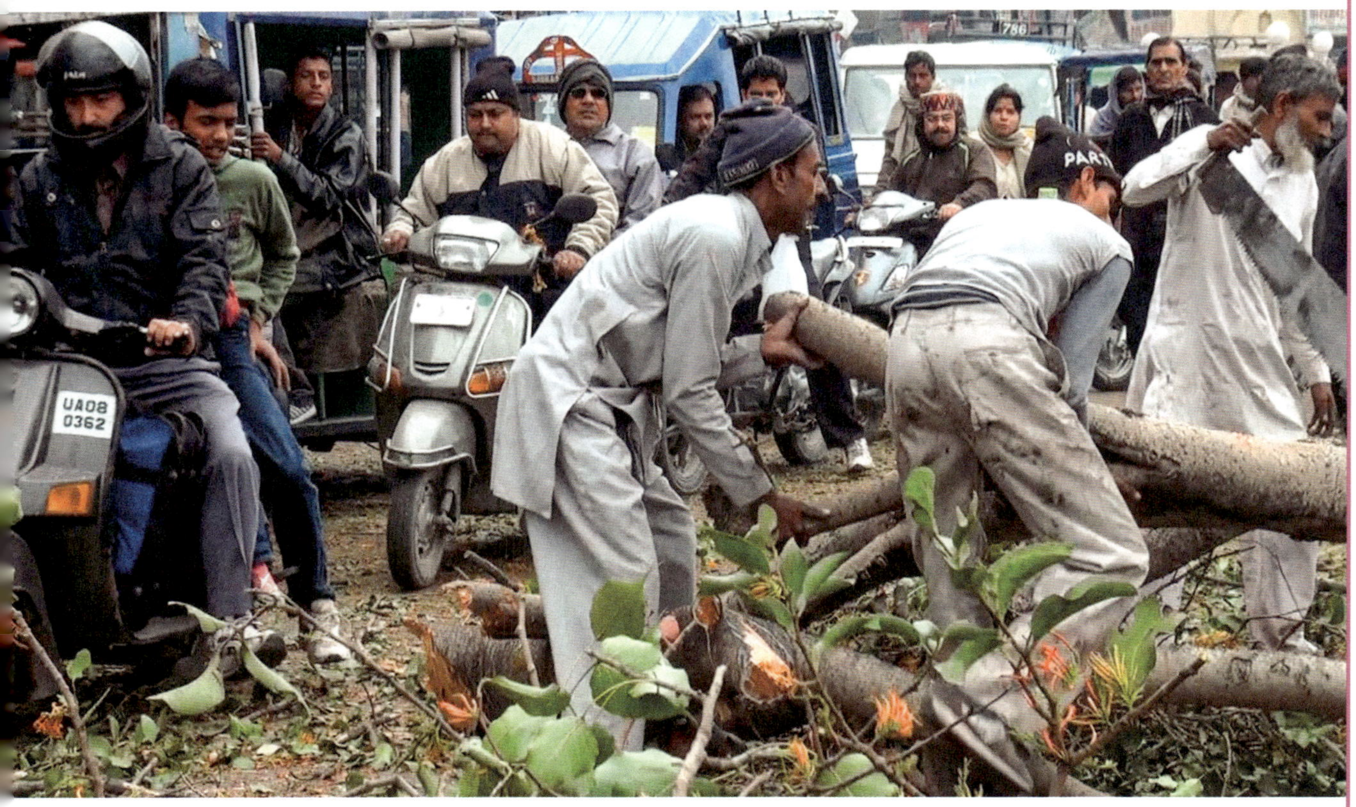

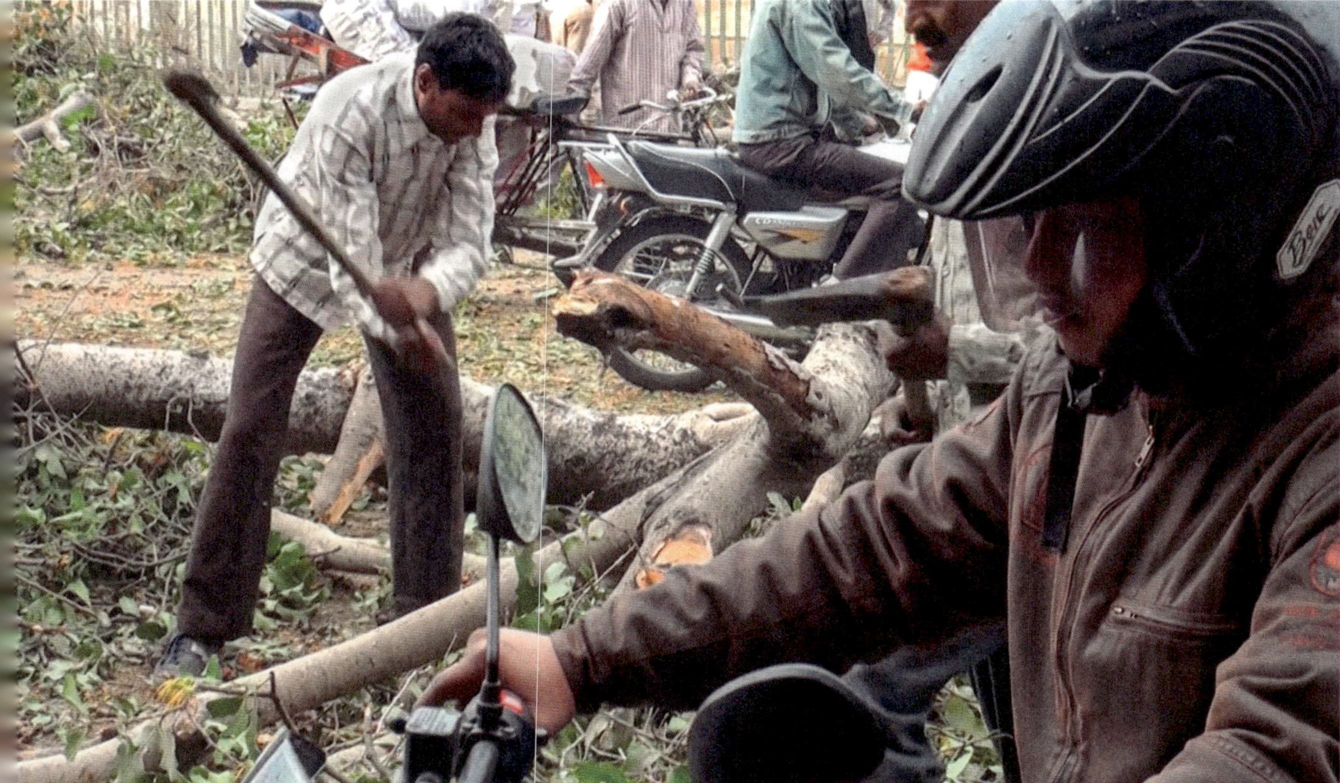

ich darüber derart erschrecke, dass ich die Aufnahme häufig abbreche. Den abrupt abgebrochenen Aufnahmen nachtrauernd, verfluche ich mich im Nachhinein für diesen Reflex.

Die Pausen der Baumfäller sind immer nur kurz, und auch ich werde jedes Mal zu einem heissen Chai gerufen, den ich gerne und dankbar annehme. Die Fällungsarbeiten hoch oben in den Ästen werden alle ungesichert und meist vom gleichen Mann ausgeführt. Schnell und leichtfüssig bewegt er sich in den schwindelerregenden Höhen, schwingt, frei stehend und ungerührt ob der unter ihm gähnenden Tiefe, die Axt. Zunächst bindet er den zu fällenden Ast an einem Seil fest, an dessen anderem Ende die Truppe unten auf der Strasse immer wieder ruckartig zieht. Wenn Geräusche das Brechen des Astes ankündigen, ruft er den Arbeitern auf der Strasse zu, den Verkehr zu stoppen. Um sich vor dem Zurückschlagen der brechenden und stürzenden Äste zu schützen, hält er sich jeweils kurz an einem Seil fest, das den Baumstamm entlanggeführt ist. Nur wenige Sekunden danach donnern die Baumstücke auf den Asphalt, worauf sich der wartende Verkehr sogleich wieder in Bewegung setzt, sich um die Baumtrümmer herum neue Fahrbahnen sucht und auch findet. Nach diesen Kraftakten setzt sich der Mann hoch oben erschöpft auf den neu entstandenen Stumpf und raucht zufrieden eine Beedi, meist lacht er dabei stolz in die Kamera.

Es sind sieben Männer, die die Fällung durchführen. Ihr Alter ist schwer einzuschätzen. Einige sind wohl Anfang/Mitte zwanzig. Alle tragen Schnauzbärte, Anzughosen und Strickmützen. Einer ist etwas älter, vielleicht fünfzig, und trägt als Einziger sozusagen das Negativ eines Schnauzes, eine spezifische Art von Bart, die ich nur bei Muslimen gesehen habe. Er trägt ein dreiviertellanges Hemd und ist ganz in Weiss gekleidet. Ein etwa gleichaltriger Mann arbeitet nur selten mit und scheint eher das ganze Vorhaben im Überblick zu behalten. Ein weiterer Mann ist offenbar ausschliesslich zur Aufsicht der Holzfäller vor Ort und schaut lediglich zu. Mehrmals kommt ein etwas jüngerer, gross gewachsener Mann mit einem Motorrad vorbei, gibt Anweisungen und steht wichtig herum. Er ist der einzige hier, der ein paar Brocken Englisch spricht. Ich versuche von ihm die Gründe dieser Fällung zu erfahren, er weicht jedoch aus oder kennt sie auch nicht.

Ich bleibe, bis es langsam eindunkelt. Nur einmal unterbreche ich die Aufnahmen und haste zum Aufladen der Kamera-Akkus ins Hotel. Dabei bin ich schrecklich nervös, ich könnte wichtige Ereignisse verpassen. Auf dem Rückweg bemerke ich, dass auf derselben Strasse weitere Bäume gefällt werden.

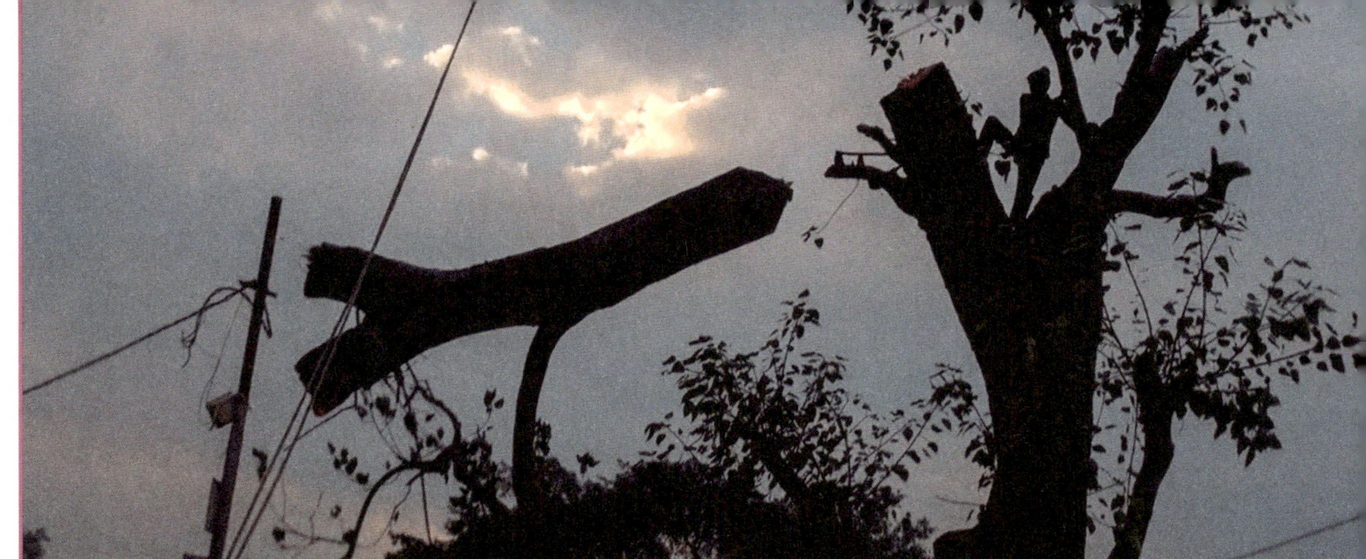

and hurry to the hotel to charge the camera
batteries. At the same time I'm terribly
nervous that I might miss important events.
On the way I notice that more trees are
being felled on the same side of the street.
Fortunately, I'm there just in time to
witness the largest part of the trunk falling. This time, too, the traffic and all
the goings-on under the tree are halted only
for the immediate fall of the piece of the
tree. This one is so heavy that the ground
under my feet quakes when it hits the asphalt.
The huge piece of trunk is immediately sawed
up and cleared from the street. All of the
work is done without any kind of motorized
equipment. The whole thing is a major effort,
and I'm very impressed by the men's perfor-
mance. Now it's time for them to call it a
day. I try in vain to find out whether they're
coming back tomorrow. After they have ex-
changed their layered shirts for warm sweat-
ers and woolen scarves, they depart from the
site smoking.

I stay at the tree a while longer. A consider-
able number of branches and large pieces
of tree are stacked around it like driftwood
on a lake. The metal doors of the small shrine
are closed and padlocked now. A boy climbs
over the branches and collects some firewood.
As I walk away I discover a hose coiling from
the window frame of a building that leads
to a whiskey bottle with the lettering "Original Choice." I'm full of impressions and
at this moment only hope that one day everything I've seen and experienced will find
expression that is as reduced as the con-
densed water of an air conditioner—and is collected in a receptacle that is just as full
of character.

At the hotel, I tell the man at the reception
desk about today's experiences and also ask
him why the trees are being felled. He speaks
a bit of English and suggests political, religious, and urban planning reasons. At least
that's what I believe to understand. Yet
like so often, I'm uncertain to what extent
I fill the intermediate spaces of these
speech fragments with my own speculations.
Because I'm surely returning to the site
again tomorrow and couldn't explain my project to the men today, I ask the receptionist
to translate the following into Hindi and
write it down. "My name is Sonja Feldmeier.
I'm a video artist from Switzerland and
currently live in Delhi. Because I'm working
on a video in which I document stories about
different trees, I'd also like to film here.
The felling work is of great interest to
me and I hope that you agree to my recording you on video while you work." There is no
way, of course, that I can verify whether he
translated everything in my interest. I'll
take the piece of paper with me tomorrow.

16

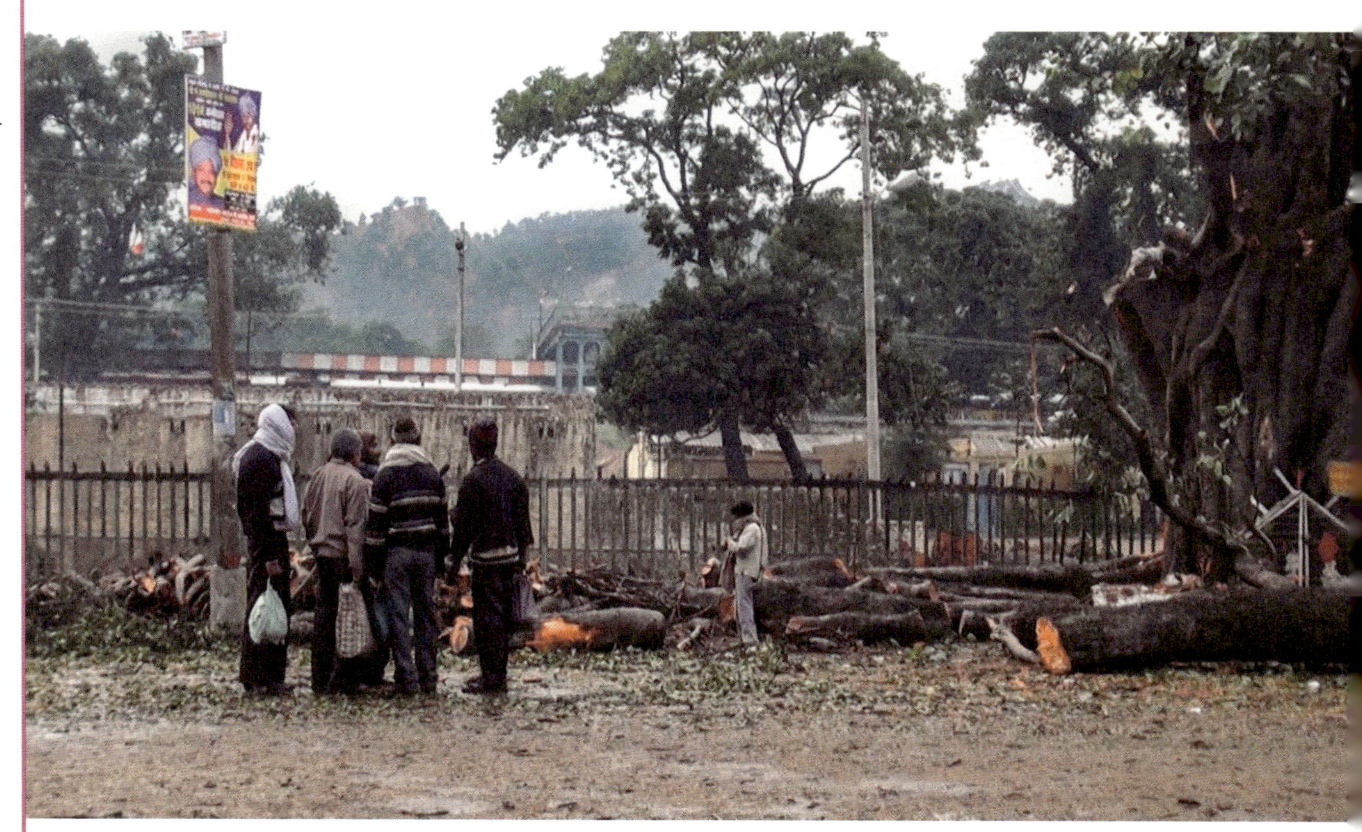

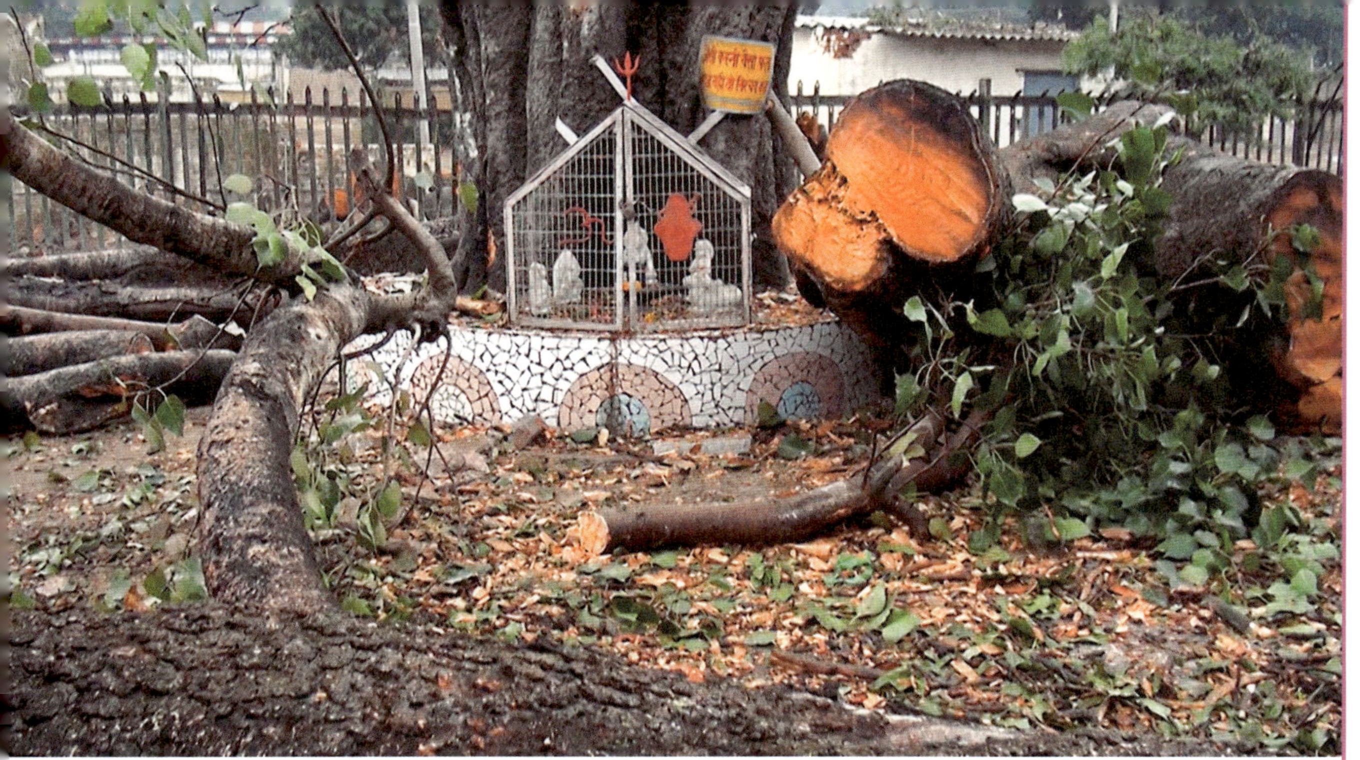

Glücklicherweise bin ich gerade noch rechtzeitig, kurz vor dem Fall des grössten Stammstücks zurück. Auch diesmal werden der Verkehr und das ganze Treiben unter dem Baum nur für den unmittelbaren Fall des Baumteils ferngehalten. Dieses ist so schwer, dass der Boden unter meinen Füssen bebt, als es auf den Asphalt donnert. Das riesige Stammteil wird umgehend zersägt und von der Strasse geräumt. Alle Arbeiten werden ohne jegliche motorisierte Geräte ausgeführt. Das Ganze ist ein Kraftakt, und ich bin sehr beeindruckt von der Leistung der Männer. Nun machen sie Feierabend. Ich versuche erfolglos herauszufinden, ob sie morgen wiederkommen werden. Nachdem die Männer ihre geschichteten Hemden gegen warme Pullover und Wollschals getauscht haben, verabschieden sie sich rauchend.

Ich bleibe noch eine Weile beim Baum. Eine beträchtliche Menge an Ästen und grossen Baumstücken lagert um ihn herum wie Treibholz auf einem See. Die metallenen Türen des kleinen Schreins sind jetzt geschlossen, ein Vorhängeschloss ist angebracht. Ein Junge steigt über die Äste und sammelt etwas Brennholz. Beim Weggehen entdecke ich an einem Haus gegenüber einen Schlauch, der sich durch den Fensterrahmen nach draussen windet und in eine Whiskyflasche mit der Aufschrift «Original Choice» mündet. Ich bin voller Eindrücke und erhoffe mir in diesem Moment nur, dass eines Tages all das Gesehene und Erlebte einen ebenso reduzierten Niederschlag finden wird wie das Kondenswasser einer Klimaanlage – und von einem ebenso charaktervollen Gefäss aufgefangen wird.

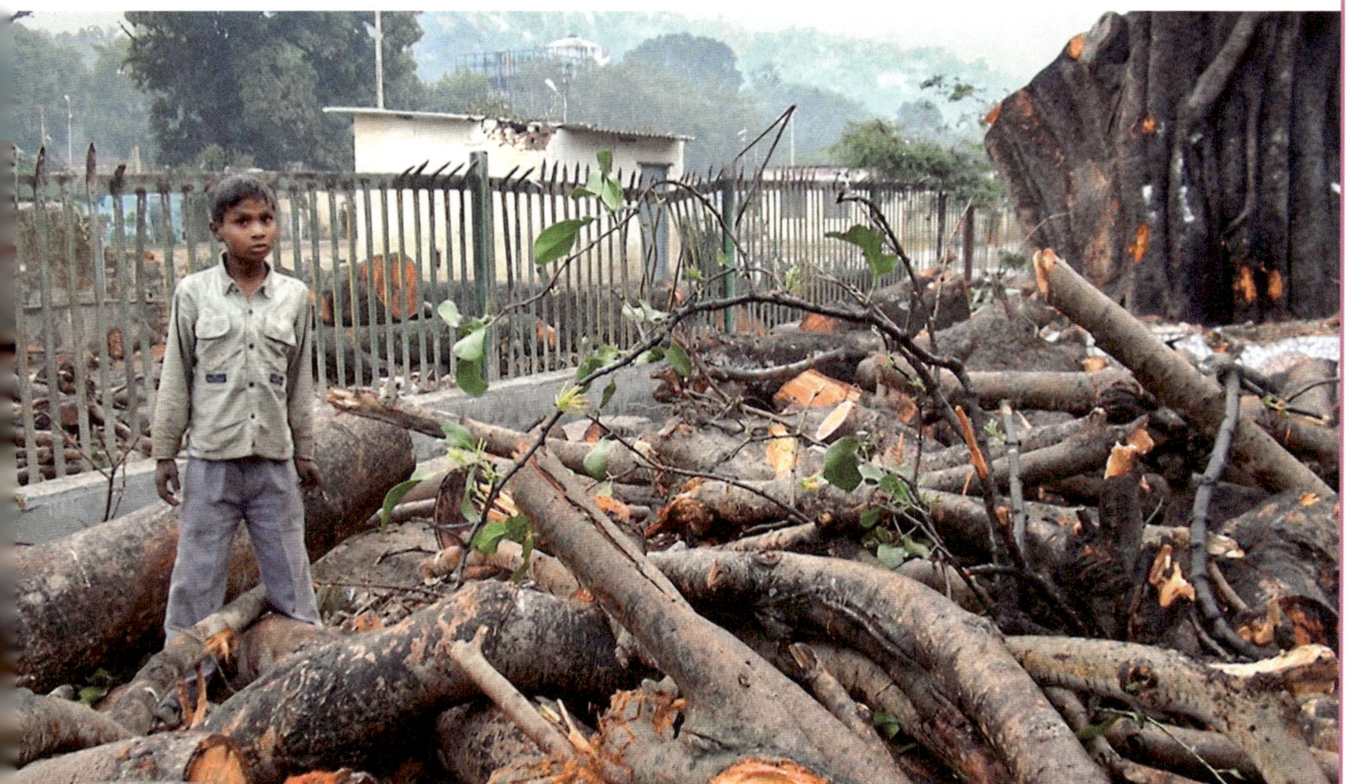

Im Hotel erzähle ich dem Mann an der Rezeption von meinen heutigen Erlebnissen und frage auch ihn nach dem Grund der Baumfällungen. Er spricht etwas Englisch und deutet politische, religiöse und stadtplanerische Gründe an. So viel meine ich jedenfalls zu verstehen. Ich bin mir jedoch wie so oft unsicher, inwieweit ich die Zwischenräume dieser Sprachfragmente mit eigenen Spekulationen fülle. Da ich morgen sicher wieder an den Schauplatz zurückkehren werde und ich heute mein Vorhaben den Männern nicht erklären konnte, bitte ich den Rezeptionisten, mir das Folgende in Hindi zu übersetzen und aufzuschreiben: «Mein Name ist Sonja Feldmeier, ich bin eine Videokünstlerin aus der Schweiz und lebe zur Zeit in Delhi. Da ich an einem Video arbeite, in dem ich Geschichten verschiedener Bäume dokumentiere, möchte ich auch hier Aufnahmen machen. Die Fällungsarbeiten sind für mich von grossem Interesse und ich hoffe, Sie sind einverstanden, wenn ich Sie bei Ihrer Arbeit aufnehme.» Ob er das alles in meinem Sinne übersetzt hat, kann ich natürlich in keiner Weise überprüfen. Ich werde den Zettel morgen mitnehmen.

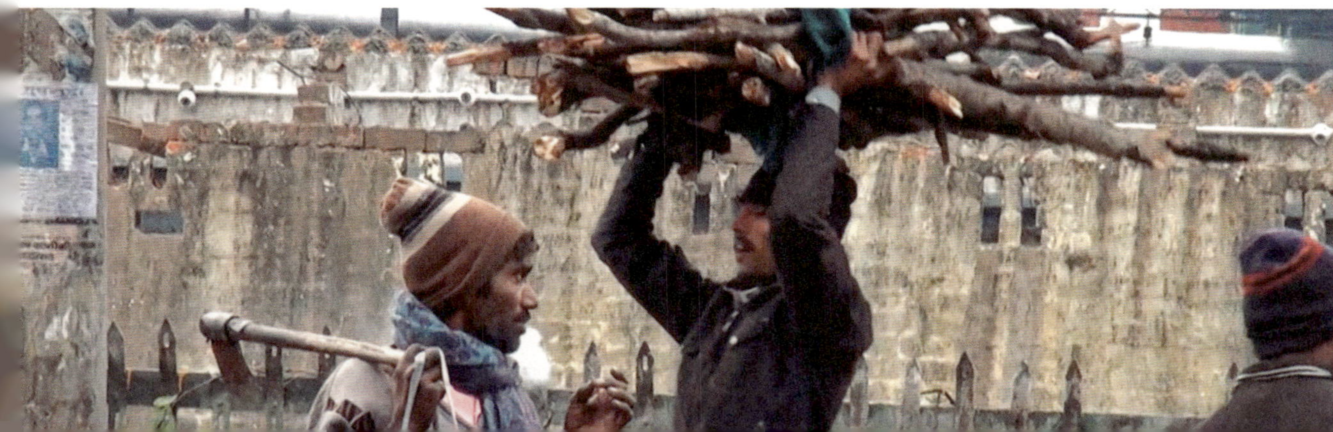

Etwas unheimlich dreht sich hölzernes Schokoladen-
braun im Kreis. Die schalkhaft orangen Klänge
sind traurig geworden und machen sich auf dem Rücken
der Sägegeräusche vom Acker.

The wooden chocolate brown somewhat sinisterly spins
round in circles. The mischievous orange sounds
have become sad and toddle off on the back of sawing
noises.

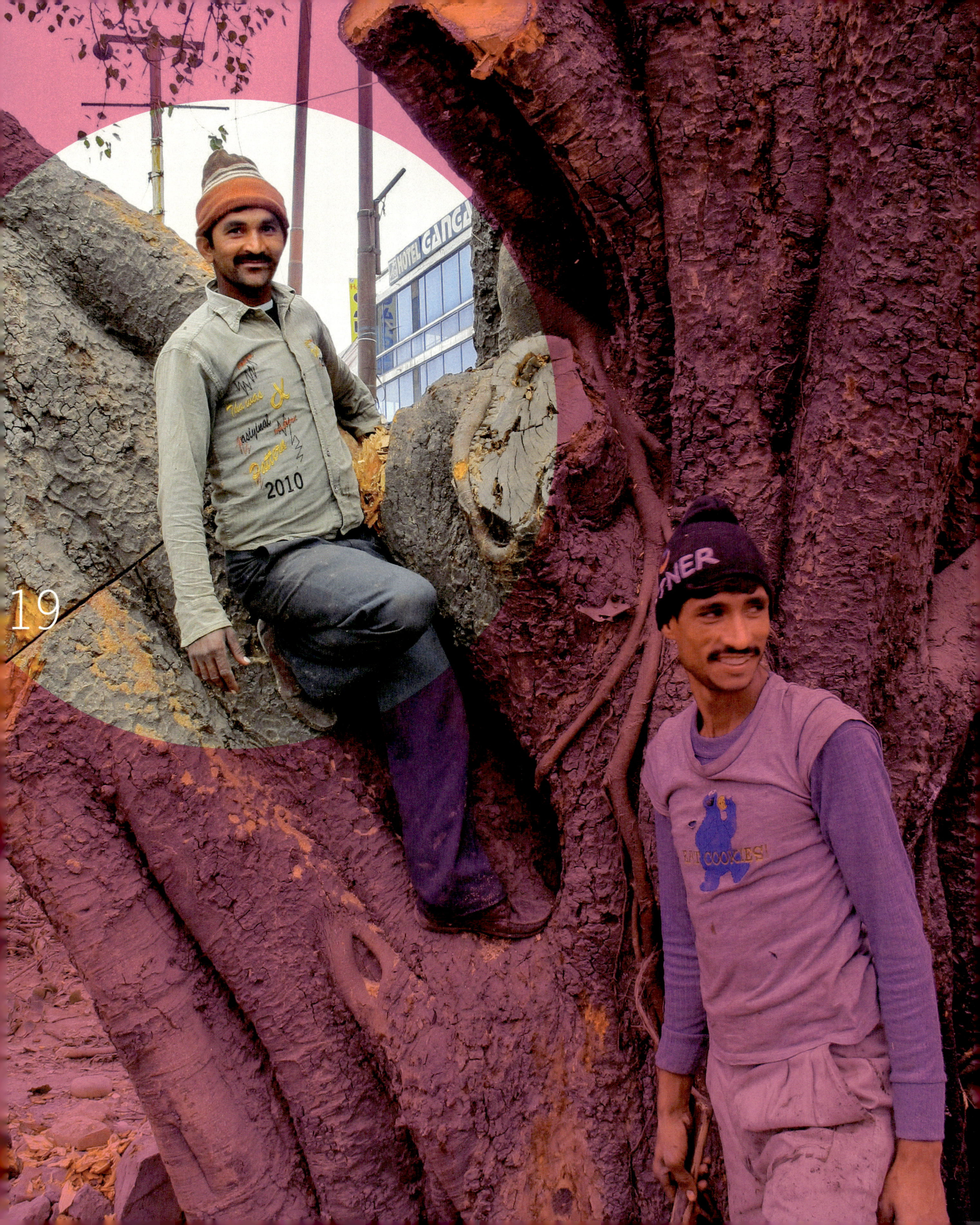
HOTEL GANGA
2010
19

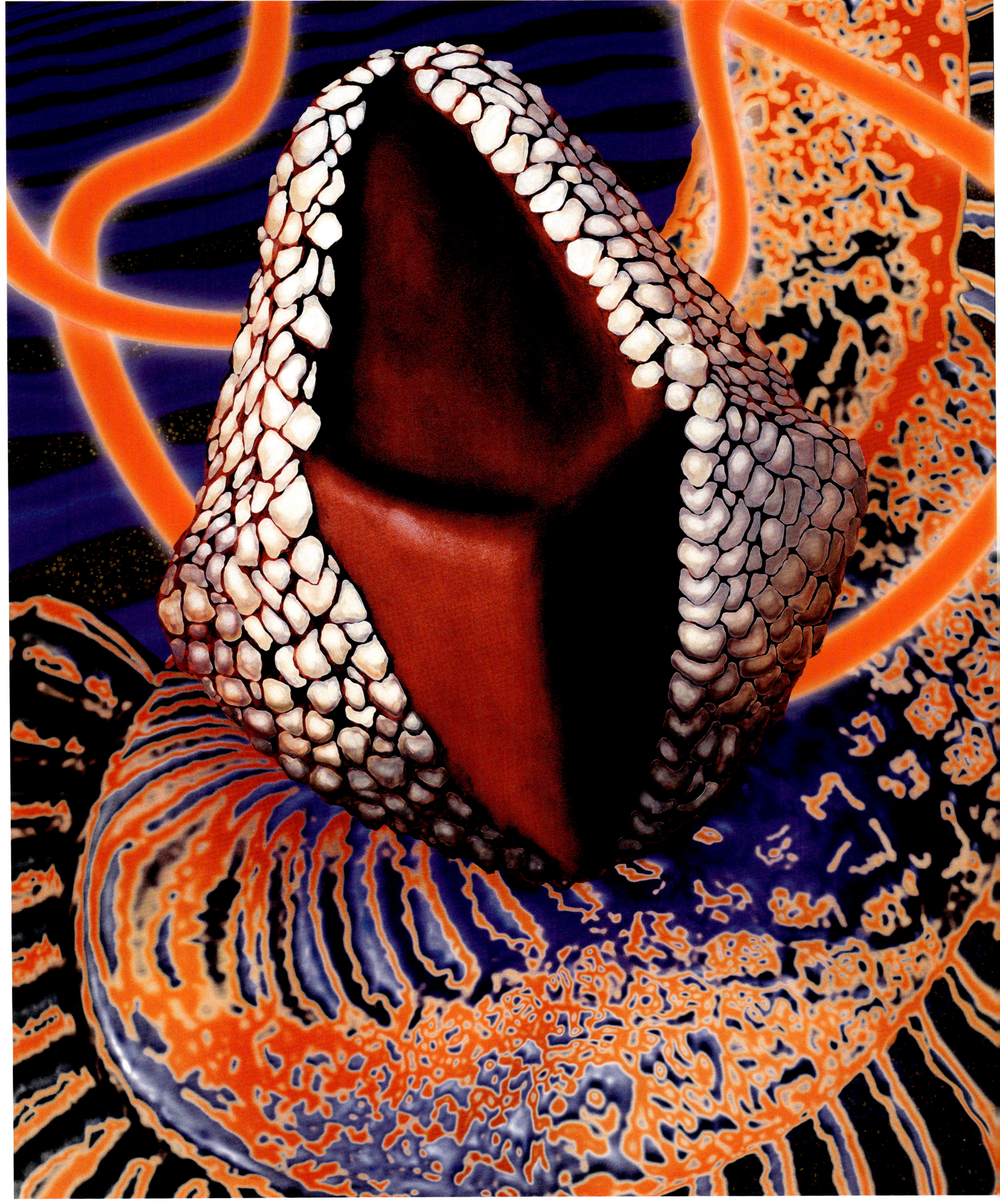

21

The Peepul (Riazat Mohammad), 2016
Fine Art Print, Airbrush, Lack, MDF mit Grundierfolie, Esche massiv
Fine art print, airbrush, varnish, MDF with primer film, solid ash
118 × 98.5 × 5 cm

Im letzten Winter bemerkte ich beim Renovieren, dass durch die Betonwand meines Zuhauses in New Delhi ein kleiner Pipalbaum das Licht der Welt erblickte. Nachdem ich, um eine pragmatische Handlung hinauszuschieben, eine Zeitlang über Ghalibs schönes *nazm* nachgedacht hatte, attackierte ich ihn mit einem Fleischmesser. Die Wurzeln des Pipalbaums (Pappelfeige, *ficus religiosa*) reichen tief, sie sind stark und widerständig; und schon bald, aufgrund der reinen Macht der Gewohnheit, googelte ich mein Problem. Die Suchergebnisse warfen weitere Probleme auf: Mir wurde klar, dass in den Wurzeln des Pipalbaums nicht weniger als drei Gottheiten wohnen. Da ich ein Faible für religiöse Kulturen habe, sah ich mich gezwungen, weiter zu recherchieren. Das Internet machte den Vorschlag, den Pipalbaum in einen Topf zu verpflanzen und unverzüglich zu verehren. Javed, der gerade das Haus strich und mein Dilemma mitbekommen hatte, stieg von seiner Leiter herab, lachte in sich hinein und erinnerte mich daran, dass er – da er ein Muslim und der Pipalbaum den Hindus heilig ist – mich aus dieser Zwickmühle befreien könne. Er unterbreitete mir sofort ein Angebot für diesen ikonoklastischen Auftrag und lachte immer noch vor sich hin, als er die entwurzelte Pflanze mit den abgetrennten Häuptern von Gottheiten sorgfältig einwickelte und nach draussen ging, um die Spuren unserer gemeinsamen Sünde zu beseitigen.

Die in Basel lebende Multimedia-Künstlerin Sonja Feldmeier präsentiert in ihrem Film *The Peepul Tree* als Protagonisten einen solchen Baum, eindrücklich wie eine ganze Landschaft. Mit einem Durchmesser von drei und einem Umfang von zehn Metern ist er ein Riese seiner Art. Dieser mindestens 450 Jahre alte Baum ist ein Zeuge, ein zeitliches Verbindungsglied zu unseren eigenen unbestimmten Geschichten. Wenn auch von Anfang an auf das Ende der Filmhandlung hingedeutet wird – das Fällen des Baums –, verweilt die traumartige Erzählung auf der Beziehung zwischen dem Baum und denjenigen, die ihn abholzen. Und dennoch sehen die Sägen, Äxte und die Menschen, die sie schwingen, neben dem Baum winzig aus, sie scheinen lediglich seiner Peripherie anzugehören und ungeeignet zu sein, ihm irgendeine Verletzung zuzufügen.

Sonja Feldmeiers Nachforschungen haben ergeben, dass die Baumfäller Muslime sind und vertraglich verpflichtet wurden, fast 200 Bäume zu fällen, damit die Strasse für die Kumbh Mela, eine hinduistische Pilgerfahrt ungeheurer Ausmasse, verbreitert werden kann. Dieser Baum wurde im Laufe einer Woche Ende 2010 beseitigt, obwohl in diesem Jahr das Fest bereits im April geendet hatte. Als Vorwand für die Fällung war angegeben worden, dass Vorbereitungen für eine noch gewaltigere Kumbh (die zum damaligen Zeitpunkt allerdings mehr als ein Jahrzehnt entfernt war) bereits im Gange seien. Die Kumbh Mela findet alle zwölf Jahre statt, an einem der folgenden vier Orte (die mittels mythologischer Begründung ausgewählt werden): in Prayagraj (dem früheren Allahabad), Nashik, Ujjain und Haridwar. Sonja Feldmeier befand sich selbst am letztgenannten Ort und wurde Zeugin des surrealen Theaters, das sich auf seinen Strassen abspielte.

Zeitlichkeit und Religion

Die Zeitlichkeit, die einer der wichtigsten Aspekte von Sonja Feldmeiers Wahrnehmung des Ereignisses ist, ist auf die zahlreichen Mythen uralter Zeiten abgestimmt und auf die Zeitlosigkeit, die den Grundpfeiler des hinduistischen Narrativs in Indien auszumachen scheint, einem derzeit von religiösen Fundamentalisten regierten Land. Die Pilgerreise positioniert sich selbst kühn auf einer Koordinate der temporalen Ordnung, die eine urvordenkliche Zeit beschreibt. Doch bekräftigen die wenigen Wissenschaftler, die nach den Ursprüngen des Festes geforscht haben, dass es das Produkt einer jüngeren Zeit ist – insbesondere der mittleren Neuzeit, da vor dem 17. oder 18. Jahrhundert nichts auf die Existenz eines solchen Festivals hindeutet. Insofern bildet die Zeitlichkeit hier

Senjuti Mukherjee

The Peepul Tree: Ein Diagramm von Vertrautheiten

22

ug rahā hai dar-o-dīvār se sabza 'ġhālib'
ham bayābāñ meñ haiñ aur ghar meñ bahār aa.ī hai

Greenery is growing out of the concrete walls, Ghalib
I'm in the wilderness and spring has arrived inside my home

Mirza Ghalib (1797–1869)

Senjuti Mukherjee

The Peepul Tree: A Diagram of Intimacies

23

Last winter, during a renovation stint, I noticed a small peepul tree coming into the world through the concrete wall of my home in New Delhi. After spending some time reflecting on Ghalib's beautiful *nazm* to postpone pragmatic action, I attacked it with a meat knife. The peepul's roots are deep-set, strong and resilient; soon enough, due to the sheer force of habit, I googled my problem. The search results threw up more problems: I realised as many as three gods reside in the roots of peepul. Fond of religious cultures, I felt compelled to research this further. The internet suggested transferring the peepul to a pot and worshipping it immediately. Javed, who had noticed my dilemma while painting the house, climbed down from his ladder, chuckled and reminded me that since he is Muslim, and peepul being a venerated tree for Hindus, he could take this predicament off my hands. He followed up by quoting a fee for this iconoclastic assignment and, still chuckling, wrapped the uprooted plant of severed god-heads carefully as he went out to get rid of the traces of our collective sin.

Basel-based multimedia artist Sonja Feldmeier's *The Peepul Tree* introduces the protagonist tree as commanding as an entire landscape. With a diameter of three metres and a circumference of ten, it is a giant amid its kin. At least four hundred and fifty years old, this tree is a witness, a temporal link to our own undetermined histories. Although the resolution of the film's plot – the felling of the tree – is gestured at from the beginning, this dream-like narrative lingers on the relationship between the tree and those cutting it down. And yet, saws, axes, and the humans welding them appear diminutive beside the tree, seeming to only inhabit the tree's periphery, too inadequate to cause any injury.

Sonja Feldmeier's investigations reveal that the tree-fellers are Muslim and were contracted to cut down nearly two hundred trees to widen the road for the Kumbh Mela, a Hindu pilgrimage of colossal proportions. This tree was being brought down over a week at the end of 2010, although that year's festival had already ended in April. The alibi for the felling was that preparation for a more enormous Kumbh (albeit over a decade away at the time) was underway. Kumbh Mela takes place every twelve years, at four different places (selected through mythological rationale): Prayagraj (previously Allahabad), Nashik, Ujjain and Haridwar. Sonja Feldmeier found herself in the latter space, witnessing a surreal theatre unfolding on the streets.

Temporality and Religion

Temporality, a key aspect of Sonja Feldmeier's perception of the incident, is in tune with numerous myths from ancient times and agelessness that seem to form the cornerstone of the Hindu narrative in India, currently governed by religious fundamentalists. The pilgrimage positions itself valiantly on the time-immemorial co-ordinate of the temporal order. The few scholars that have researched the origins of the festival confirm that it is a product of the modern – specifically the mid-modern era, as nothing suggests the existence of such a festival before the seventeenth or eighteenth centuries. Temporality here is curiously antithetical to the very formulation of sacred. Time is a scientific and technological concept and consequently doesn't excite the groups constructing religious narratives. The costume drama of Kumbh was carefully sculpted by Hindu religious groups

eine eigentümliche Antithese zur Ausformulierung des Heiligen selbst. Allerdings ist Zeit ein wissenschaftliches und technisches Konzept, das folglich die Menschengruppen, die sich mit der Konstruktion religiöser Narrative befassen, nicht weiter interessiert. Das Kostümdrama der Kumbh wurde von hinduistischen Religionsgruppen und britischen Orientalisten sorgsam gestaltet, und die Hindus machten sich die kolonialen Fantasien über ihre Religion wie auch deren heilige Männer und die Pilger zu eigen, um dem Fest die Struktur und den Inhalt zu geben, die es heute hat. Auf einer jeden Kumbh drängen sich Millionen von Pilgern, um in heiligen Flüssen zu baden, Rituale abzuhalten und zu betrachten, und um Kontakt mit Sadhus zu pflegen – enthaltsam lebenden Männern, die ihre Körper mit heiliger Asche beschmieren (eine Erinnerung an die Vorstellung, dass der Körper letztlich zu Asche wird) und in Performances ihre Unempfindlichkeit und Gleichgültigkeit gegenüber dem Leid vorführen, indem sie Schuhe mit Nagelsohlen tragen und extreme Temperaturen erdulden.

Das Umfeld des Baums

Der Film beginnt mit einem subjektiven Blick, indem die Kamera zu einem Jungen schwenkt, einem Zuschauer, auch wenn er sich das Spektakel in diesem Moment nicht direkt ansieht. In derselben Einstellung leiten uns die Linien in der Kleidung des Jungen mittels der Geometrie zum Muster der Rinde des Baums, auf dem er sitzt; die Kamera scheint ein Diagramm von Vertrautheiten zu bilden, indem sie sich von einem Gegenstand zum anderen bewegt. Die Konturen der Hauptdarsteller werden offenbar: Die scharfen Kanten der Säge führen zu einer Ansicht der Rinde; auf dem Weg dorthin darf das Auge auf den Seilen verweilen und gelangt schliesslich zu den Protagonisten, die beim Sägen an den regungslosen Ästen und Zweigen in einem rhythmischen Hin und Her eingefangen werden. Die Montage, die das Zersägen des Stammes offenbart, ist so geschnitten, dass sich die Einzelbilder in einem ständigen Dialog mit dem Rhythmus dieser Aktion befinden, sie verlangsamen sich nur gelegentlich, um die Baumfäller zu zeigen, begleitet von Klangporträts. Zwergenhafte menschliche Wesen klettern einen riesigen Baum in den Himmel hinauf – ein Motiv aus einem Märchen wurde zum Leben erweckt.

Eine Axt, die im Vergleich zu dem Pipalbaum wie ein blosses Spielzeug anmutet, bewegt sich nach oben, um einen der Männer zu erreichen, die auf einem Ast des Baums sitzen – dieses Zeitzeugen, der sich vor der Weite des Himmels ausbreitet. Sobald die Äste dann in schneller Folge vom Himmel herunter- und auf die Strasse fallen, manifestiert sich ein seltsames neues Phänomen. Zum ersten Mal gelangt die den Baum umgebende Stadtlandschaft ins Blickfeld. Eine unpassende Stille tritt ein, als die Pendler auf einer ansonsten geschäftigen Strasse darauf warten, dass die Äste auf den Boden prallen. Es herrscht eine bedrückende Stimmung, die sich aber nicht unbedingt auf die an ihrer Weiterreise gehinderten Bürger ausweitet. Die meisten Augen richten sich auf die gefährlich grossen Äste während ihres Falls, und in dem Moment, in dem der Ast auf den Boden trifft, beginnt die Betriebsamkeit von neuem.

Wie wir ein Spektakel betrachten

Die Fixierung des Zuschauers auf den herabfallenden Ast offenbart die Art, wie wir Dinge betrachten. Der gefährlich weit oben im Baum sitzende Mann fällt einem optischen Vergessen anheim – ein Szenario, das überall in Indien wahrnehmbar ist: Durch Systeme der Religion oder der Geschäftswelt werden Arbeiter unsichtbar. Im Jahr 2019 wurde die Kumbh in Allahabad abgehalten – das nun Prayagraj heisst, was auf den scheinbar «antiken» Namen der Stadt zurückgeht, die 1575 vom Grossmogul Akbar umbenannt wurde. Ein hinduistischer Mönch und der derzeitige Regierungschef des Bundesstaates Uttar Pradesh, Yogi Adityanath, machten aus der Ardh Kumbh ein von der rechtsgerichteten Hindu-Propaganda unterfüttertes Ereignis. Im Vorfeld der allgemeinen Wahlen im Mai kreischten die Anschlagtafeln und Politiker-Pappfiguren in der ganzen Stadt in Safrangelb, der Farbe der rechten Hindu-Nationalisten. Premierminister Narendra Modi war überall als Symbolfigur des politischen Hinduismus

(Hindutva) zu sehen, und seine Partei, die BJP, brachte ein für eine Wahlkampagne aufgenommenes Video in Umlauf, in dem er fünf Reinigungskräften die Füsse wäscht. Vielleicht versuchten die Medienverantwortlichen der Partei, Aspekte von deren brutalem Regime zu verschleiern, das die Unterdrückung billigt und das Lynchen von Arbeitern, die einer niederen Kaste oder dem muslimischen Glauben angehören, ungestraft weitergehen liess. In dem Video sitzen Männer und Frauen verlegen auf billigen Plastikstühlen, während der auf einem stattlichen hölzernen Schemel sitzende Premierminister Wasser aus glänzenden Messinggefässen giesst. Die Namen der Arbeiter wurden nach diesem geschickten Schachzug nicht genannt, erst als Journalistinnen und Filmemacher sie aufspürten, wurden ihre Wut, ihre Verbitterung und ihre völlige Gleichgültigkeit gegenüber dieser nichtssagenden Geste öffentlich bekannt.

Bei der Kumbh haben panische Fluchten, Schlägereien und Todesfälle aufgrund von Missmanagement für reichlich schlechte Presse gesorgt. Die risikoreichsten Tätigkeiten müssen die Arbeiter auf sich nehmen, die für die Mela und die Verschönerung der Stadt zuständig sind; ihre Geschichten bleiben jedoch fast immer im Verborgenen. Der öffentliche Raum ist ein politischer Raum; das «Freimachen» von Räumen, unter dem Vorwand der Verbreiterung von Strassen, ist Kern eines jeden grösseren kommerziellen Ereignisses, ob sportlicher oder religiöser Art. Ein umfassendes Netzwerk von Reinigungskräften, Abfallsammlern, Strassenkehrern, Wäschern, Köchen, Teeverkäufern, Bootsführern, Rikscha-Ziehern und, wie wir in Sonja Feldmeiers *The Peepul Tree* sehen, Baumfällern kommt zusammen, damit die Kumbh Mela funktioniert. Zu den Arbeitern, die eine solche Hindu-Pilgerreise auf die Beine stellen, gehören zweifellos die muslimischen Baumfäller, und die natürlichen Opfer dieser gross angelegten Reinigungsaktionen sind Strassenbewohner und -verkäufer, die Slums und die Bäume – Wesen, die der Staatsapparat als entbehrlich ansieht. Die grösste Bedrohung unserer Zeit ist der Krieg, den Konzerne, der rechtsgerichtete Staat und geschäftsmässig organisierte Religionen gegen unsere natürliche Welt führen.

Synästhesie als Subjektivität

Die Kumbh Mela und ihre Inszenierung generieren eine Flut an Videos und Bildern von nationalen und internationalen Medien, unabhängigen Journalistinnen, Aktivisten und Künstlerinnen. Auch Sonja Feldmeiers Arbeit ist in diesem Kontext angesiedelt, doch geht sie zugleich über ihn hinaus, indem sie eine Vertraulichkeit mit ihrem Material herstellt: Die Künstlerin greift auf Klänge und synästhetische Sichtweisen zurück, um eine persönliche Beziehung zu den Protagonisten aus der menschlichen wie pflanzlichen Welt zu knüpfen. Indem sie sich in die Materialität des Mediums vertieft, findet sie sich in einer emotionalen Position wieder.

Synästhesie ist ein neurologischer Zustand, der den Austausch zwischen den Sinnen und deren Zusammenwirken gestattet: zwischen Hören und Sehen oder zwischen Tast- und Geschmackssinn. Häufig haben Künstler mit der Synergie von Sinnen experimentiert, um zu ihren unterschiedlichen Realitäten zu gelangen. Der russische Künstler Wassily Kandinsky visualisierte in seinen Gemälden die Musik, und bekanntlich lösten seine Arbeiten bei Betrachtern synästhetische Erfahrungen aus. Ob die Künstler, die vor dieser Entdeckung der Neurologie so arbeiteten, auch im wissenschaftlichen Sinne Synästhetiker waren oder nicht, werden wir niemals wissen. Doch ist die Synästhesie auch ein interessanter Aspekt der Philosophie gewesen, die sich mit Farben und Musik befasst und untersucht hat, ob die physikalische Qualität des einen auch im anderen quantifiziert werden kann. Diese Verlagerungen von einem Sinn der Künstlerin zum anderen sind auch im Film erfasst, wenn Sonja Feldmeier ihre visuelle Wahrnehmung der Protagonisten in Klangporträts überträgt. Der Film liefert nur wenige kurze Einblicke in ihre Befragung mittels der Sinne, die dann in der Werkserie *The Peepul* in voll ausgebildete Porträts überführt werden. Versunken in einem ebenso ruhigen wie hektischen Hin und Her zwischen Bild, Klang und Bild, schafft Sonja Feldmeier eine Vertrautheit mit den Protagonisten, denn indem sie in ihre eigene Innenwelt eintritt, formt sie diese neu. Die Porträts handeln ebenso von den Baumfällern wie von Sonja Feldmeiers Psyche. Es ist

and British orientalists, and Hindus appropriated the colonial imaginations of the religion, as well as of its holy men and pilgrims, to provide the festival with the structure and content it has today. Millions of pilgrims throng each of the Kumbhs to bathe in sacred rivers, perform and witness rituals and associate with sadhus. Sadhus are renunciates who smear their bodies with sacred ash (a reminder of the belief that the body, in time, will turn to ash) and set up performances displaying their tolerance and indifference to suffering by wearing spikes on their shoes and enduring extreme temperatures.

The Tree's Ecology

The film starts with a subjective gaze, panning over a young boy, an onlooker, although not involved in looking directly at the spectacle. In the same shot, the lines on the boy's clothes lead us geometrically to the pattern on the bark of the tree he sits on; the camera seems to forge a diagram of intimacies, moving from one subject to another. The contours of the main players are revealed: the sharp edges of the saw lead to a view of the bark, letting the eye rest on the ropes along the way, and eventually arriving at the protagonists, who are caught in a rhythmic back-and-forth as they saw away at the inert branches and twigs. The montage disclosing the sawing of the trunk is edited such that the frames are in constant dialogue with the rhythm of the act, slowing down only occasionally to reveal the tree-fellers, accompanied by sound portraits. Lilliputian humans climb an enormous tree into the sky – a fairy-tale motif brought alive.

An axe that seems like a mere plaything compared to the peepul moves upwards to reach one of the men perched on a branch of the tree – this witness of the past spread out against the vast expanse of the sky. As the branches start descending in quick succession from the sky, and collapse onto the road, a strange new phenomenon manifests itself. This is the first time the urban landscape surrounding the tree comes into view. There's an incongruous silence as commuters on an otherwise bustling street wait for the branches to come hurtling down. The overriding spirit is gloomy, even if the mood doesn't necessarily spread to the inconvenienced citizens in transit. Most eyes rest on the dangerously large falling branches for the length of their fall, and the bustle resumes at the instant that the disdained branch hits the ground.

How We Look at a Spectacle

The spectator's fixation on the falling branch exposes the way we look at things. The man dangerously perched on top of the tree falls into an optical oblivion – a scenario perceptible across the country as workers are rendered invisible by religious and business frameworks. In 2019 the Kumbh was held in Allahabad, now renamed Prayagraj harking back to its apparently 'ancient' name which was changed by the Mughal Emperor Akbar in 1575. A Hindu monk and the current chief minister of Uttar Pradesh, Yogi Adityanath turned the Ardh Kumbh into an event bolstered by Hindu right-wing propaganda. Harking to the general election in May, the billboards and cutouts around the city screeched saffron, the colour deployed by right-wing Hindu nationalists. Prime Minister Narendra Modi was visible as the mascot of Hindutva throughout the city and his party, the BJP, circulated a video of him washing the feet of five sanitary workers (filmed for an electoral campaign). The media managers of the party were perhaps attempting to conceal aspects of their brutal regime, which condones oppression and allowed the lynching of lower-caste and Muslim workers to continue with impunity. In the video, men and women sit awkwardly on cheap plastic chairs while the minister sits on a grand wooden stool and pours water out of shiny brass vessels.

The workers remained nameless after this gambit, and it wasn't until journalists and film-makers tracked them down that their rage, resentment and total disregard for the vapid gesture was revealed to the general public.

There's been plenty of bad press for Kumbh because of the stampedes, fights and deaths stemming from mismanagement. But it's the workers involved with the Mela and the beautification of the city who endure the most hazardous tasks, and yet their stories remain almost entirely concealed. Space is political; the clearing out of spaces, under the pretext of street-widening, is at the heart of any sizeable commercial event, be it sports or religion. A large network of cleaners, scavengers, sweepers, washers, cooks, tea-sellers, boatmen, rickshaw pullers and, as we see in Sonja Feldmeier's *The Peepul Tree,* tree-fellers come together to make the Kumbh Mela work. The workers putting together the Hindu pilgrimage clearly consist of Muslim tree-fellers, while the natural victims of these large-scale clearing efforts are street dwellers, roadside vendors, slums and trees – entities considered expendable by the state apparatus. The key threat of our times is the war that corporations, the right-wing state and the business of religions have waged on our natural world.

Synaesthesia as Subjectivity

Kumbh Mela and the production behind it generate an enormous body of video and images by national and international media, independent journalists, activists and artists. Sonja Feldmeier's work is located within the context of this but transcends it by forging an intimacy with the material: she resorts to sound and synaesthetic visions to form a subjective relationship with the protagonists from both the plant and human worlds. Delving into the materiality of medium, she finds herself an emotional position.

Synaesthesia is a neurological state that allows for an exchange and collaboration between the senses: between hearing and seeing or touch and taste. Artists have often experimented with the synergy between senses to reach their distinct realities. Russian artist Wassily Kandinsky visualised music in his paintings while his works were known to evoke synaesthetic experiences in the audience. Whether or not the artists who came before the neurological discovery were synaesthetes in the scientific sense will remain unknown to us. But synaesthesia has been an interesting aspect of philosophy that concerned itself with colour, music and probing whether one's physical quality can be quantified onto the other. These shifts between the artist's senses are conceived in the film when her visual perception of the protagonists is translated into their sound portraits. The film provides only a few glimpses of her sensorial inquiry which are then translated into full-fledged portraits in the series *The Peepul.* Lost in a both calm and frenzied back-and-forth between image, sound and image, Sonja Feldmeier forges an intimacy with the protagonists as she steps into her own internal world to remake them. The portraits are as much of the tree-fellers as they are of Sonja Feldmeier's mind. It's invigorating to observe the artist interrupt the hierarchical order of foreign gaze by withdrawing within her own neurological artistry. These otherworldly portraits transform the topography of Sonja Feldmeier's inquiry. The colours, shapes and contours of the protagonists from the image world of the film metamorphose as they take on the sensory agility of the artist's brain. The portraits created through a conversation between digital and analogue mediums lead to a completely different set of spaces reminiscent of neural networks, floccose cross-sections, digital grids of a space of outlandish possibilities where the protagonists are set free of their original connotations as their new anatomies float around as constantly-transfiguring forms until the artist arrives at her own subjective reality.

erfrischend zu sehen, wie die Künstlerin die hierarchische Ordnung des fremden Blickes unterbricht, indem sie sich in ihre eigene neurologische Kunstfertigkeit zurückzieht. Diese nicht dieser Welt angehörenden Porträts geben der Untersuchung von Sonja Feldmeier eine andere Topografie. Die der Bildwelt des Films entstammenden Farben, Formen und Konturen der Protagonisten verwandeln sich, indem sie die sensorische Agilität des Gehirns der Künstlerin in sich aufnehmen. Die durch eine Unterredung zwischen digitalen und analogen Medien geschaffenen Porträts führen in ein völlig anderes Set von Räumen, die an neuronale Netze erinnern, an flockige Querschnitte, an digitale Raster eines Raumes voll sonderbarer Möglichkeiten, in dem die Protagonisten von ihren ursprünglichen Konnotationen befreit sind, da ihre neuen Anatomien so lange als sich ständig umgestaltende Formen umherschweben, bis die Künstlerin zu ihrer eigenen subjektiven Realität gelangt ist.

In *The Peepul Tree* scheint sich ein Unheil anzukündigen, denn das fatalistische Publikum erwartet die Entwurzelung des Baums, während die Künstlerin nach wie vor in einer traumartigen Verbindung mit den Protagonisten ihres Films versunken ist. Derweil dringen zwei repetitive Geräusche aus der eigentlichen Klanglandschaft in den Film ein: das Zersägen des Baums, wobei kleine Holzspäne durch die Luft nach unten schweben, und das ständige Schärfen der Sägen und Äxte.

Die Bilder des Baums erfassen diesen nie in seiner Gesamtheit; immer bleiben in den Einzelbildern Teile von ihm buchstäblich draussen. Sonja Feldmeiers Film ist kein Versuch einer Bestandsaufnahme, er ist im Wesentlichen melancholisch und es findet kein Versuch statt, den grösseren Kontext zu filmen. In einem seiner charakteristisch fragmentierten und surrealen Momente sieht man, wie ein Mann dem Schrein und dem Baum, zu dem er gehört, huldigt, während an Letzterem einer unserer Protagonisten ganz ungezwungen herumsägt. Dieses Bild positioniert sich irgendwo zwischen der Unglaubwürdigkeit eines Traums und der Realität geistloser religiöser Übungen.

Der Shiva geweihte Schrein unter dem Baum siedelt das Narrativ innerhalb einer spezifischen religiösen Praxis an. Die religiöse Kultur der Stadt wird sichtbar, wenn Sonja Feldmeiers Kamera auf die Läden, Hotels und Restaurants schwenkt, die die andere Strassenseite säumen – viele von ihnen sind nach dem Gott Shiva benannt. Ein neuer Protagonist wird eingeführt, der kommt, um die Götter mittels eines Meissels aus dem Schrein zu befreien. Diese Götter aus Marmor oder einem anderen Stein werden einzeln in kleine Pappkartons oder braune Papiertüten gelegt, und eine andere Gruppe von Männern trifft ein, um sie aus dem Bild hinaus irgendwo hinzutragen. Ein einsamer Zuschauer sieht sich diesen ganzen Prozess an, möglicherweise mit einem ebenso forschenden Blick wie die Künstlerin selbst, und verweilt nach dem Nachlassen der Aktivitäten noch eine Zeitlang an dem trostlosen Ort.

Die säkulare Nation

Die Verfassung Indiens erklärt selbstgefällig, dass das Land ein säkularer Staat ist, ohne aber Gesetze zugrunde zu legen, welche die Beziehung zwischen Religion und Staat definieren. Das Fest der Kumbh ist im Lauf der Jahre im Zentrum der Mobilisierung der Hindutva gestanden. Während der Kumbh Mela des Jahres 1989 verlangte die «Religionskonferenz» der Organisation Vishwa Hindu Parishad die Zerstörung der im 15. Jahrhundert errichteten Babri-Masjid-Moschee in Ayodhya und schlug vor, an ihrer Stelle einen Rama-Tempel zu errichten. Dieses Projekt wurde im Dezember 1992 in die Realität umgesetzt, woraufhin die Zerstörung der Moschee Unruhen auslöste und zum Tod Tausender von Menschen führte, die meisten davon Muslime, und fortan die Geschichte der modernen säkularen Nation in eine andere Richtung lenkte. Heute ist in gewisser Hinsicht eine faschistische Hindunation entstanden, möglicherweise der Kollateralschaden des mangelhaften elitistischen Systems westlicher Provenienz.

Wie die Zeitlichkeit und die Geschichtsschreibung stellt für heilige Erzeugnisse auch der Säkularismus eine Bedrohung dar. Die säkulare Moral Nehrus und des Indian National Congress waren im Wesentlichen ein europäischer Import, der es nicht vermochte, den Bedürfnissen der komplexen und vielschichtigen religiösen Persönlichkeit des Nationalstaates zu entsprechen. Der heutige Säkularismus ist eine Moral des Marktes, die ihre volle Kraft erreichte, als der Kapitalismus die rücksichtslose Freiheit des einzelnen Konsumenten förderte. Unter den entlehnten und nur mangelhaft einem neuen Zweck angepassten westlichen Konzepten konnten die zahlreichen religiösen Identitäten und Kulturen, die sorgfältiger Überlegungen und Schutzräume bedurft hätten, nicht gedeihen. Marktbeziehungen und Säkularismus reichten nicht aus, um sich gegenüber den komplexen Verflechtungen der sonstigen sozialen Beziehungen zu behaupten, mit denen das Land zurechtkommen musste. Ausserdem waren die Kommunisten in ihrer Lesart des Säkularismus hoffnungslos überfordert, sodass sie stattdessen der Religion, die gegen die klare Kategorie der Wissenschaft antreten musste, den Krieg erklärten. Die heikle Lücke zwischen der Religion und den modernen Erfahrungen einer nach Säkularismus verlangenden Marktgesellschaft blieb unerklärt und hat zum Erstarken des heutigen religiösen Extremismus der hinduistischen Bevölkerungsmehrheit beigetragen.

Im Film erscheinen zwei sehr disparate Arten von Kommunikation. Eine davon ist die einer Gruppe von Hindu-Extremisten, die sich um eine künstliche Leiche scharen. Sie führen ein Plakat mit sich, das besagt, dass dies die Leiche des Hindu-*virodhi* (-Feindes) Digvijay Singh sei (wobei sie sich möglicherweise auf einen Kongresspolitiker beziehen, dem damals seine Kritik an den Hinduparteien viel Widerspruch von diesen einbrachte). Der Slogan lautet: *Hinduo-se jo takrayega / Chur chur ho jayega* (Stoss' mit den Hindus zusammen / und du wirst zerfallen und zerstört) – eine Art Kampfruf gegen Muslime und andere Minderheiten. Die muslimischen Protagonisten des Films werden Zeuge dieser Prozession, als sie nebeneinander auf einem Seil sitzen, das an den Baum gebunden ist, an dem sie waagerecht ziehen. Dieser fast beschauliche Moment mutet geradezu satirisch oder parodistisch an, da zu den Schlachtrufen eine rhythmische Bewegung der auf dem Seil auf und ab hüpfenden Baumfäller entsteht. Begeistert von der Abwechslung, die sich ihnen da bietet, schliessen sich die mannhaften Kräfte der Hindugruppe schliesslich zusammen, um den Baum zu Fall zu bringen, – ein Akt, der als Metapher für den Umsturz von Geschichte, Zeitlichkeit, religiösen und kulturellen Zusammenflüssen verstanden werden könnte. Der Baum kann nicht als einzelnes, individuelles Wesen gesehen werden, sondern nur als soziale Situation. In vielen Sprachen findet sich eine Fixierung auf Metaphern aus der Botanik, um menschliches Befinden zu beschreiben. Die Menschen fühlen sich aufgrund ihrer Bindungen an Gemeinschaften, Kulturen und Religionen «verwurzelt», wohingegen andere, in einem Zustand des Wandels wie Migranten, sich nach der Zeit vor ihrer «Entwurzelung» zurücksehnen.

Die einzige sonstige direkte Kommunikation mit einem der Protagonisten findet ganz zu Ende des Films statt, als einer von ihnen in einem vertraulichen Austausch mit der Künstlerin die gesamte surreale Vision mit Gesten zu erklären scheint. Das Spektakel des Falls des imposanten Baumriesen hat zwar seinen Lauf genommen, doch geht das Theater in dessen Umgebung weiter, wenn eine auf dem entwurzelten Baumstamm sitzende Krähe nach einer Eidechse pickt. Mit eleganter Kunstfertigkeit, die auf den Geist der Bewohner des Baums verweist, findet, sammelt und verknotet dieser Mann Zweige, Rindenstücke, Holzspäne und Seilstücke – eine Art Hommage an die Würde der Pflanze, der Menschen, der Umwelt.

Der Geist des geistlosen Zustands

Die Scheite aus dem Holz des Baums, der demontiert und in kleine, tragbare Stücke gehauen wurde, sind mit Einheiten der Zeit vergleichbar, die in Sekunden, Minuten, Stunden, Tage zerlegt wird: ihres Kontextes beraubt und auf eine Reihe von Berechnungen reduziert. Besonders bleibt mir der Moment des Films in Erinnerung, in dem wie in einem Märchen die Ratte, die aus einem ökologischen Unbekannten durch ein Loch im Baumstamm hervorguckt, ein Tor zu einer anderen Sphäre verspricht, vielleicht einer mit einem geschärften Bewusstsein für die Umwelt. Sonja Feldmeiers Arbeiten liegt die Möglichkeit eines anderen Territoriums zugrunde, das durch die ihr eigene synästhetische Vorstellungskraft in der Serie von Porträts realisiert wurde. Einstweilen verleiht die bewegende Parabel ihres Films der Ruine, wo einst der Pipalbaum stand, den Status einer Gedenkstätte.

There's a sense of foreboding in *The Peepul Tree* as the fatalist audience anticipates the tree's uprooting while the artist remains submerged in a dream-like association with the protagonists of her film. In the meantime, two repetitive sounds from the original soundscape intrude in the film: the sawing of the tree while little shavings of wood float down the atmosphere, and the persistent sharpening of the saws and axes.

The image of the tree never captures the whole context of it; quite literally, parts of the tree always stay outside of the frames. Sonja Feldmeier's film isn't an evaluation of the situation; it's essentially melancholic, and there's no attempt to film the larger context. In one of the characteristically fragmented and surreal moments of the film, a man is seen worshipping the shrine and the tree it belongs to while one of our protagonists nonchalantly saws away at it. This image places itself somewhere between the implausibility of a dream and the reality of spiritless religious exercises.

The Shiva shrine under the tree locates the narrative within a specific religious practice. The religious culture of the city becomes visible when Sonja Feldmeier's camera captures the shops, hotels and restaurants – many named after the god Shiva – lining the other side of the road. A new character is introduced when he arrives to release the gods from the shrine using chisels. The marble and stone gods are individually placed in small cardboard boxes or put inside brown paper bags while another batch of men arrive to carry them out of the frame elsewhere. One solitary onlooker watches the whole process, possibly as searchingly as the artist herself, and lingers at the desolate site for a while after the activities subside.

The Secular Nation

The constitution of India smugly declares that the country is secular without laying out any laws defining the relationship between religion and state. The Kumbh has been at the centre of Hindutva mobilisation over the years. It was in the Kumbh Mela of 1989 that the Vishwa Hindu Parishad's 'religious conference' demanded the destruction of the Babri Masjid, a fifteenth-century mosque in Ayodhya, and proposed building a Rama temple on the site. This project was executed in December 1992, whereupon the demolition of the Masjid triggered riots and led to the death of thousands, most of them Muslims, and thenceforth altered the course of history for the modernist secular nation. A fascist Hindu nation has been somewhat realised today, probably the collateral damage of a flawed elitist system of western imports.

Like temporality and historiography, secularity is also a threat to sacred produce. The secular morals of Nehru and Indian National Congress were essentially a European import not prepared to cater to the complex and layered religious personality of the nation-state. Contemporary secularism is a market morality that came into its own being as capitalism nurtured the individual consumer's reckless freedom. The numerous religious identities and cultures that needed careful consideration and secure places couldn't flourish under the borrowed and not well-repurposed western concepts. Market relations and secularism weren't enough to take precedence over the complex nexus of other social relations the country was navigating. Besides, the communists were out of depth in their reading of secularism and instead declared a war on religion pitted against a clear category of science. The awkward gap between religion and the modern experiences of market society that calls for secularism was left unexplained, and today it has contributed to giving rise to religious extremism by the Hindu majority.

Two very disparate kinds of communication appear in the film. One of these is a group of Hindu extremists rallying around with a fake dead body; a poster they're carrying says that this belongs to Hindu *virodhi* (enemy) Digvijay Singh (potentially referencing a Congress politician who garnered a lot of opposition from Hindu parties around the time for his criticism of them), sloganeering: *Hinduo-se jo takrayega / Chur chur ho jayega* (Clash with the Hindus / And you will be crumbled and wrecked) – a riot cry of sorts against Muslims and other minorities. The Muslim protagonists of the film witness this procession while sitting side-by-side on a rope that is tied to the tree, tugging at its verticality. The almost tranquil moment comes across as bordering on satirical or parodic, establishing the rhythmic movement of the tree-fellers bobbing up and down to riot cries. Thrilled by the sport they've come across, the masculine forces from the Hindu group ultimately join forces in toppling the tree – an act that could be read as a metaphor for overthrowing histories, temporality, religious and cultural confluences. The tree cannot be viewed as an isolated individual entity, but as a social situation. English language has displayed a fixation with metaphors drawn from botany to describe the human condition. People feel 'rooted' because of their ties to communities, cultures and religions, while it is said that people in a state of flux, such as migrants, hanker for a time before they were 'uprooted'.

The only other direct communication with any of the protagonists happens towards the very end of the film, when one of the characters seems to be explaining the entire surreal vision through gestures in an intimate exchange with the artist. The spectacle of the grand tree falling may have run its course, but the theatre of the landscape continues as a crow picks at a lizard sitting on the uprooted trunk. With an elegant artistry that references the spirit of the inhabitants of the tree, this man finds, gathers and ties little knots in twigs, bark, wood shavings and rope – a homage of sorts to the dignity of the plant, of people, of ecology.

The Spirit of Spiritless Condition

The logs of the tree, dismantled and chopped into small, portable pieces, are comparable to units of time broken up into seconds, minutes, hours, days: decontextualised and reduced to a series of computations. The moment from the film that clings to me is how, like in a fairy tale, the rat that peeks out of an ecological unknown from within the hole on the tree's body promises a portal to another sphere, maybe one of a heightened ecological conscience. The possibility of another landscape underlies Sonja Feldmeier's works, being realised in the portrait series through her own synaesthetic imagination. Meanwhile, Sonja Feldmeier's film, an evocative parable, gives the ruin where the peepul once stood the status of a heritage site.

The Peepul (Nafis Rao), 2016
Fine Art Print, Airbrush, Lack, MDF mit Grundierfolie, Esche massiv
Fine art print, airbrush, varnish, MDF with primer film, solid ash
118 × 101 × 5 cm

28

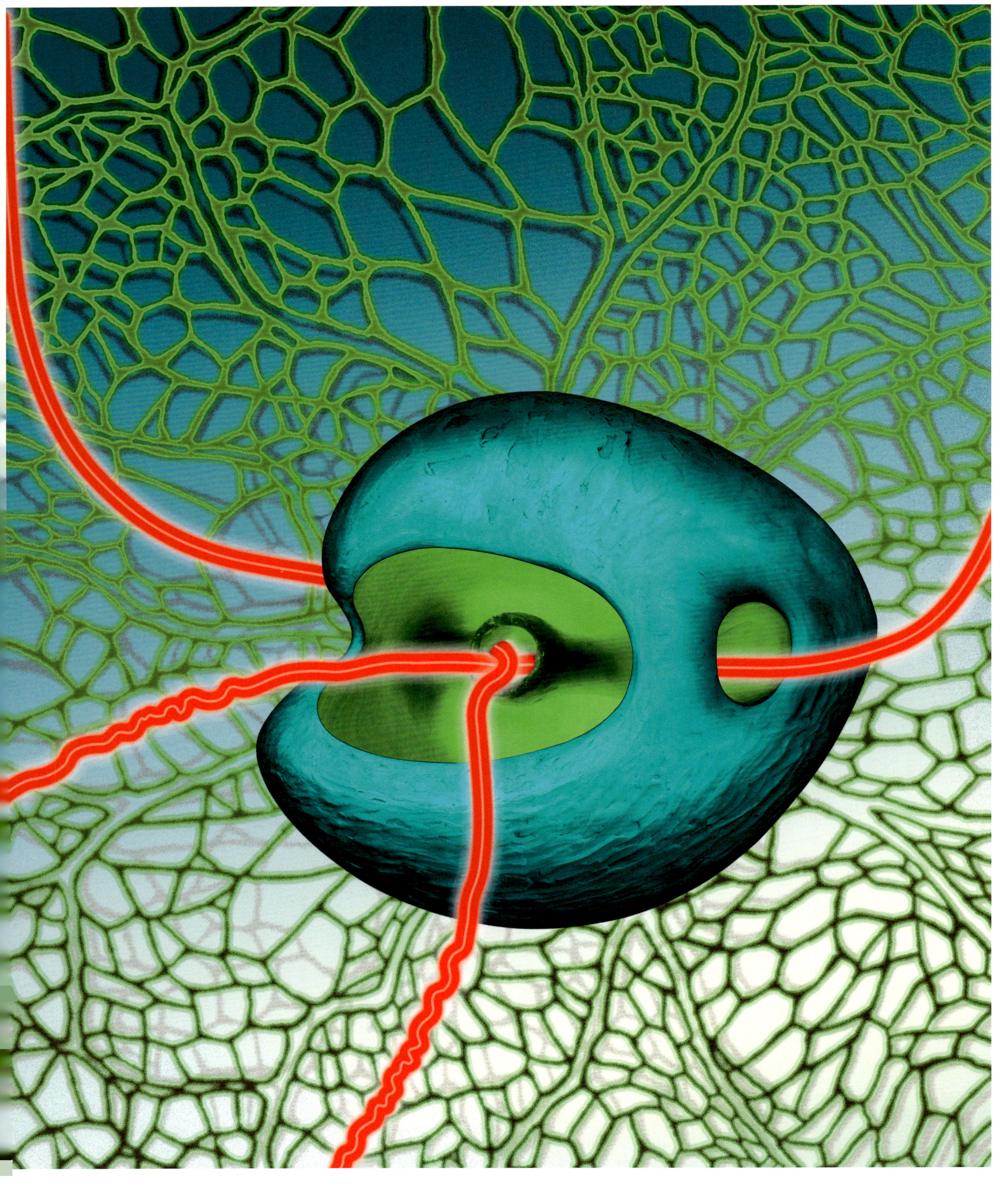

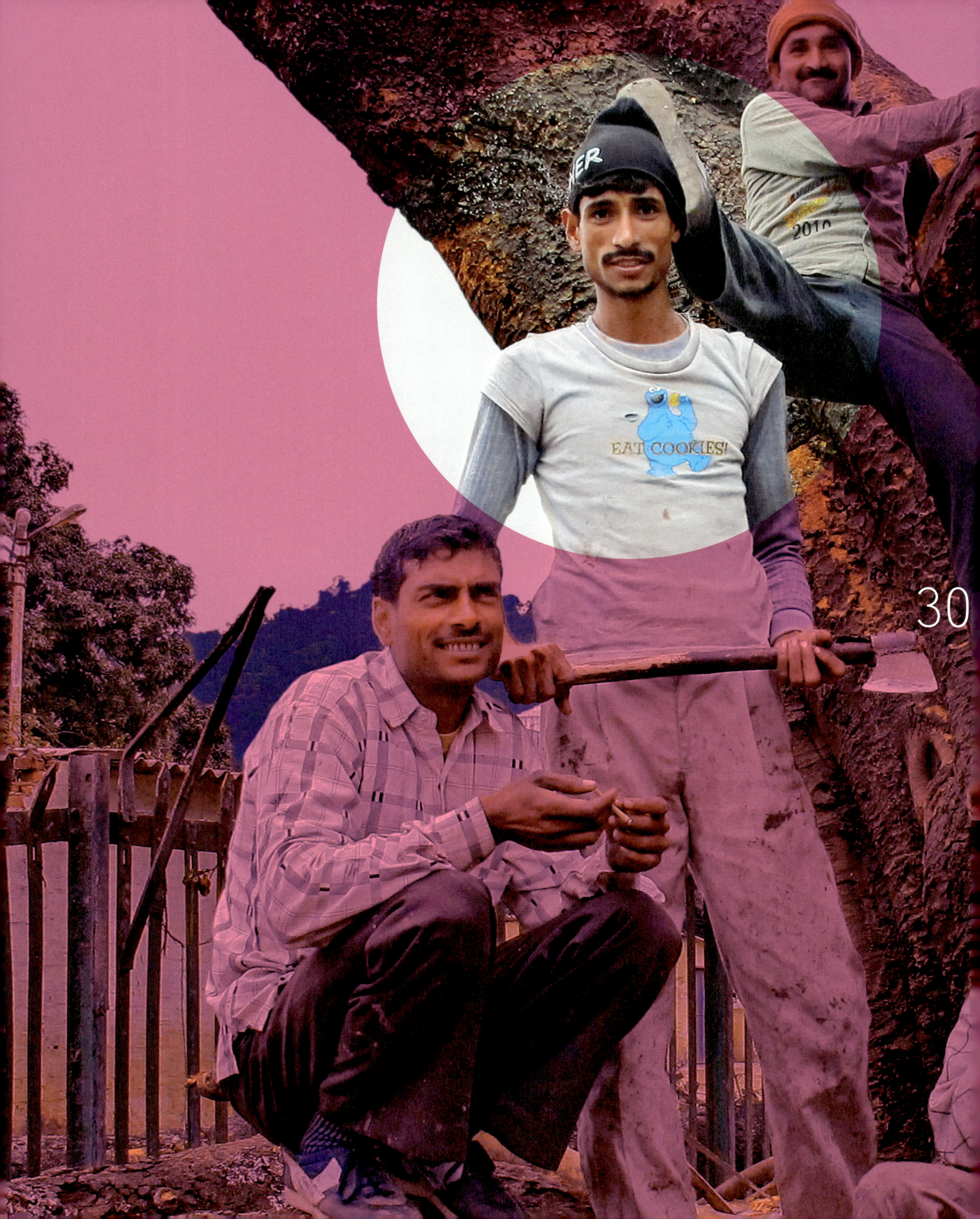

EAT COOKIES!
2010

Haridwar, December 31, 2010

The sky is gray again today. Very fine drops of rain fall now and then. Because of the mist, the light is nicely scattered and bright. I found a photo shop somewhat closer to downtown, where I took several pictures from yesterday to get them enlarged. On the way to "my" tree I pass another tree ruin. It's a somewhat less imposing specimen of another species. Numerous branches are distributed over the ground. It looks like its felling is in full swing, but there aren't any workers there at the moment. I continue on to the big tree from yesterday, and there aren't any workers there either. Overnight, an orange-colored ritual cotton cord was wrapped around it multiple times. The red, metal Shiva trident on the shrine was trimmed along with it. Under the trident, three fist-sized brass bells hang into the inside of the shrine. Visitors to the shrine briefly chime each of them as they leave. The shrine is open, and an older, stooping man is at work with hammer and chisel. He's apparently busy chiseling out the figures cemented into the shrine. He's wearing a thick beige sweater over the white, three-quarter-length kurta, an anthracite-colored woolen vest, white trousers, and a brown knitted cap. His brown fabric shoes remind me of the corduroy men's slippers like the ones they used to wear in Switzerland. He's wearing a small pair of metal-rimmed glasses at the tip of his nose, and there is a dot on his forehead dabbed on with vermilion powder, which are given believers during the puja rituals that are held several times a day or in Hindu temples. I already noticed the cut of the white shirt and trousers on the two older men on the tree-faller crew. I thought it might be the clothing that male Muslims wear. But now, in view of them being combined with the red Hindu mark on the man's forehead, I'm even more uncertain about this vague religious attribution.

I can still hardly believe that a peepul tree, which is sacred for Hindus as well as Buddhists, and the attendant shrine are being razed to the ground. The peepul tree (Ficus religiosa) has many names, and in India it's also called a bodhi or pippala tree. Several names refer to Buddha's enlightenment (bodhi), which is said to have taken place under such a tree. Yet most variations can be derived from the English word for "people."

LOGBOOK
HARIDWAR
FRIDAY
XII/31

Haridwar, 31. Dezember 2010

Der Himmel ist auch heute grau. Manchmal regnet es in sehr feinen Tröpfchen. Das Licht ist durch den Dunst schön gestreut und hell. Etwas näher am Stadtzentrum habe ich ein Fotogeschäft gefunden, wo ich einige Fotos vom Vortag zum Vergrössern hingebracht habe. Auf dem Weg zu «meinem» Baum passiere ich eine weitere Baumruine. Es handelt sich um ein etwas weniger imposantes Exemplar einer anderen Art. Viele Äste liegen am Boden verstreut. Es sieht aus, als wäre die Fällung in vollem Gang, die Arbeiter jedoch gerade abwesend. Ich gehe weiter und finde auch den grossen Baum von gestern ohne Arbeiter vor. Der Stamm wurde über Nacht mit einer orangefarbenen Ritual-Baumwollschnur mehrfach umwickelt. Der rote, metallene Shiva-Dreizack auf dem Schrein wurde miteingefasst. Unter dem Dreizack hängen zwei faustgrosse Messingglocken ins Innere des Schreins. Die Glocken werden von den Besuchern des Schreins jeweils wie zum Abschied kurz angeschlagen. Der Schrein ist geöffnet, und ein älterer Mann in gebückter Haltung ist mit Hammer und Meissel am Werk. Offensichtlich ist er damit beschäftigt, die im Schrein einzementierten Figuren herauszuspitzen. Er trägt über der weissen, dreiviertellangen Kurta einen beigefarbenen dicken Pullover, hat eine anthrazitfarbene Wollweste an, weisse Hosen und eine braune Strickmütze auf. Das textile braune Schuhwerk erinnert mich an die braunen Männerhausschuhe aus Cord, wie sie in der Schweiz früher oft getragen wurden. Auf seiner Nasenspitze sitzt eine kleine Metallbrille und in der Mitte der Stirn trägt er einen mit dunkelrotem Pulver aufgetupften Punkt. Diese Zeichen werden den Gläubigen bei den täglich mehrfach gehaltenen Puja-Ritualen oder in hinduistischen Tempeln erteilt. Der Schnitt von Hemd und Hose und deren weisse Farbe sind mir schon gestern an den beiden älteren Männern des Holzfäller-teams aufgefallen. Ich dachte, dass es sich dabei um muslimische Männerkleidung handeln könnte. Hier, angesichts der Kombination mit dem roten hinduistischen Stirnmal, werde ich jedoch noch unsicherer über diese vage religiöse Zuordnung.

Ich kann es noch immer kaum fassen, dass ein sowohl für Hindus wie Buddhisten heiliger Pipalbaum und der dazugehörige Schrein dem Erdboden gleichgemacht werden. Der Pipalbaum (Ficus religiosa) hat viele Namen und wird in Indien auch *bodhi tree, pippala tree* oder *peepul tree* genannt. Mehrere Namen beziehen sich auf die Erleuchtung (bodhi) von Buddha, die unter einem solchen Baum stattgefunden haben soll. Die meisten Variationen leiten sich jedoch vom englischen Wort *people* ab. Im Schrein liegen frisch gestreute Blätter von dunkelroten Rosen

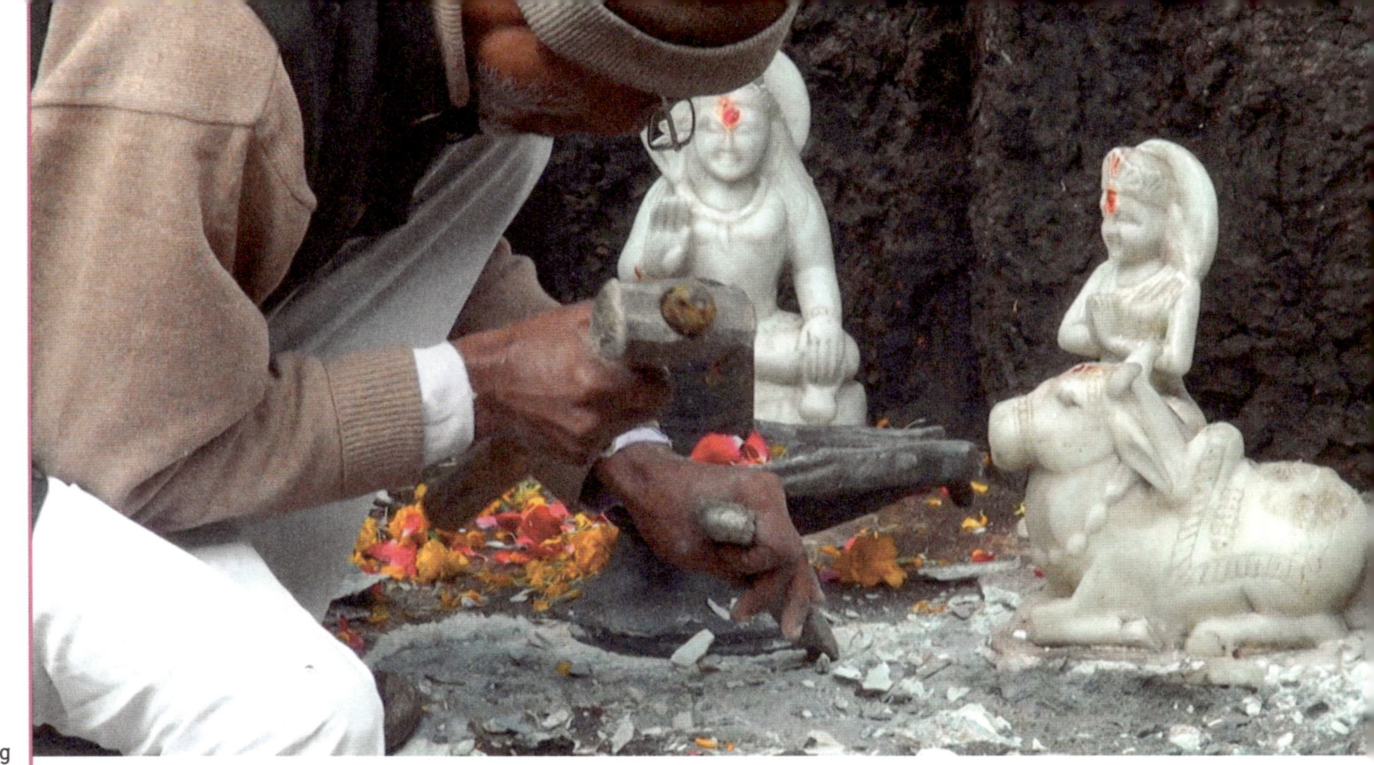

There are freshly strewn petals from dark red roses and marigold in the shrine, now partially covered with white mortar dust and chiseled-off pieces of stone. The man carefully removes the figures and the lingam. He's being watched by a well-fed sadhu sitting on one of the pieces of tree lying about. The sadhu has wrapped his upper body in a red cloth and is wearing two patterned, somewhat less colorful cloths folded on one of his shoulders. His forehead is wrapped with an equally bright red and a golden yellow cloth; he has bound a plaid cloth around his hips. He's wearing plastic sandals with a Velcro fastener on his naked feet; a round metal dish is standing on the ground in front of him. He's sitting calmly on the trunk and occasionally slightly shakes his head. Passers-by stop and watch what's going on. Several of them seem to be talking about it, and some of them also include the sitting sadhu in their discussions. Many of them appear to be stunned.

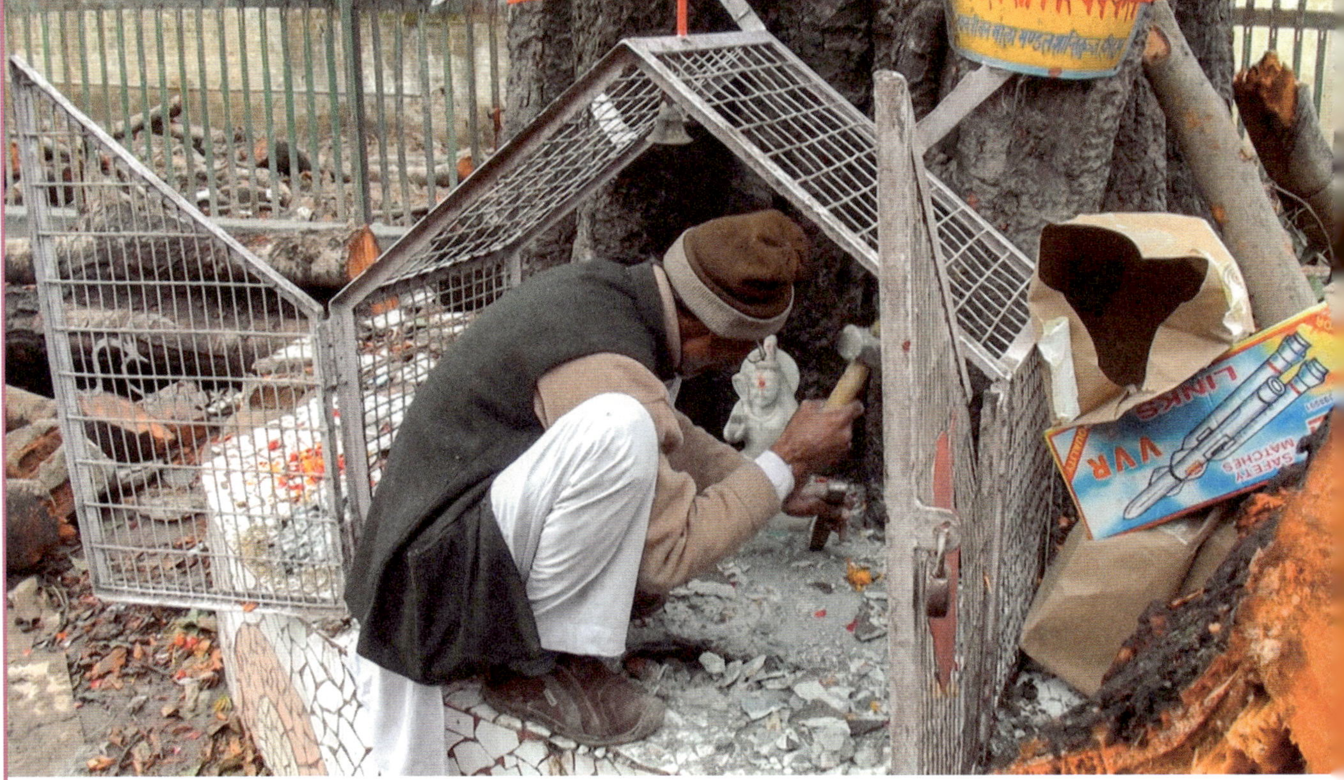

The stone carver works for several hours without taking a break. Coins were cemented in below two figures. As far as I can tell, they are one- or two-rupee coins. He puts them in his vest pocket. He carefully places the figures he has removed on the ground and leans them against a piece of tree. Among the figures, I believe to recognize Shiva, Parvati, one that is certainly Ganesha, and a cow. They are hewn out of white, the Shiva lingam with yoni out of black stone. Two men arrive who obviously belong to the stone carver. They pack the figures in brown paper bags and put these into a larger cardboard box. There's the colorful picture of a rocket on the box. The white projectile is flying against a light blue background; yellow flames are blazing from its nozzle. The rocket bears the lettering AGNI in uppercase letters. I'm familiar with this image from matchboxes. It must be a bulk pack of these matches. Several leaves, roots, and small branches from the tree are arranged alongside the figures in the box. In the evening, while doing research, I learn that it is the depiction of an intercontinental rocket belonging to the Indian army that can be armed with nuclear warheads and is named after Agni, the Hindi god of fire. I find it grotesque and amusing at the same time that the representations of the tree and the divine figures are being carted away with a war vehicle. I try in vain to find out where they're being taken.

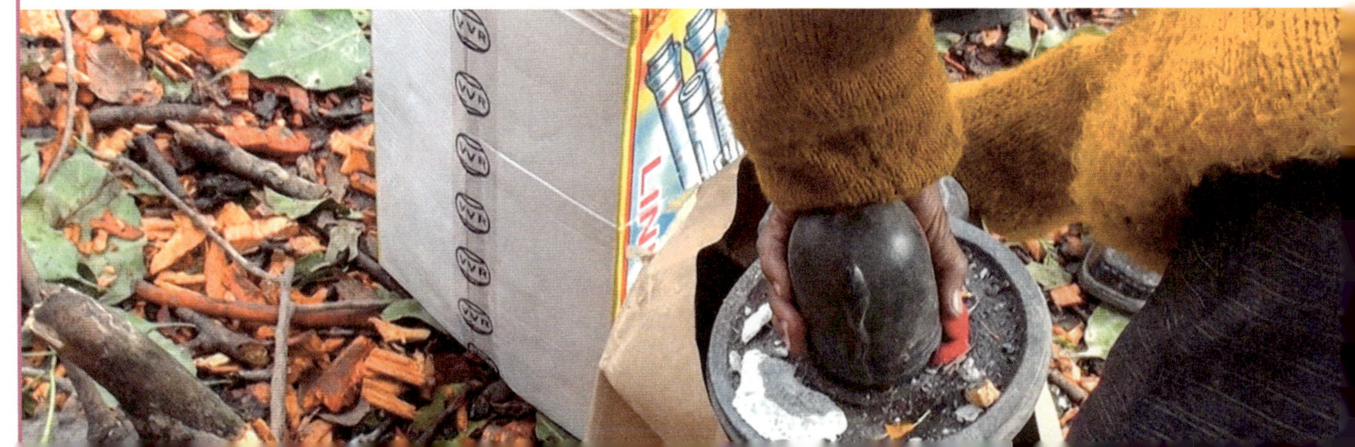

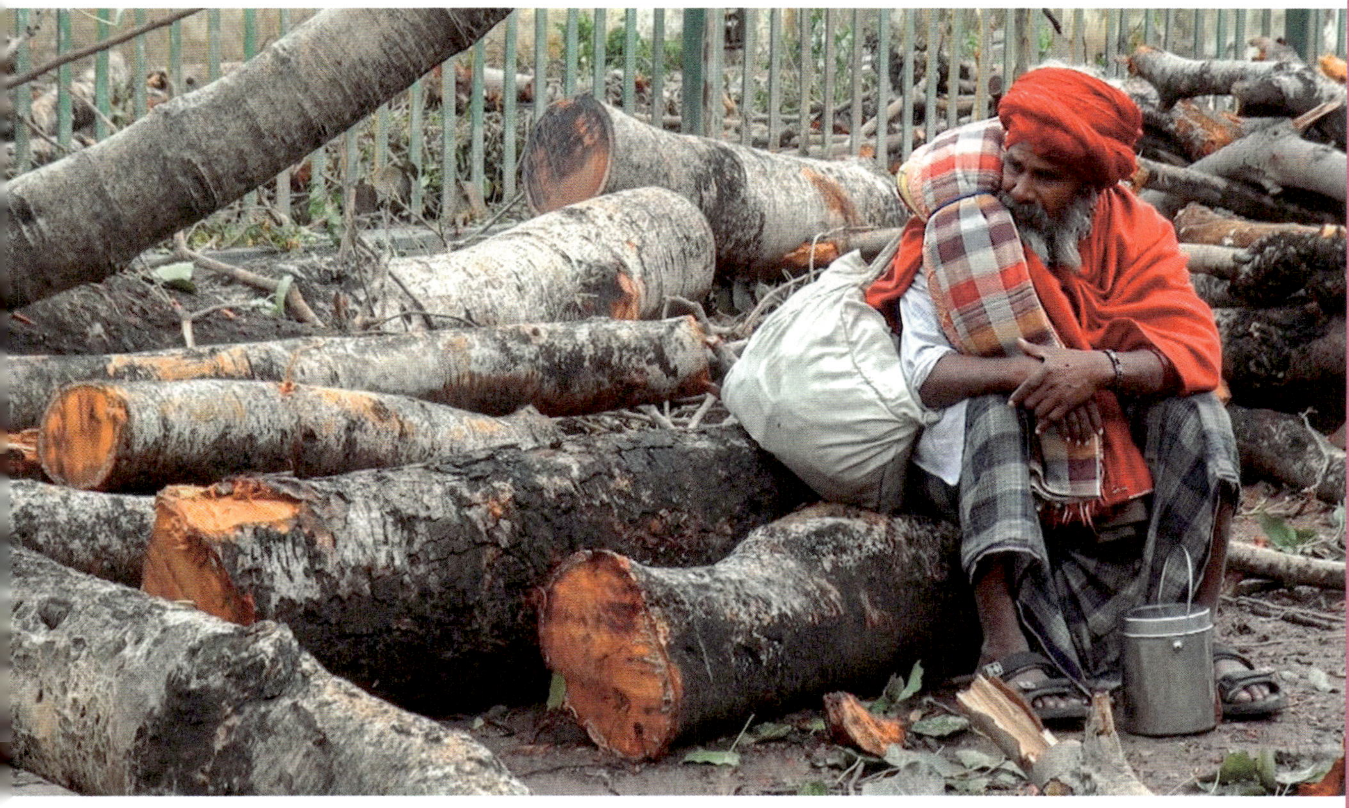

und Marigold, die sich nun mit weissem Mörtel-
staub und weggespitzten Gesteinsstücken
mischen. Behutsam löst der Mann die Figuren
und den Lingam heraus. Dabei wird er von
einem gut genährten Sadhu beobachtet, der
auf einem herumliegenden Baumstück sitzt.
Der Sadhu hat ein rotes Tuch um den Oberkörper geschlagen und trägt zwei gemusterte,
etwas weniger bunte Tücher gefaltet auf
der einen Schulter. Die Stirn ist mit einem
ebenso leuchtend roten und einem goldgelben
Tuch umwickelt, ein kariertes Tuch hat er
um die Hüften gebunden. Seine nackten Füsse
stecken in schwarzen Kunststoffsandalen
mit Klettverschluss, vor ihm steht auf dem
Boden sein metallenes, rundes Essgefäss. Er
sitzt ruhig auf dem Stamm und schüttelt ab
und zu kaum merklich den Kopf. Vorbeigehende
Passanten bleiben stehen und beobachten
die Vorgänge. Einige von ihnen scheinen darüber zu diskutieren, und manche ziehen dabei
auch den sitzenden Sadhu mit ein. Viele
scheinen fassungslos zu sein.

Der Steinhauer arbeitet ohne Pause über
mehrere Stunden. Unter zwei Figuren waren
Münzen einzementiert worden. Soweit ich
das erkennen kann, handelt es sich dabei um
Ein- oder Zwei-Rupien-Stücke. Der Bildhauer
steckt sie in seine Westentasche. Die
herausgelösten Figuren stellt er jeweils
sorgsam auf den Boden, sodass sie an einem
Baumstück lehnen. Ich meine, unter den
Figuren Shiva, Parvati und mit Sicherheit
Ganesha und eine Kuh zu erkennen. Die Figuren sind aus weissem Stein gehauen, der
Shiva-Lingam mit Yoni ist aus schwarzem Stein
gefertigt. Es kommen zwei Männer dazu,
die offensichtlich zum Bildhauer gehören.
Sie verpacken die Figuren in braune Papiertüten und diese in eine grössere Karton-
schachtel. Auf der Schachtel ist in einer
bunten Grafik eine Rakete abgebildet. Das
weisse Geschoss fliegt vor hellblauem
Hintergrund, an seinem Ende lodern gelbe
Flammen. Darauf steht in roten Grossbuch-
staben AGNI. Ich kenne dieses Bild von
Zündholzschachteln. Es handelt sich wohl um
eine Grosspackung dieser Zündhölzer. Den
Figuren in der Schachtel werden einige Blätter, Wurzeln und Ästchen des Baumes bei-
gelegt. Wie ich am Abend recherchiere, handelt es sich bei der Darstellung um eine
mit nuklearen Sprengkörpern zu bestückende
Interkontinentalrakete der indischen
Armee, die nach dem hinduistischen Feuergott Agni benannt ist. Es erscheint mir
grotesk und belustigt mich gleichermassen,
dass die Repräsentationen des Baums und
die Götterfiguren mit einem Kriegsgefährt
abtransportiert werden. Ich versuche erfolglos herauszufinden, wohin sie gebracht
werden.

33

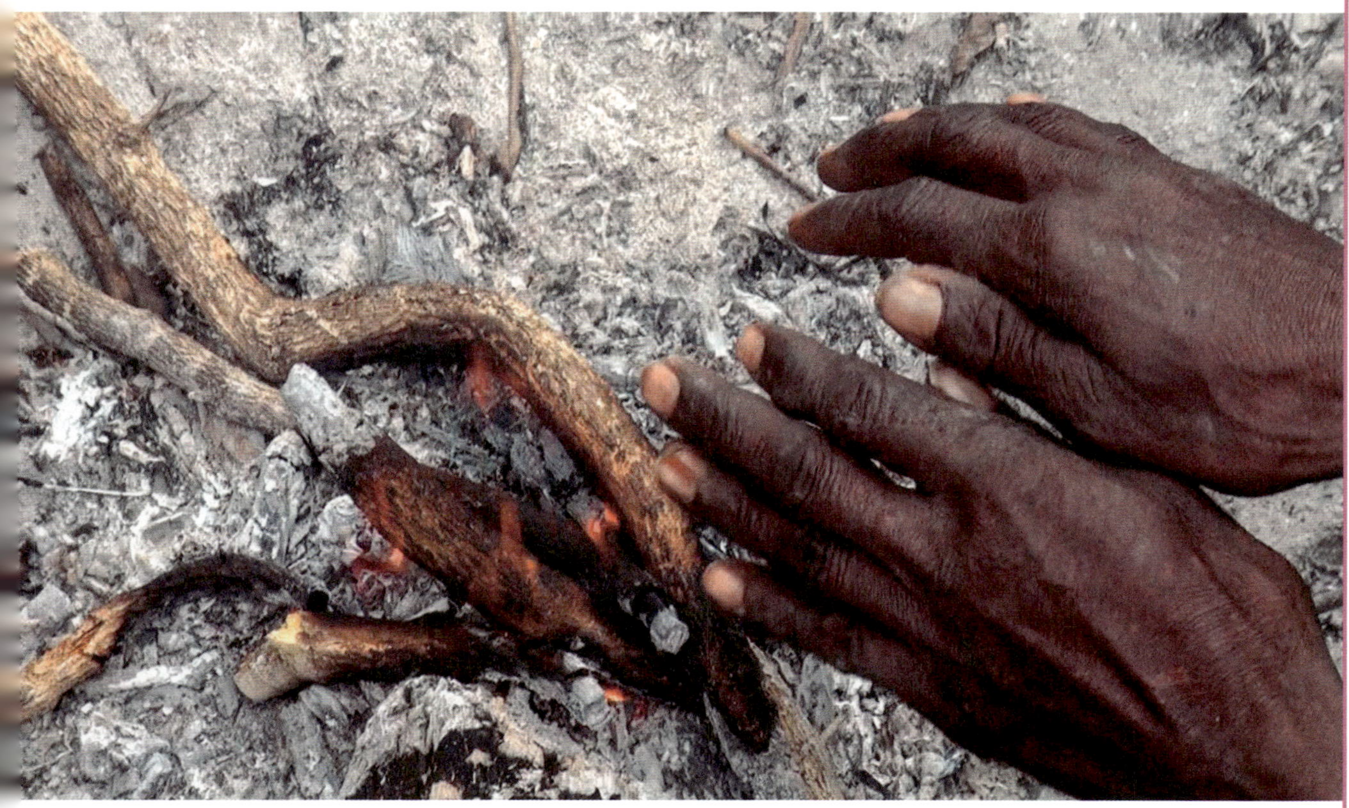

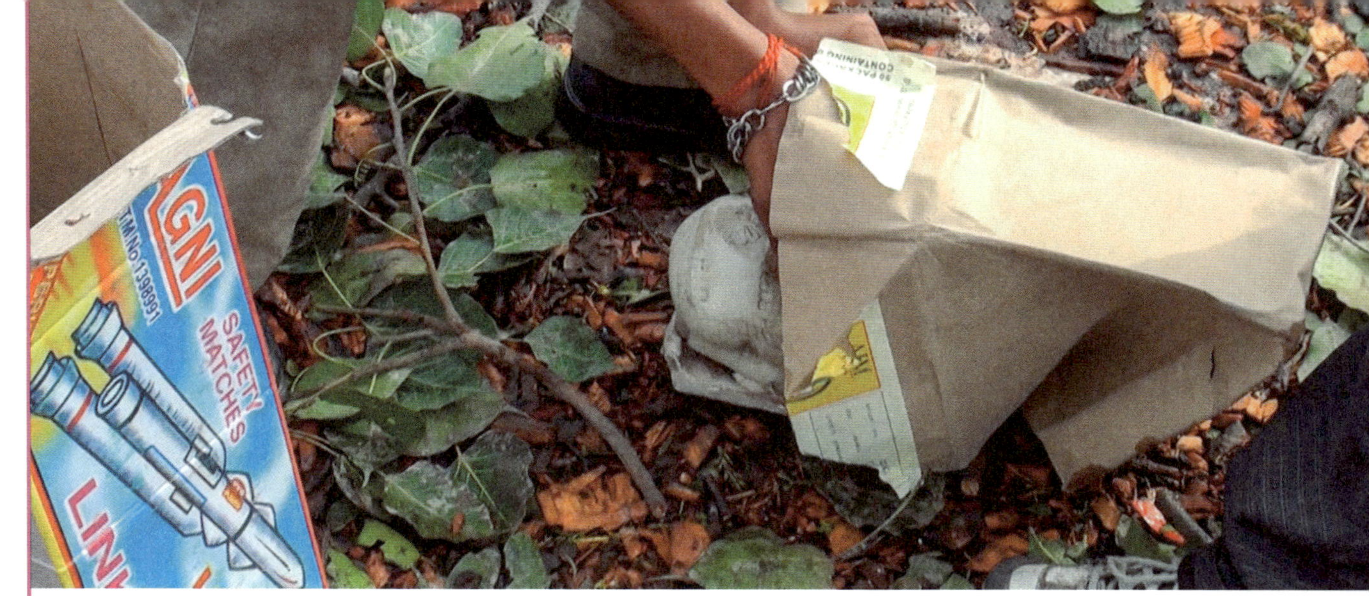

After the stone carver and his assistants
disappeared with all of the figures in
the rocket box, the sadhu takes his leave
from the empty shrine. I stay there for
a while. The sun appears briefly, and I de-
light in the warming rays. The moist cross-
sections of the felled pieces of tree radiate
in this light like setting sun disks. White
tree sap trickles over the growth rings
in some places. Yesterday, with the help of
his hands and a few scraps of English, one
of the foremen let me know that the tree is
450 years old. A couple of cows are eating
leaves from the branches that are lying
about. They are a lush, bright green, much
like large-leaf lindens. Their surface
is smooth, and the ribs radiating from the
middle are distinct and unramified. The
heart-shaped leaves end in a long point. An
older man, who was already there yesterday,
speaks to me in English and asks me what
I'm doing. I tell him about my fascination
with the tree-felling work and my absolute
lack of understanding for the felling of
this enormous, old, and sacred tree. He ex-
plains that nearly forty million pilgrims
had come to Haridwar during the last major
Kumbh Mela in 2010, and even more are ex-
pected to come to the next festival in 2022.
In preparation for the surge of people,
the city's main axes are being widened, which
led to these tree fellings. It seems ironic
or even cynical to me that a Hindu sanctuary
has to yield for a Hindu pilgrim festival.

I record a few more images, attempting to
capture the setting with different camera
shots, trying hard not to shake them. I
have a tripod with a hydraulic head, but it's
too light to make calm and smooth camera
movements with it. Because I rarely have
enough time to set up a tripod anyway, over
the years I've developed a simple method
for being able to react to unanticipated occurrences. I always have a piece of fabric,
usually a scarf, wrapped diagonally around my
upper body. I wrap the hand holding the
camera twice in this loop that runs over my
shoulder. By pulling it lightly forward,
I can perform calmer movements. This is how
I take horizontal and vertical tracking
shots. As I trace the tree trunk with the
camera from the sky downward and arrive at
the bottom, a boy jumps into the picture;
smiling, with a swaying head movement he
asks me to record him. Because I didn't hear
him coming in the traffic noise, I interrupt filming with a start. Somewhat disap-
pointed, he plants himself in front of me.
The mood changes in his face like the
incidence of light through moving clouds.

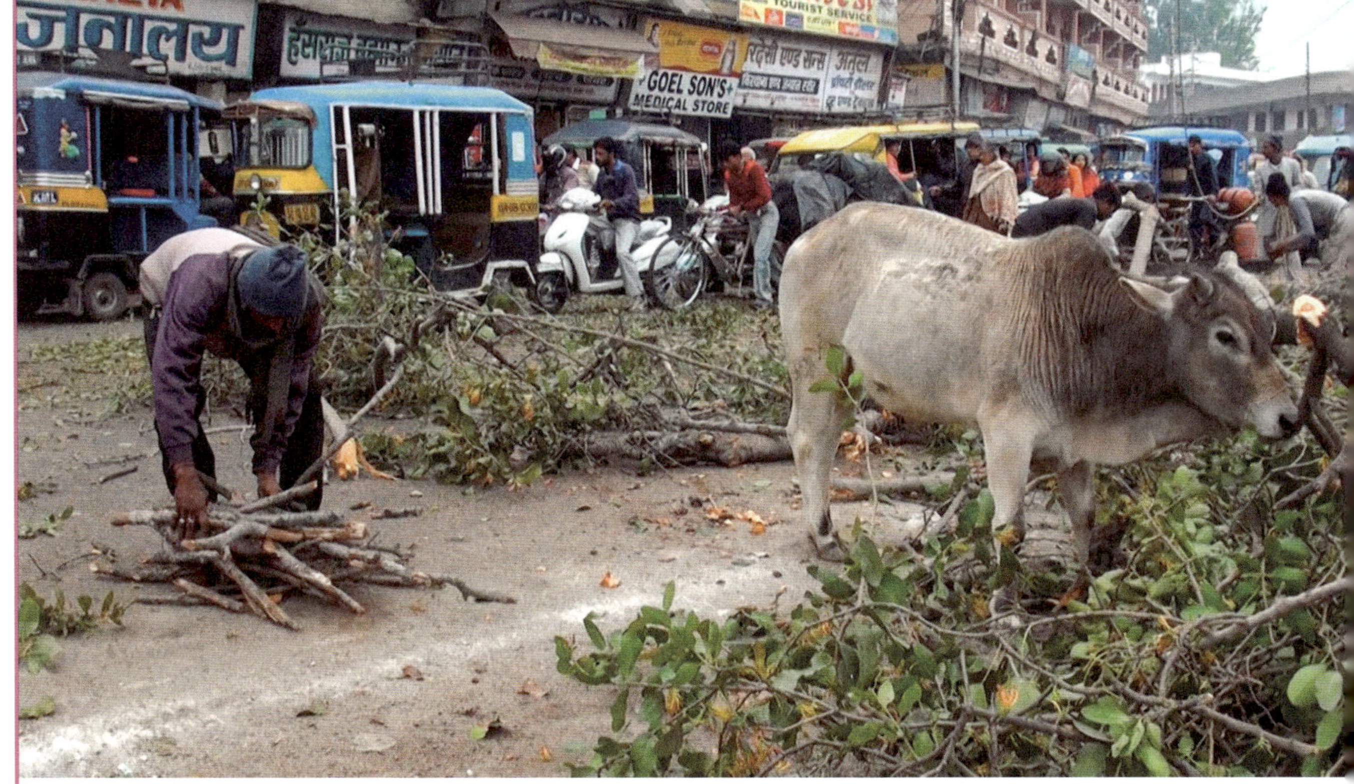

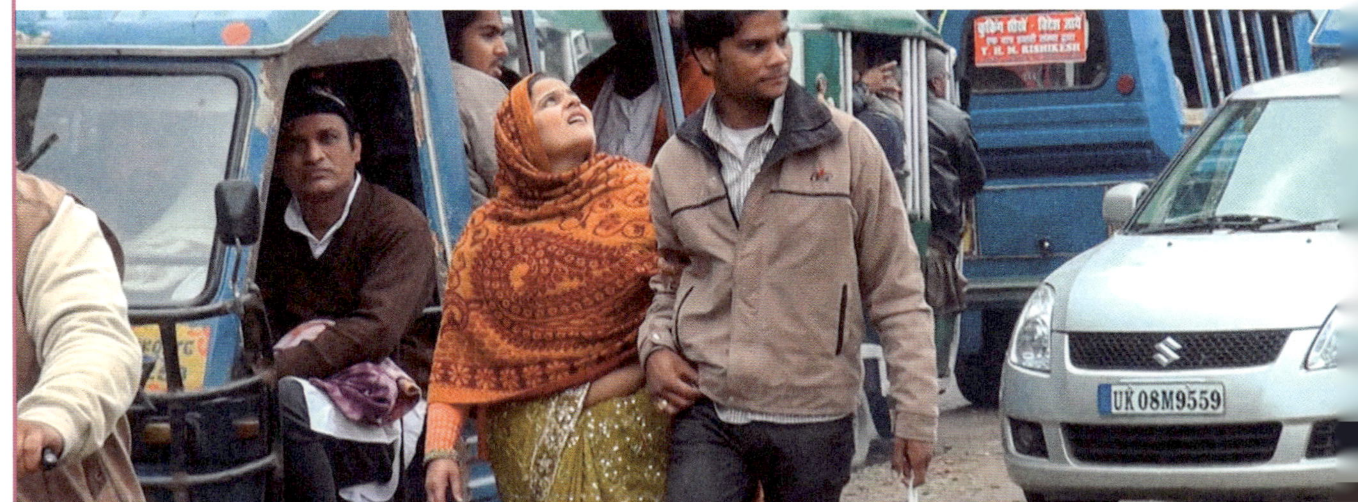

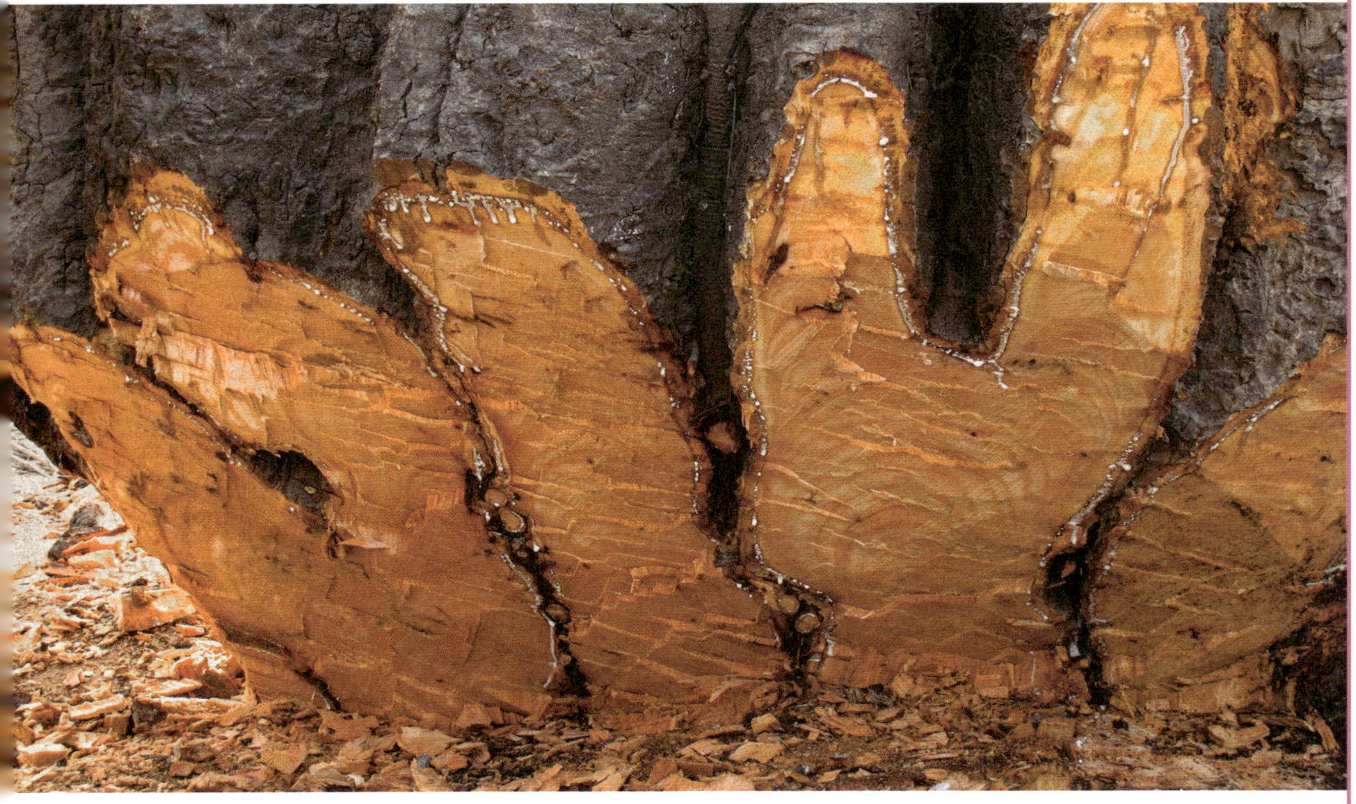

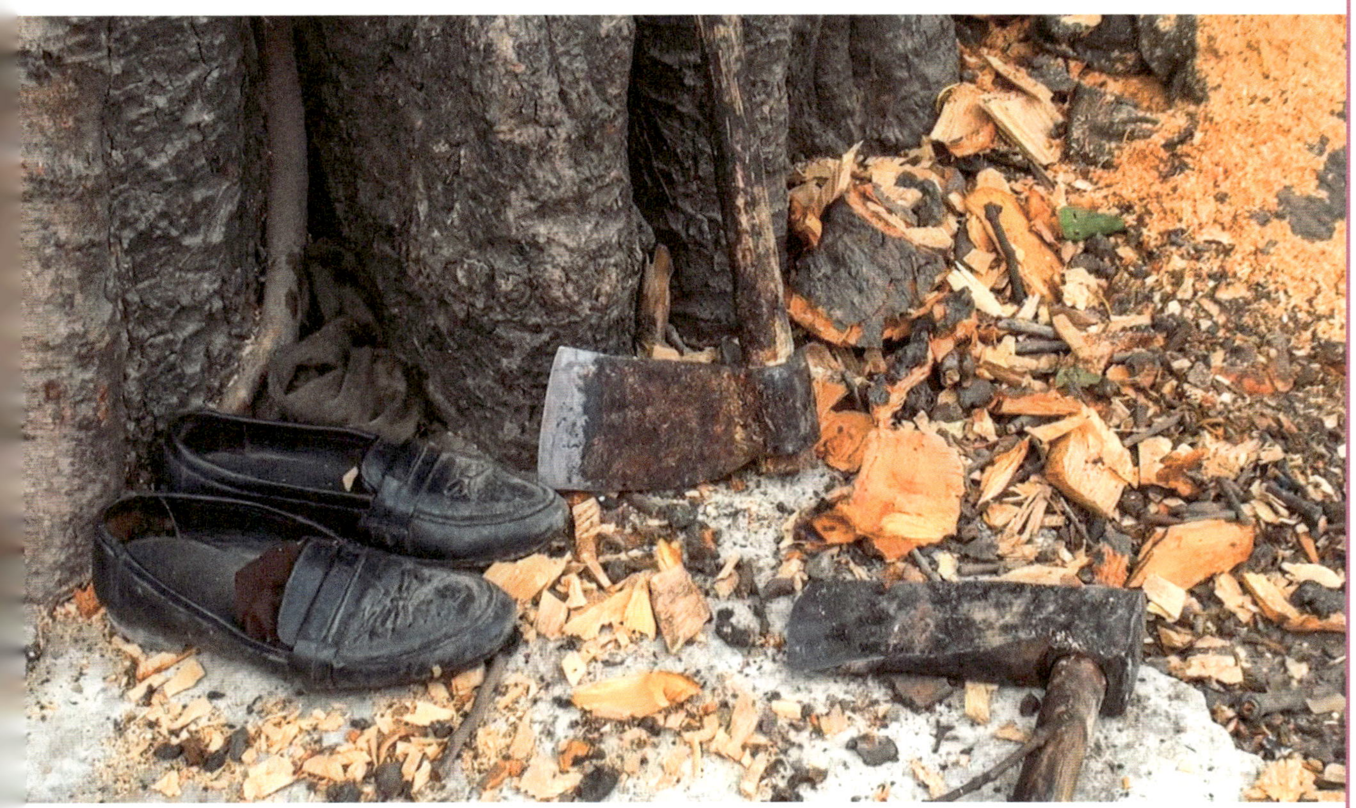

Nachdem der Bildhauer und seine Gehilfen mit allen Figuren im Raketenpaket verschwunden sind, verabschiedet sich auch der Sadhu vom leeren Schrein. Ich bleibe noch eine Weile vor Ort. Die Sonne kommt für kurze Zeit zum Vorschein, ich bin froh um die wärmenden Strahlen. Die noch feuchten Querschnitte der gefällten Baumstücke leuchten in diesem Licht wie untergehende Sonnenteller. An manchen Stellen rinnt weisser Baumsaft über die Jahresringe. Gestern liess mich einer der Vorarbeiter mithilfe seiner Hände und ein paar Brocken Englisch wissen, dass der Baum 450 Jahre alt sei. Ein paar Kühe fressen Blätter von den herumliegenden Ästen. Die Blätter haben ein intensives, helles Grün, ähnlich wie Sommerlinden. Ihre Oberfläche ist glatt und die von der Mitte ausgehenden Rippen sind deutlich und unverästelt. Die herzförmigen Blätter enden in einer langen Spitze. Ein älterer Mann, der gestern schon da war, spricht mich auf Englisch an und fragt mich nach meinem Tun. Ich erkläre ihm meine Faszination für die Baumfällungs-arbeiten und mein absolutes Unverständnis über die Fällung dieses riesigen, alten und heiligen Baumes. Er erklärt mir, dass beim letzten grossen Kumbh-Mela-Fest im Jahr 2010 fast 40 Millionen Pilger nach Haridwar gekommen waren, und für das nächste Fest im Jahr 2022 rechne man mit noch mehr Menschen. Als Vorbereitung auf die zu erwartenden Menschenmassen würden die Hauptachsen der Stadt verbreitert, was zu diesen Baum-fällungen führe. Es erscheint mir ironisch oder gar zynisch, dass für ein hinduistisches Pilgerfest ein hinduistisches Heiligtum weichen muss.

Ich mache noch einige Aufnahmen, versuche mit verschiedenen Kamerafahrten das Setting einzufangen. Es ist schwierig, die Fahrten nicht zu verwackeln. Ich habe zwar ein Stativ mit Hydraulikkopf dabei, es ist jedoch zu leicht, um damit ruhige und weiche Kamera-bewegungen zu machen. Da mir meist sowieso keine Zeit bleibt, um ein Stativ aufzu-stellen, habe ich über die Jahre eine ein-fache Methode entwickelt, um schnell auf Unvorhersehbares reagieren zu können. Ich habe immer ein Stück Stoff, meist einen Schal, diagonal um den Oberkörper geschlun-gen. In diese über eine Schulter laufende Schlaufe schlage ich zweifach die kamera-führende Hand ein. Mit leichtem Zug nach vorne kann ich so etwas ruhigere Bewegungen ausführen. Auf diese Weise mache ich hori-zontale und vertikale Fahrten. Als ich mich mit der Kamera vom Himmel über den Baum-stamm hinabtaste und unten ankomme, springt ein Junge ins Bild und bittet mich lächelnd mit einer schaukelnden Kopfbewegung, ihn aufzunehmen. Da ich sein Kommen im Verkehrs-lärm nicht gehört habe, unterbreche ich erschrocken die Aufnahme. Er baut sich etwas enttäuscht vor mir auf. In seinem Gesicht wechselt die Stimmung wie der Lichteinfall

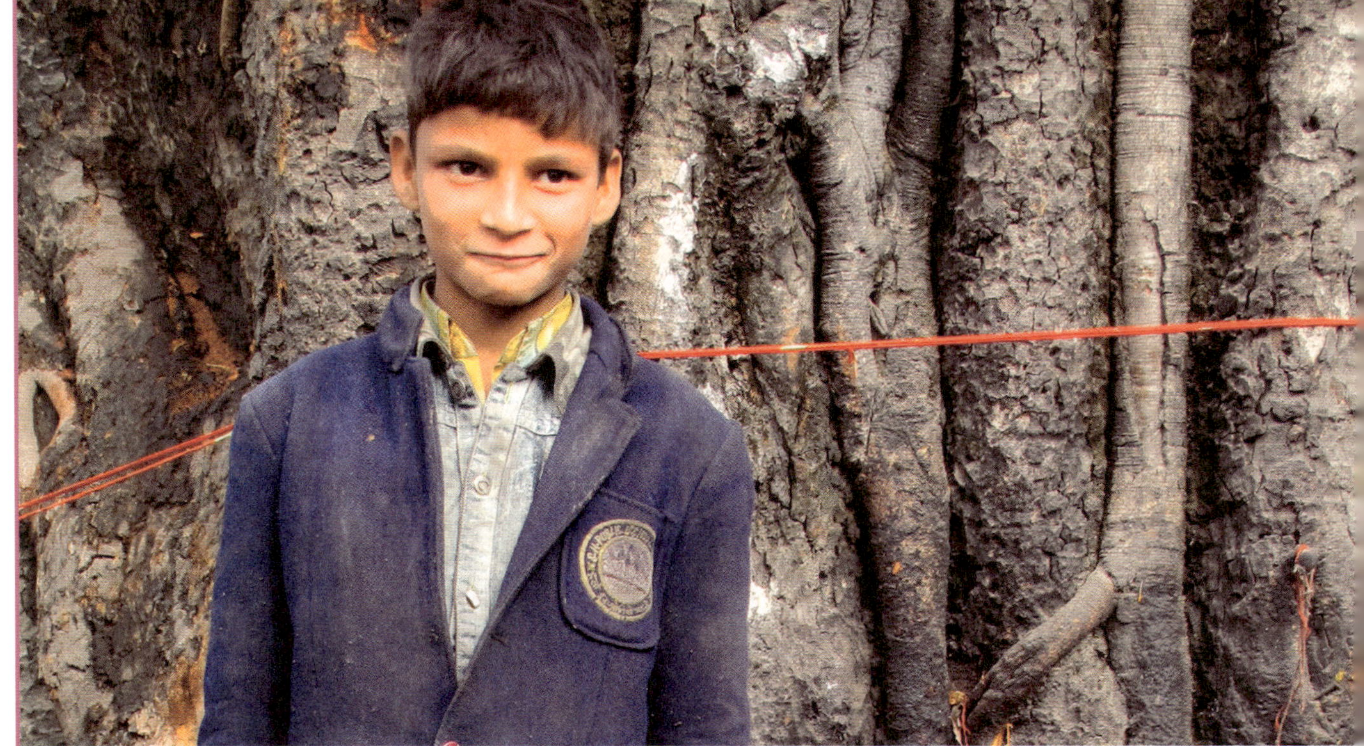

His smile seamlessly changes into a disap-
pointed, defiant expression, which in turn
immediately becomes brazen and a moment
later seems very sad. I take a video shot of
him. He's standing there stock-still, so
I assume he thinks it's a photo camera. Because my video camera is often mistaken for
a still camera, I've already involuntarily
captured countless such "expecting-a-photo"
videos in numerous places around the world.
This expectant freezing-up is almost un-
bearable, even afterwards. I switch to my
photo camera and take a couple of pictures.
The boy is around twelve, and in his dusty
blue smock with a large, round, golden emblem
on the breast pocket and much-too-short
sleeves he seems rather lanky and leaps up.
His long arms hang helplessly from his narrow
shoulders, and he's surely freezing on his
naked, slender wrists. The smock has just one
red button. He's wearing two shirts under-
neath it. The outer one is a jeans shirt,
the one under that somewhat longer and made
of a yellow-gray plaid. The blue trousers
look like those that workers wear. The apparently new sneakers are likewise yellow-gray.
I like this combination of yellow, blue,
and gray. I show him his pictures on the small
screen. He contentedly nods and toddles
off. I have a lot of contact with children
here in India. In marked contrast to Switzerland, where it is scarcely possible to main-
tain a relationship to children independent
of their parents, the children here are often
regular companions who show me the way,
and are sometimes even my protectors. I look
at the now badly damaged base for a while
and cross the street to reexamine the custom-
made condensation drainage system into the
"Original Choice" whiskey bottle. I find
this installation very well executed, even
though it doesn't really clearly reveal
itself to me. I'm hungry and look forward to
sweet rice rolls soaked in milk. And then
I'll come up with an idea for my evening
schedule—it's New Year's Eve today!

When I look back again as I walk away, a bird
of prey is perched on the top of the stump.
It's sitting there like a permanent extension
of the tree, and I'm amazed at how incredi-
bly far it can turn its head backward. Since
its neck doesn't seem to have an anatomic
latch, I expect its head to snap back at any
moment like an overstretched spring. When
I loosen my gaze from this odd sight, I notice
that the doors of the empty and abandoned
shrine have meanwhile been locked. With jerky
tugging movements, a boy flies his kite
in what is now a blue sky. I watch him for a
while, and then I finally make off as well.

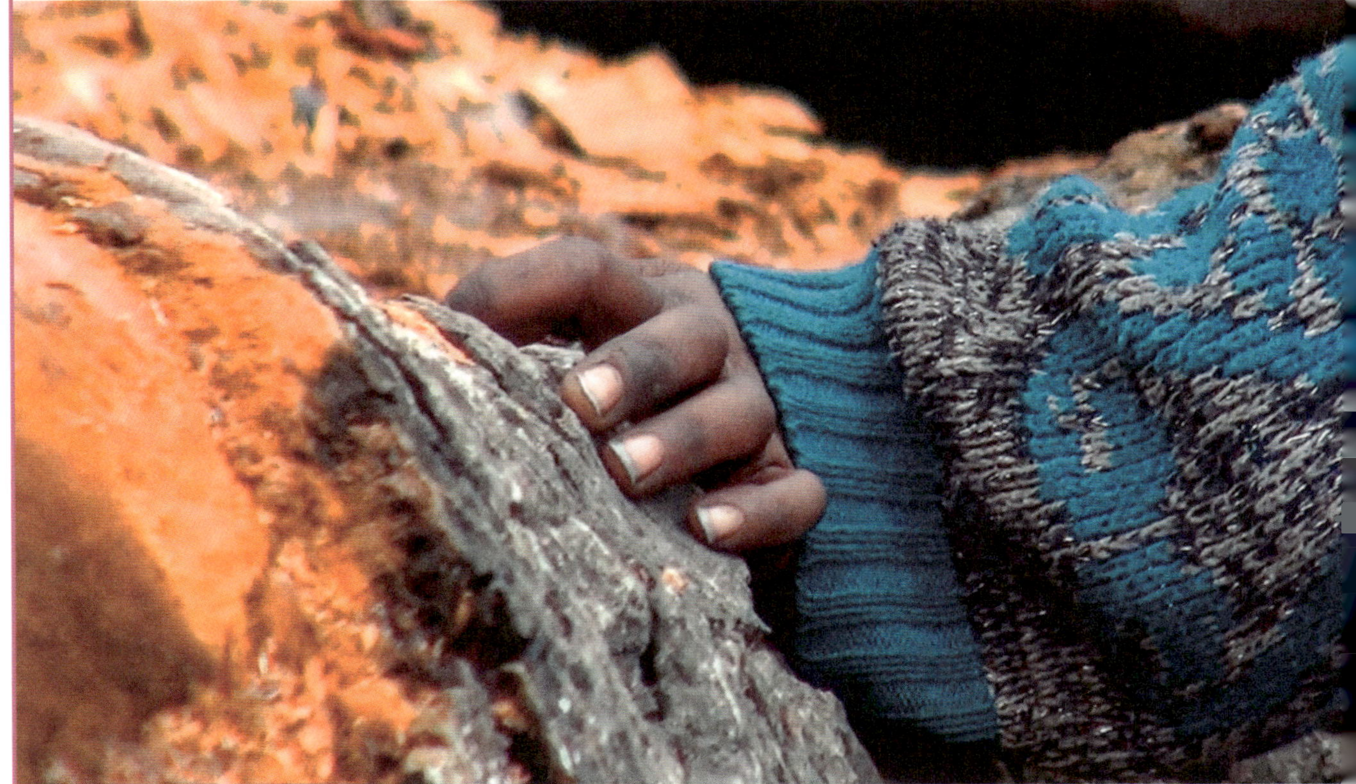

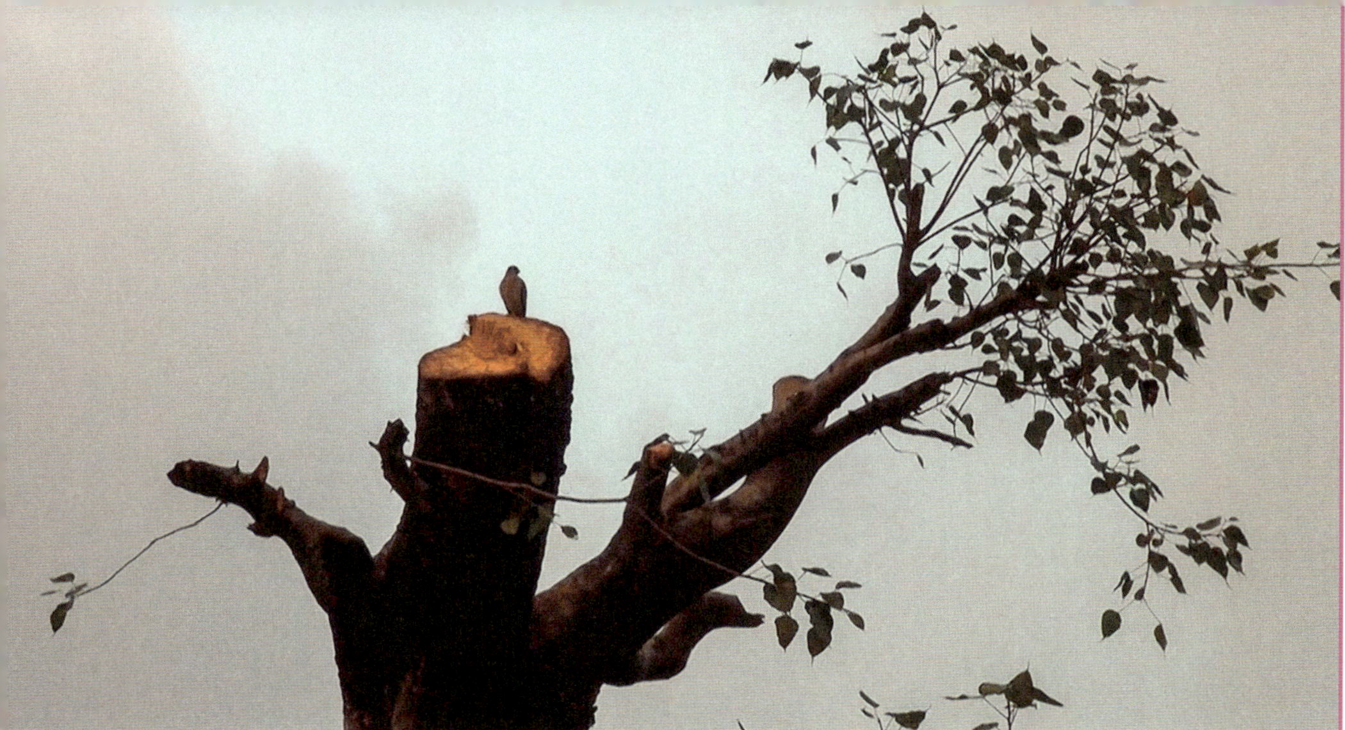

durch einen bewegten Wolkenhimmel. Sein Lächeln geht nahtlos in einen enttäuschten trotzigen Ausdruck über, der unmittelbar frech wird und gleich darauf ganz traurig wirkt. Ich mache eine Videoaufnahme von ihm. Da er bocksteif dasteht, nehme ich an, dass er meint, es sei eine Fotokamera. Wegen der Verwechslung von Video- und Fotokamera habe ich ungewollt schon unzählige solcher «Fotoerwartungsvideos» an vielen Orten der Welt eingefangen. Dieses erwartungsvolle Eingefrorensein ist auch im Nachhinein kaum auszuhalten. Ich wechsle auf meinen Fotoapparat und mache ein paar Bilder. Der Junge ist vielleicht zwölf Jahre alt und wirkt in seinem blauen, staubigen Kittel mit grossem rundem Goldemblem auf der Brusttasche und viel zu kurzen Ärmeln ziemlich schlaksig und aufgeschossen. Seine langen Arme hängen wie ratlos an den schmalen Schultern, und an den nackten, schlanken Handgelenken wird er wohl frieren. Der Kittel ist mit nur einem roten Knopf geschlossen. Darunter trägt er zwei Hemden. Das obere ist ein Jeanshemd, das untere, etwas längere, gelb-grau kariert. Die Hose ähnelt einer blauen Arbeiterhose. Die neu wirkenden Turnschuhe sind ebenfalls gelb-grau. Die Gelb-Blau-Grau-Kombination gefällt mir gut. Ich zeige ihm auf dem kleinen Bildschirm die Fotos. Er nickt zufrieden und trollt sich davon. Ich habe hier in Indien viel Kontakt mit Kindern. Ganz im Unterschied zur Schweiz, wo es kaum möglich ist, zu Kindern eine von ihren Eltern unabhängige Beziehung zu pflegen, sind mir Kinder hier oft täglich wiederkehrende, wegweisende Begleiter und manchmal sogar Beschützer. Ich betrachte noch eine Weile den nun schon arg havarierten Sockel und überquere dann die Strasse, um nochmals das hauseigene Kondenswasser-Ableitungssystem in die «Original Choice»-Whiskyflasche zu begutachten. Ich finde diese Installation, die sich mir letztlich nicht eindeutig erschliesst, wirklich sehr gelungen. Ich habe Hunger und freue mich auf die süssen, in Milch eingelegten Reisbrötchen. Und dann werde ich mir noch etwas für mein Abendprogramm einfallen lassen — heute ist Silvester!

Als ich beim Weggehen nochmals zurückblicke, sitzt ein Raubvogel oben auf dem Stumpf. Er sitzt da wie eine festgewachsene Verlängerung des Baums, und ich bin erstaunt, wie unglaublich weit er seinen Kopf nach hinten drehen kann. Da es in seinem Hals keine anatomische Arretierung zu geben scheint, erwarte ich jeden Moment das Zurückschnellen des Kopfes wie bei einer überspannten Feder. Als ich meinen Blick von diesem merkwürdigen Schauspiel löse, bemerke ich, dass die Türen des leeren und verlassenen Schreins unterdessen abgeschlossen wurden. Ein Junge lässt mit ruckartigen Zupfbewegungen seinen Drachen in den nun blauen Himmel steigen. Ich schaue ihm noch etwas zu. Dann mache ich mich auch endlich davon.

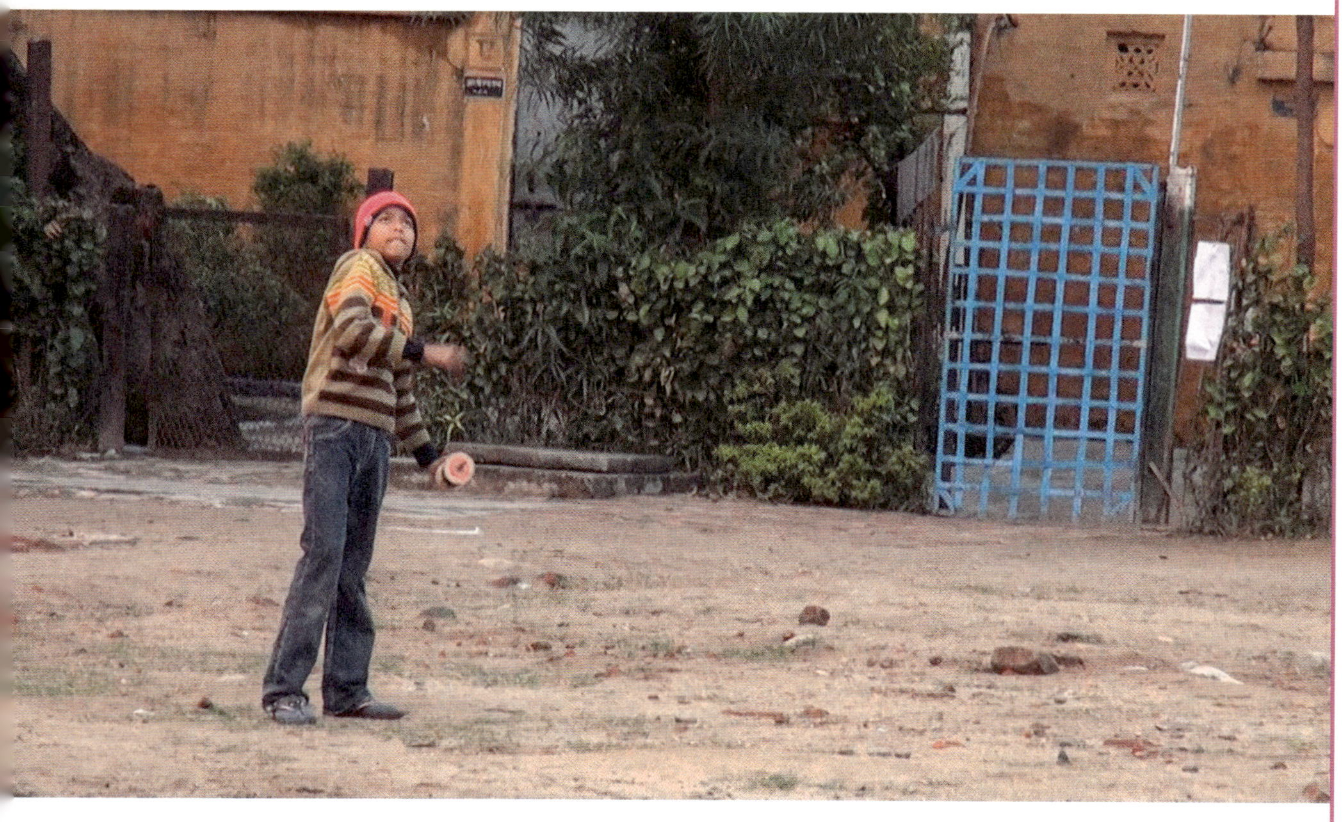

Knöcherne Sounds schlagen auf weiche Fleckenfelle
und purzeln in fröhlich-melancholischer Tonfolge
den staubigen Berg runter. In der Vertikalen sirren
die ausgefransten Ränder schwarzer Längsstreifen.

Osseous sounds strike at soft spotted skins and
tumble down the dusty mountain in a merrily
melancholic melody. The frayed edges of vertical
black stripes are buzzing.

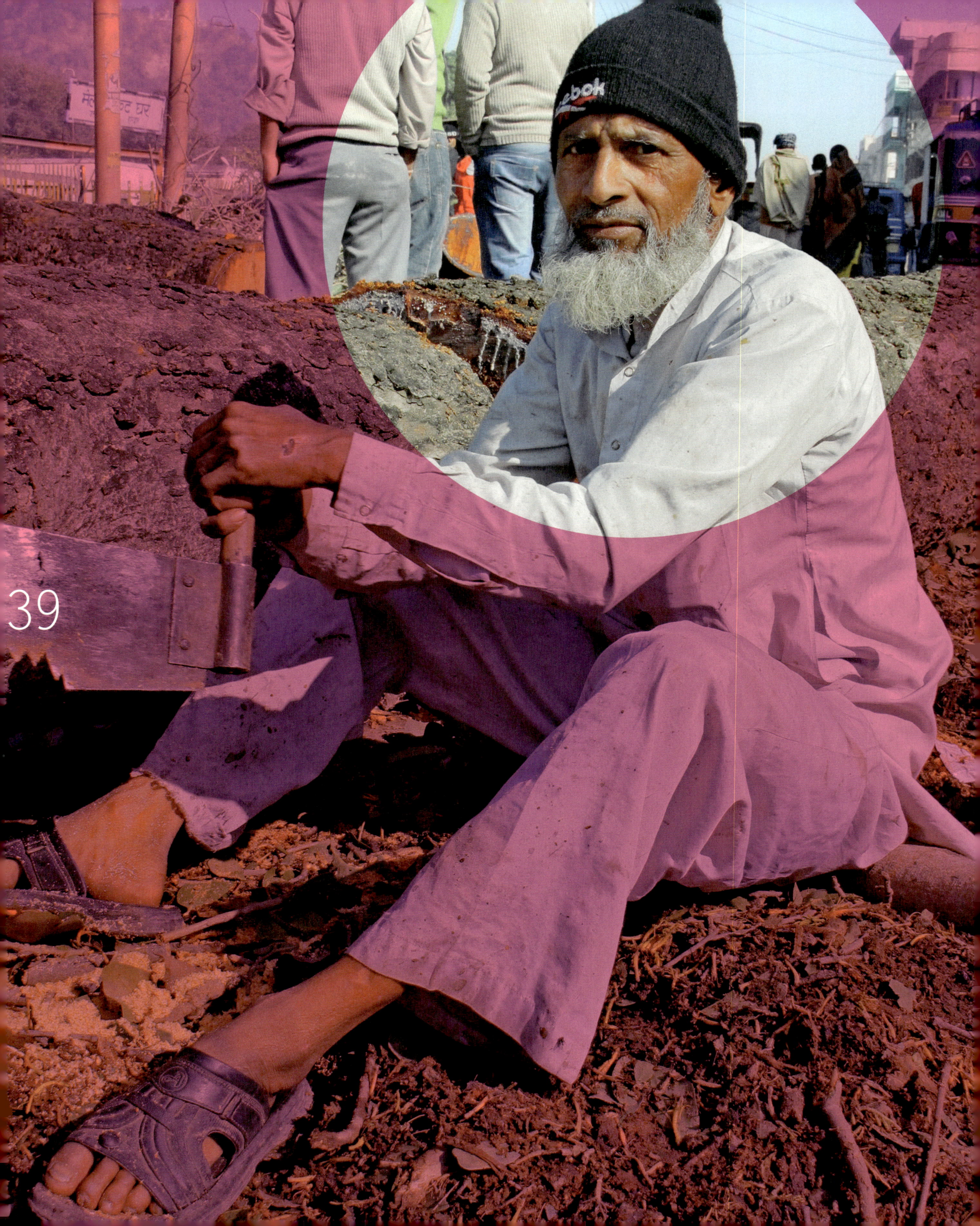

39

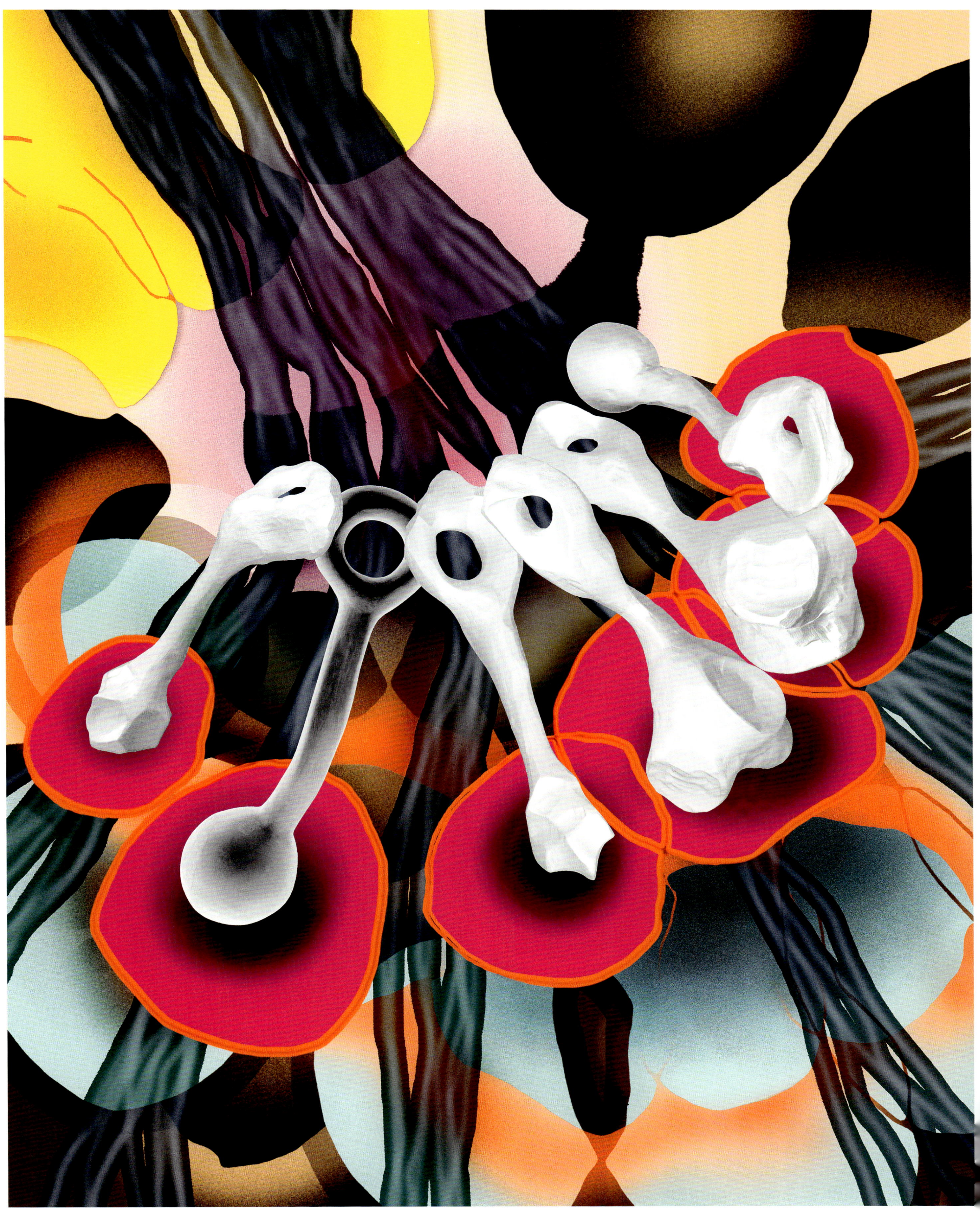

41

The Peepul (Iltab Hasan), 2017
Fine Art Print, Airbrush, Lack, MDF mit Grundierfolie, Esche massiv
Fine art print, airbrush, varnish, MDF with primer film, solid ash
118 × 96.4 × 5 cm

The Peepul (Gufran Malik), 2016
Frontansicht
Fine Art Print, Airbrush, Lack, MDF mit Grundierfolie, Esche massiv,
Frontal view
Fine art print, airbrush, varnish, MDF with primer film, solid ash
118 × 96 × 5 cm

42

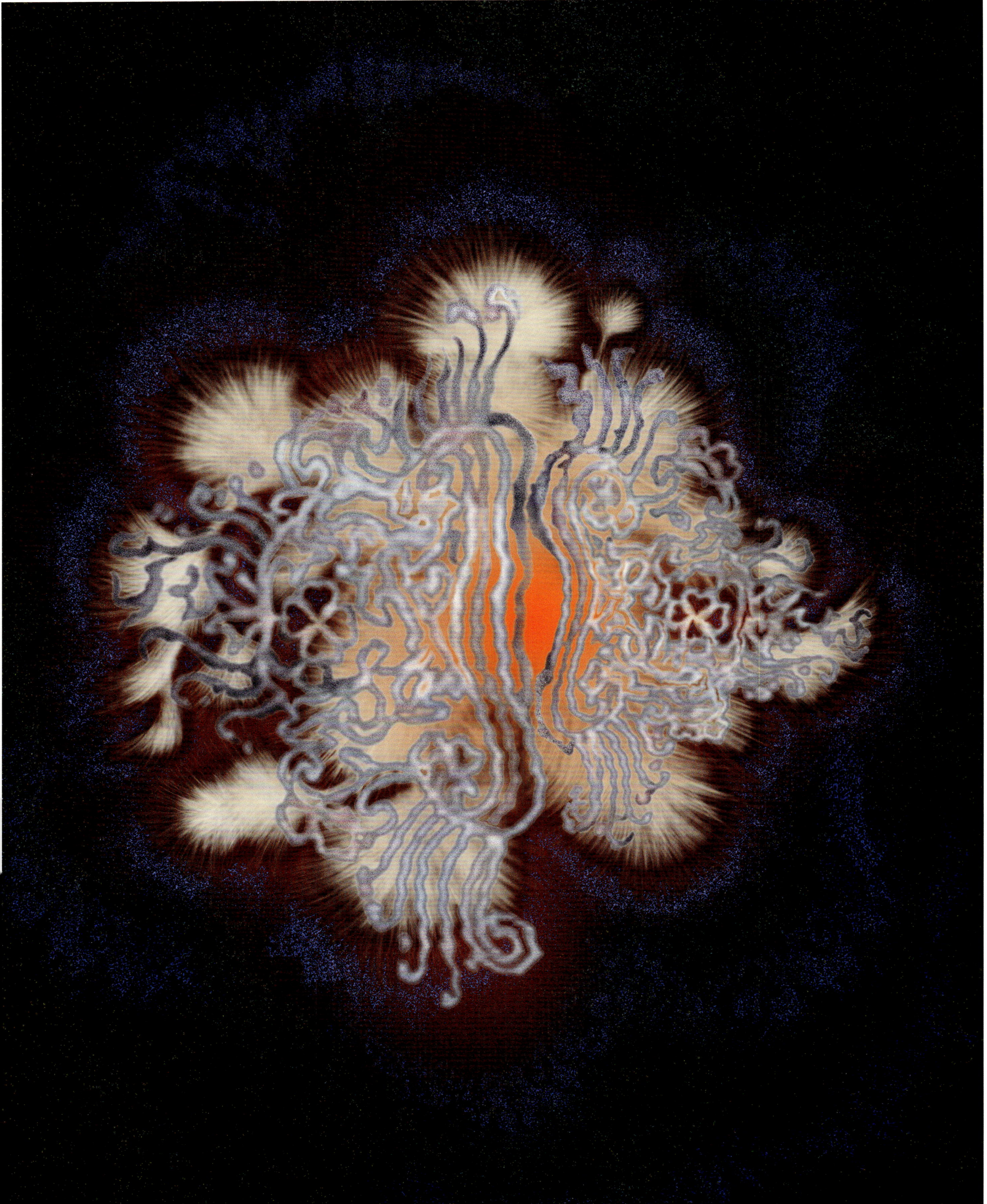

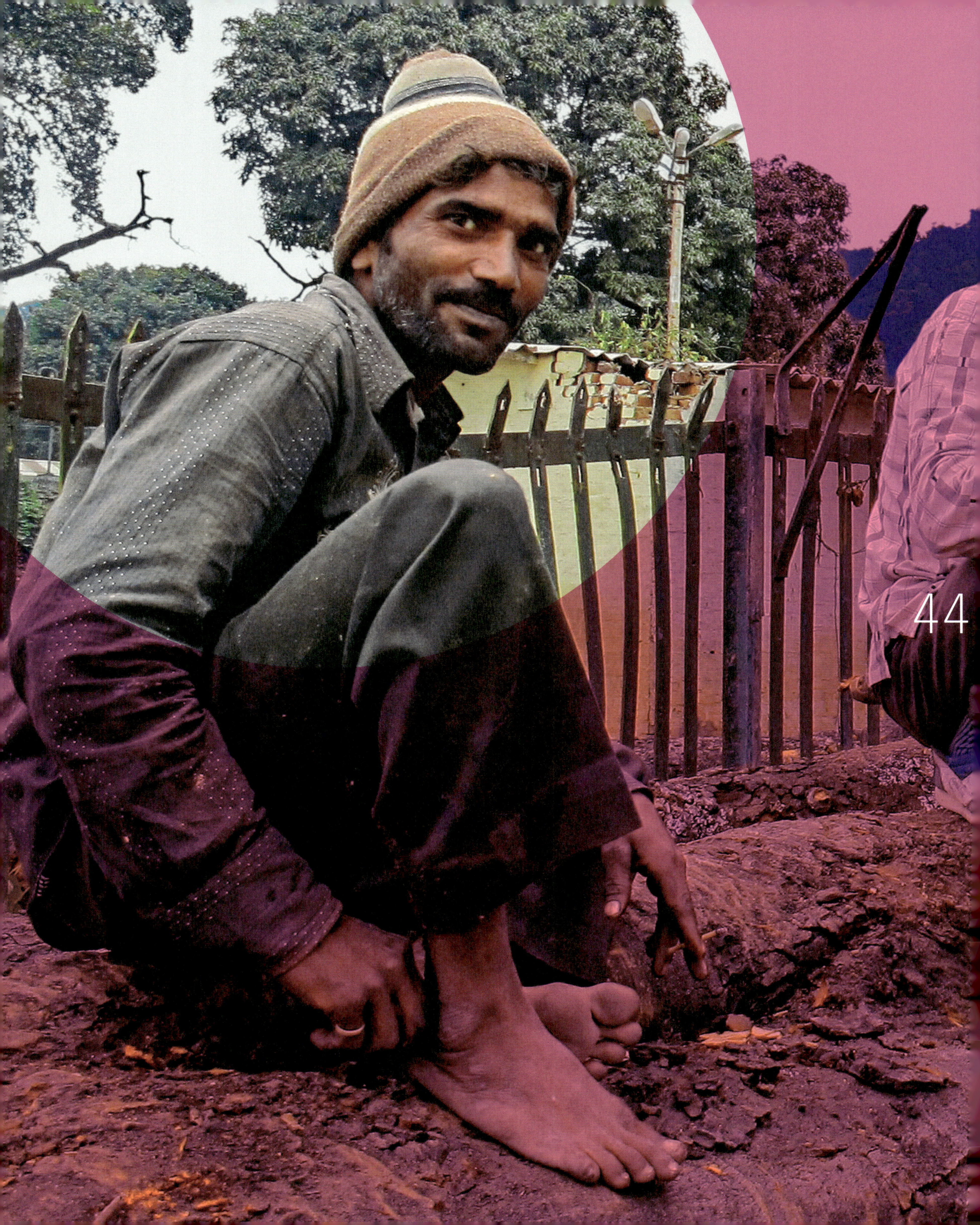
44

45

Kurze, helle Klänge führen aus dem Dunkeln und
breiten sich im Vordergrund in milchigem Licht aus.
Orange fällt aufs Trommelfell und in der Ferne
streicht der Wind über die Horizontale.

Short, high sounds lead out of the darkness and
spread out in the foreground in milky light.
Orange falls onto the eardrum, and the wind wafts
over the horizontal in the distance.

What prompts me to travel is the constant expectation that the world will look different behind the next curve. It is not only about alternating views, other people, or new experiences: what I hope for almost has the character of a revelation, as if another life were possible behind every street corner, a fundamental insight. Each new perspective gives me a moment of excited joy. However, at the same time I notice that a slight feeling of disappointment creeps over me after every curve. That may have something do with the new world being only part of the revelation that I hope for. The other part is less apparent, more complicated, more of an inkling than an insight.

It is by no means a question of change, of something new, but on the contrary one of an encounter with something that is deeply familiar to me, one of the expectation of an echo of something like an archetype, a primeval landscape in me, however one that I could not at all really describe. It is possibly the hope that the opening up of a new foreign land could also mean a coming home—to a home, mind you, that in all probability only exists in this expectation. If this is the case, would one have to conclude that any going-away, any departure is also basically motivated by an unsatisfiable yearning for a primordial form of arriving? The journey would consequently not be the goal.

Samuel Herzog
A Moment of Excited Joy

Looking Stupid
Monday, January 29, 2018—Bagodara (India), Nal Sarovar Link Road

"Those are very common birds. They fly around everywhere."

The man must have swum 500 meters through a sea of robust barley ready for harvesting in order to find out why I had my taxi stop, why I got out and walked back to his fields. When he arrived, he was gasping for breath and sweating—as if he was afraid that I would disappear into thin air before he reached me.

"What you do here?" he panted.

"I'm watching these birds," I said and pointed at a couple of black sparrows sitting in front of us on the blossoming field of dill.

"What's so special about them?"

"How gracefully they hold onto the thin stalks, as if they had no weight at all."

"All birds can do that."

"But how lovely it looks, these small black bodies in the radiant sea of yellow through which the green stems shimmer from below, no, flicker almost electrically."

"There are fields like that everywhere."

"I know, but this one here, right now, doesn't it look like a sheet of music? The heads that gently sway back and forth with the wind. The stalks the birds are sitting on move differently, slower, more clumsily. It has rhythm. Isn't that a melody?"

I realize that I have overtaxed the man. He probably does not know what a sheet of music is. When he looks at his fields, he is presumably only interested in the plants' stage of maturity or the price per kilogram he will get for his dill or his barley. Now, in many fields one sees farmers who are simply standing around as if they wanted to watch the plants grow until they are ready for harvesting. They are probably keeping an eye on them so that nothing goes wrong at the last moment. Others are mowing the edges of their plots with a sickle or are cutting out stalks that have already matured.

I realize that I have also overtaxed myself. I do not really see a sheet of music; I do not hear a melody when I look at this "symphony in yellow," as the spirit of the calendar sheet would probably call this scene. During my journey across India, how often have I already been asked what I am doing at this or that place? How often have I tried to find words that might explain why I am standing here looking stupid? And I have almost always noticed that I do not even really know myself; that I cannot explain, that I have no compelling reasons to gape at the world here and now. And yet as insufficient as they might be, for me words are the only possibility to maneuver a couple of trubs into the vitreous fluid of experience—buoys along which my thoughts can make their way.

But these words always make for a certain disillusionment. Do they take away the world's magic? In the same way that they sometimes take away art's magic? Is silence perhaps the only thing that befits beholding?

"Okay," the man suddenly says, tilts his head, and looks out into his vast field. "Okay, I can see the melody."

Samuel Herzog

Ein Moment aufgeregter Freude

Was mich beim Reisen antreibt, ist die ständige Erwartung, dass die Welt hinter der nächsten Biegung ganz anders aussehen wird. Es geht nicht nur um wechselnde Ausblicke, andere Menschen oder neue Erfahrungen: Was ich mir da erhoffe, hat fast den Charakter einer Offenbarung, als sei hinter jeder Strassenecke ein anderes Leben möglich, eine fundamentale Erkenntnis. Jede neue Perspektive verschafft mir einen Moment aufgeregter Freude. Gleichzeitig allerdings merke ich, dass mich nach jeder Kurve auch ein kleines Gefühl der Enttäuschung beschleicht. Vielleicht hat das damit zu tun, dass die neue Welt eben nur ein Teil der Offenbarung ist, die ich mir erhoffe. Der andere Teil ist weniger offenkundig, komplizierter, eher eine Ahnung als eine Erkenntnis.

Es geht dabei gerade nicht um Abwechslung, gerade nicht um das Neue, sondern umgekehrt um die Begegnung mit etwas, das mir zutiefst vertraut ist, um die Erwartung eines Echos auf so etwas wie ein Urbild, eine Urlandschaft in mir, die ich indes gar nicht richtig beschreiben könnte. Es ist möglicherweise die Hoffnung, dass die Eröffnung einer neuen Fremde auch ein Nach-Hause-Kommen bedeuten könnte – in eine Heimat notabene, die es höchstwahrscheinlich nur in dieser Erwartung gibt. Wenn dem so ist, müsste man dann daraus schliessen, dass jedes Weggehen, jede Abreise im Grunde auch von einer unerfüllbaren Sehnsucht nach einer urtümlichen Form des Ankommens motiviert ist? Die Reise wäre folglich doch nicht das Ziel.

Dumm dastehen
Montag, 29. Januar 2018 – Bagodara (Indien), Nal Sarovar Link Road

«Das sind doch ganz gewöhnliche Vögel. Die fliegen hier überall herum.»

Der Mann ist sicher 500 Meter durch ein Meer aus kraftstrotzender, erntereifer Gerste geschwommen, um herauszufinden, warum ich mein Taxi habe anhalten lassen, warum ich ausgestiegen und zurückgegangen bin bis zu seinen Feldern. Ganz atemlos und verschwitzt ist er bei mir angekommen – als habe er Angst gehabt, ich würde mich in Luft auflösen, bevor er mich erreicht hätte.

«What you do here?», keucht er.

«Ich beobachte diese Vögel», sage ich und deute auf ein paar schwarze Sperlinge, die in dem blühenden Dillfeld vor uns sitzen.

«Was ist daran so speziell?»

«Wie geschickt sie sich an den feinen Halmen festhalten, als hätten sie gar kein Gewicht.»

«Das können doch alle Vögel.»

«Aber wie schön das aussieht, diese kleinen schwarzen Körper in diesem gelb leuchtenden Ozean, durch den die grünen Stängel aus dem Untergrund schimmern, nein, fast elektrisch flimmern.»

«Solche Felder gibt es hier doch überall.»

«Schon, aber dieses hier, jetzt gerade, sieht es nicht aus wie ein Notenblatt? Die Rispen, die mit dem Wind leicht hin und her schwanken. Die Halme, an denen die Vögel sitzen, sie bewegen sich anders, langsamer, dumpfer. Hat das nicht Rhythmus, ist das nicht eine Melodie?»

Ich merke, dass ich den Mann überfordert habe. Wahrscheinlich weiss er nicht, was ein Notenblatt ist. Vermutlich interessieren ihn, wenn er seine Äcker betrachtet, überhaupt nur der Reifezustand der Pflanzen und der Kilopreis, den er für seinen Dill oder seine Gerste bekommen wird. Jetzt, so kurz vor der Ernte, sieht man in vielen Feldern Bauern, die einfach so herumstehen, als wollten sie den Pflanzen bei Auswachsen zusehen. Wahrscheinlich passen sie auf, dass nicht im letzten Moment noch etwas schiefgeht. Andere mähen mit der Handsichel die Ränder ihrer Fluren oder schneiden bereits ausgereifte Halme heraus.

Ich merke, dass ich auch mich selbst überfordert habe. Ich sehe das Notenblatt nicht wirklich, ich höre auch keine Melodie, wenn ich diese «Symphonie in Gelb» betrachte, wie der Geist des Kalenderblattes diese Ansicht wohl nennen würde. Wie oft wurde ich auf meiner Reise kreuz und quer durch Indien schon gefragt, was ich an diesem oder jenem Ort tue? Wie oft habe ich versucht, Worte zu finden, die sinnfällig machen könnten, warum ich dumm herumstehe? Und fast immer habe ich gemerkt, dass ich es selbst nicht recht weiss, dass ich es nicht erklären kann, dass ich keine triftigen Gründe habe, warum ich hier und jetzt die Welt beglotze. Und trotzdem, so ungenügend sie auch sein mögen, sind die Worte für mich doch die einzige Möglichkeit, in die gläserne Flüssigkeit des Erlebens ein paar Trübstoffe einzumanövrieren – Bojen, an denen sich meine Gedanken entlanghangeln können.

Aber diese Worte, sie sorgen doch immer auch für eine gewisse Ernüchterung. Nehmen sie der Welt ihre Magie? So, wie sie manchmal der Kunst ihren Zauber nehmen? Passt zum Schauen vielleicht doch nur das Schweigen?

«Okay», sagt der Mann dann auf einmal, legt den Kopf etwas schräg und blickt in sein weites Feld hinaus: «Okay, I can see the melody.»

Now I have lost him. I followed him back and forth through the historic district of Srinagar for more than an hour, from Bushwara near Lake Dal to the area of the Gole Market mosque, along the canals, through busy alleyways, over bridges and squares, through parks and deserted side streets. The hawker was the perfect guide through this city, and I did not think that he would slip away from me. When I could suddenly no longer see his helium balloons and the bright pink cotton candy that he carried on his shoulder on a wooden cross, I could still hear the ring of his bell. But now he is suddenly gone, as if he had disappeared from the face of the earth. And I am standing somewhat lost behind a group of men and women who are mesmerized as they watch what is happening on the other side of a metal fence in a small park.

Now I almost regret that I so stubbornly stayed on the tail of the balloon man and missed all of the other opportunities that had presented themselves to me along the way. Why didn't I follow the English teacher who invited me for a cup of tea in one of the dark and low-ceilinged bakeries there are in this city at every corner? Black holes in which men with sooty faces bake bread such as girda (czot), which has to ferment for a long time, has multiple slits in its surface, a golden luster, and when it is fresh tastes simply magnificent. "The bakers come from a long way away," the teacher explained, "from the mountains. They make the best bread—and a good cup of tea." I could have also stayed longer at the butchers', who sat behind a pile of singed sheep's feet and asked me if he could also make a living in the same business in my home country. A solitary slab of meat with a thick layer of fat dangled from a hook next to his head from which he wanted to slice me a piece. "Your hotel can cook it for you," he ensured me. I declined nevertheless.

Or I could have watched the young man for a while as he coated metal kettles with copper in his little stall. The corner with the vegetables near the bridge would have also been interesting. Or the half-flooded houseboat by the name of Venus. Or the fisherman with his swimming dog. Indeed, I could have even made a statement with respect to the car accident I witnessed—fortunately, only the body of the car was damaged, although pretty badly.

I should have perhaps at least accepted the invitation from the bearded Muslim in the snow-white salwar kameez: "The media lie," he told me. "There's no trouble between Hindus and Muslims here." He was on his way to visit an old Brahman woman on her deathbed. He would kneel next to her bed and pray for her. "Come with me, take a picture of her so that the world learns the truth!" For a moment, the journalist in me thought of becoming disloyal to the balloon seller, but the son in me said: "No!" I, in any case, would not have wanted a Chinese or Indian tourist to take a picture of my mother on her deathbed—not even if the Pope himself were kneeling next to her.

What ultimately caused me to lose sight of my guide was a small boy. He suddenly appeared next to me at an intersection, took my hand, and pulled me with great determination to the entrance to a small park. "Look, that's Jesus, he heals people here," he said and pointed at a bearded man with a prominent nose who was standing barefoot and bare-chested next to a military tent, surrounded by men, children, and women sitting on the grass in the park or witnessing the scene from the street over a wall. No sooner was I standing at the tent that one of the spectators leaped to his feet and grabbed Jesus by the arm in order to pose with him for a photo. Jesus obviously did not feel quite well, smiled a thin smile, and turned his head to the side. I do not believe that he had anything against the picture, but that he more likely felt commandeered by the man. Too polite, too friendly, to liberate himself from the man's grip, he removed himself from the scene in his own way, without leaving. I dutifully pressed the release and quickly took my leave so that I did not embarrass Jesus any further.

Now I am standing outside the park wondering where my balloon man has gone. He certainly did not lead me here on purpose. Yet it seems strange to me that I have lost him. What is also strange is that no one is staring at me, since I am usually an attraction in Kashmir. Here, however, the bystanders turn their backs to me, cling to the railing, and gaze into the park. An image of Mondo Novo in Ca' Rezzonico crosses my mind, that bold painting by Tiepolo that shows a large number of spectators from behind and does not reveal what so fascinates them. I look at the city map and see that I am standing in front of the largest hospital in the region—hence it is no wonder that Jesus is pursuing his healing work here. Adventurous theories occur to me that I came across in the Internet. Buddhists, for example, are convinced that Jesus spent the period between his youth and his first appearances as a preacher in Kashmir and became acquainted with the teachings of Buddhism here. Adherents of the Ahmadiyya doctrine, on the other hand, believe that Jesus survived the cross and traveled to Kashmir anonymously, where he taught for many years under the name of Yuz Asaf and eventually died a natural death. His grave is suspected to be in Srinagar. Jesus Yuz Asaf is also said to have predicted the arrival of the prophet Mohammed—Christians, however, believe that he was speaking of the Holy Ghost. Mohammed, Buddha, the Holy Ghost, Jesus—that is heavy artillery for a small intersection in the heart of Srinagar.

I approach two young men who are sitting in the shade slightly away from the crowd, tapping away on their mobile phones and obviously not very interested in Jesus. "Who is this man?" I want to know. "He is a dervish from the north," one of them says, "a very powerful holy man." "Nonsense," says the other one, shaking his head. "There is no holy man. That's just a crazy old guy!"

Jesus

Dienstag, 23. Mai 2017 – Srinagar (Indien), Gole Market Hospital Road

Nun habe ich ihn doch verloren. Mehr als eine Stunde lang bin ich ihm kreuz und quer durch die Altstadt von Srinagar gefolgt, von Buschwara in der Nähe des Dal-Sees bis in die Gegend der Gole-Market-Moschee, den Kanälen entlang, durch belebte Gassen, über Brücken und Plätze, durch Parks und einsame Neben-strassen. Der fliegende Händler war der perfekte Führer durch diese Stadt, und ich dachte nicht, dass er mir entwischen würde. Wenn ich plötzlich seine Helium-ballons und die leuchtend rosarote Zuckerwatte nicht mehr sehen konnte, die er an einem Holzkreuz auf der Schulter trug, dann hörte ich doch immer noch das Bimmeln seiner Glocke. Aber jetzt ist er auf einmal doch weg, wie vom Erdboden verschwunden. Und ich stehe etwas verloren hinter einer Gruppe von Männern und Frauen, die gebannt beobachten, was jenseits eines metallenen Zaunes in einem kleinen Park geschieht.

Jetzt bereue ich fast, dass ich dem Ballonmann so stur auf den Fersen geblieben bin und auf alle anderen Möglichkeiten verzichtet habe, die sich mir unterwegs auch noch geboten hätten. Warum bin ich dem Englisch-Lehrer nicht gefolgt, der mich auf eine Tasse Tee in eine der dunklen und niedrigen Bäckerei-en einlud, die es in dieser Stadt an allen Ecken und Enden gibt. Schwarze Löcher, in denen Männer mit russigen Gesichtern Brote wie Girda (Czot) herstellen, die lange fermentieren müssen, eine mehrfach geschlitzte Oberfläche haben, golden glänzen und frisch einfach umwerfend schmecken. «Die Bäcker kommen von weit her», erklärte mir der Lehrer, «aus den Bergen. Sie machen das beste Brot – und einen guten Tee.» Auch bei dem Metzger hätte ich länger bleiben können, der hinter einem Haufen abgesengter Schaffüsse sass und von mir wissen wollte, ob er damit auch in meiner Heimat ein Geschäft machen könne. An einem Haken neben seinem Kopf baumelte ein einsames Stück Fleisch mit einer dicken Schicht aus Fett, von dem er mir ein Stück abschneiden wollte. «Ihr Hotel kann es für Sie zubereiten», versicherte er mir. Ich lehnte trotzdem ab.

Oder ich hätte dem jungen Mann eine Weile zuschauen können, der in seiner kleinen Bude Metallkessel mit Kupfer überzog. Auch die Ecke mit dem Gemüse bei der Brücke wäre interessant gewesen. Oder das halb abgesoffene Hausboot namens Venus. Oder der Fischer mit seinem schwimmenden Hund. Ja, ich hätte sogar bei einem Autounfall als Augenzeuge aussagen können – nur ein Blechschaden zum Glück, wenn auch ein ziemlicher.

Vielleicht hätte ich aber doch wenigstens der Einladung des bärtigen Muslims in der schneeweissen Salwar Kamiz folgen sollen. «Die Medien lügen», erklärte er mir: «Es gibt hier kein Problem zwischen Hindus und Muslimen.» Er sei unterwegs zu einer alten Brahmanen-Mutter, die im Sterben liege. Er werde neben ihrem Bett niederknien und für sie beten. «Kommen Sie mit, fotografieren Sie das, damit die Welt die Wahrheit erfährt!» Der Journalist in mir dachte für einen Moment daran, dem Ballonverkäufer untreu zu werden, aber der Sohn in mir sagte: «Nein!». Ich hätte auf jeden Fall nicht gewollt, dass irgendein chinesi-scher oder indischer Tourist meine Mutter auf dem Sterbebett fotografiert – auch nicht, wenn der Papst höchstpersönlich neben ihr in die Knie gegangen wäre.

Was mich schliesslich dazu gebracht hat, dass ich meinen Führer aus den Augen verlor, war ein kleiner Junge. Er tauchte an einer Kreuzung plötzlich neben mir auf, nahm mich bei der Hand und zog mich mit grosser Entschie-denheit zum Eingang eines kleinen Parks: «Schau, das ist Jesus, der heilt hier die Menschen», sagte er und deutete auf einen bärtigen Mann mit einer mar-kanten Nase, der barfuss und mit nacktem Oberkörper neben einem Militär-zelt stand, umringt von Männern, Kindern und Frauen, die im Park auf dem Gras sassen oder von der Strasse aus über eine Mauer hinweg der Szene bei-wohnten. Kaum stand ich bei dem Zelt, sprang einer der Zuschauer vom Boden auf und packte den Arm von Jesus, um mit ihm für ein Foto zu posieren. Jesus fühlte sich offensichtlich nicht ganz wohl, lächelte etwas schütter und wandte dann den Kopf zur Seite. Ich glaube nicht, dass er etwas gegen das Foto hat-te, eher fühlte er sich von dem Mann in Beschlag genommen. Zu höflich, zu freundlich, sich aus dem Griff des anderen zu befreien, nahm er sich auf sei-ne Weise aus der Szene, ohne wegzugehen. Ich drückte brav auf den Auslöser und verabschiedete mich schnell, um Jesus nicht weiter in Verlegenheit zu bringen.

Nun stehe ich auf der Strasse, ausserhalb des Parks, und wundere mich, wo mein Ballon-Mann geblieben ist. Sicher hat er mich nicht absichtlich hierher geführt. Trotzdem kommt es mir seltsam vor, dass ich ihn verloren habe. Ausser-gewöhnlich ist auch, dass ich nicht angestarrt werde. Denn gewöhnlich bin ich ja die Attraktion in Kaschmir. Hier aber drehen mir die Schaulustigen den Rücken zu, hängen am Geländer und gaffen in den Park. Mondo Novo im Ca' Rezzonico fällt als Bild in meine Gedanken ein, jene freche Malerei von Tiepolo, die lauter Zuschauer von hinten zeigt und nicht verrät, was die Leute da in Bann zieht. Ich schaue auf den Stadtplan und sehe, dass ich vor dem Eingang zum grössten Spi-tal der Region stehe – kein Wunder also, geht Jesus hier seiner Heilsarbeit nach. Abenteuerliche Theorien kommen mir in den Sinn, denen ich im Internet be-gegnet bin. Die Buddhisten zum Beispiel sind überzeugt, Jesus habe die Zeit zwi-schen seiner Jugend und den ersten Auftritten als Prediger in Kashmir verbracht und sei hier mit den Lehren des Buddhismus vertraut geworden. Die Anhänger der Ahmadiyya-Lehre wiederum glauben, Jesus habe das Kreuz überlebt und sei unerkannt nach Kaschmir gereist, wo er unter dem Namen Yuz Asaf viele Jahre lang gelehrt habe und schliesslich eines natürlichen Todes gestorben sei. Sein Grab wird in Srinagar vermutet. Jesus Yuz Asaf soll auch die Ankunft des Prophe-ten Mohammed vorausgesagt haben – die Christen aber meinten, er habe vom Heiligen Geist gesprochen. Mohammed, Buddha, der Heilige Geist, Jesus – das ist schweres Geschütz für eine kleine Strassenkreuzung im Herzen von Srinagar.

Ich gehe auf zwei junge Männer zu, die etwas abseits der Menschenmenge im Schatten sitzen, auf ihren Mobiltelefonen herumdrücken und sich offenbar nicht sehr für Jesus interessieren. «Who is this man?», will ich wissen. Das sei ein Derwisch aus dem Norden, sagt der eine, «a very powerful holy man». «Ach was», schüttelt der andere den Kopf: «There is no holy man, that's just a crazy old guy!»

The idea suddenly flashes through my mind that there must be a connection between Indian minimalism when it comes to applying safety standards and maximalism when using gaudy colors, since color not only means the joy of living but also protection, on the one hand for this life, and on the other for the transition into the next one. This certainly holds true for those colors that one can associate with a Hindu divinity—indeed, consequently for quite a few, as there are a good deal more gods in the Hindu pantheon than numbers on the Pantone color fan.

The two painters at work in front of me on a tower of the Mangeshi temple in Ponda are therefore in twofold danger, because first of all they are standing on a ramshackle stage about fifteen meters above the gateway, and secondly because at the moment they only have a kind of varnish on their brushes, as the painting of the wall has long since been completed. And: Those who plunge to their death with a colorless brush, hence irreligiously, hardly have a good hand of cards when they are about to be reborn.

In Western Europe there are no gods that regulate the reincarnation traffic; our temples are therefore only guardedly colorful. The only exception that occurs to me is the Cappella del Barolo, which Sol LeWitt painted with stripes and waves in 1999, a colorfully tipsy slap in the pale face of the Piemonte. In the West, we seem to need artists in order to fully get the hang of color. Does one have to conclude that art also constitutes the security gap in our system? One could love it for that reason.

In those places in this world where it is warm most of the time one has a different relationship with the cold than in those places where winter lasts for months. In northern Europe, people feel threatened by the cold. They first and foremost associate it with illness, pain and death, the absence of colors, field crops, fresh-air pleasures. They withdraw into their caves, which are well braced against the cold, wrap themselves up, numbed, occupy themselves with all kinds of rituals, and basically constantly long for it to finally get warm again.

However, further to the south, where it is warm most of the time, indeed, even somewhat too warm, one hardly associates the cold with anything threatening. On the contrary: it is a luxury, feeling slightly chilly a sought-after state, a comfort that one has to create most of the year with great effort and a great deal of energy. Hence when there is cool air at no charge for a couple of days, including for those who cannot usually afford air-conditioned zones, then it is surely no reason to break out in a panic.

But although people from the south are not afraid of the cold, they have clammy hands nevertheless. And so they do what people have already been doing for thousands of years: they start a fire and blissfully stretch out their fingers in the direction of the flames.

A thick fog has hung over Lucknow since the beginning of the year; it even seems to swallow the exhaust gases of the megapolis. Day after day, the thermometer fluctuates back and forth between three and eight degrees. At every corner, in front of businesses, behind market stalls, near the guardhouses, in the parks, next to the food stalls and chai cookers—small fires are burning everywhere. Not only is wood or coal burned, but also leaves or cardboard, plastic, fabric, pieces of rubber tires, or newspaper. The smoke rises up out of thousands of small fire pits. It crawls silver upwards along the walls coughing dust, dances white through labyrinths of blue plastic sheeting, settles gray in the cracks of decayed palaces, twists like a ringlet of hair through the branches of the mighty mango trees, which here and there let their dark green leaves hang down. People gather around the fires, most of them organize themselves, only very few of them tend exclusively to their own zone of warmth. The fires change not only the way people behave in the streets. Bodies also move differently in the smoke, faces often come across as painted or photographed out of focus, sometimes invisible, not recognizable, or even more heavily tanned by time than usual. A city in which fires burn everywhere is a different city.

I am standing in front of the Bara Imambara, the massive mourning hall that Asaf-ud-Daula, the nawab of Awadh, had built in the late eighteenth century. It is Friday, and as a non-Muslim I am prohibited from entering it. But the rickshaw drivers who wait for believers in front of the entrance to the grounds who want to be chauffeured home have invited me to stand at their fire. I linger there with them for a moment and stretch out my hands in the direction of the flames. A fire is shared differently than a meal, for instance. People collectively turn away from the world, more like during a prayer. One does not have to say anything—nothing is lacking if words are not spoken. One man tries to take a selfie with me. But he practically has to hold his phone in the flames in order to get both of us in the picture, and that is too precarious for him.

It is actually a pity—we have so professionally armed ourselves against the winter in the north that we no longer have to light fires in the streets. At these small hearths of warmth one experiences oneself—something that otherwise only happens in disasters—as a part of a band of people who flock together in order to better defy the attacks of nature.

51

Voll in Farbe kommen
Montag, 4. Februar 2008 – Ponda (Indien), Mangeshi Tempel

Plötzlich schiesst mir die Idee durch den Kopf, es müsse ein Zusammenhang bestehen zwischen dem indischen Minimalismus bei der Anwendung von Sicherheitsstandards und dem Maximalismus beim Einsatz von knalligen Farben, denn Farbe bedeutet nicht nur Lebensfreude, sondern auch Schutz, einerseits für dieses Leben, andererseits aber auch für den Übergang ins nächste. Das gilt sicher für jene Farben, die man mit einer hinduistischen Gottheit assoziieren kann – folglich wohl für ziemlich viele, denn es gibt deutlich mehr Götter im Hindu-Pantheon als Nummern auf dem Pantone-Fächer.

Die zwei Maler, die da vor mir an einem Turm des Mangeshi-Tempels in Ponda wirken, sind folglich doppelt in Gefahr, denn erstens stehen sie auf einem wackeligen Gestell rund 15 Meter über einem Durchgang, und zweitens haben sie im Moment nur eine Art Firnis auf ihren Pinseln, denn die Wand ist längst fertig gemalt. Und: Es hat bei der Wiedergeburt wohl kaum gute Karten, wer mit einem farblosen Pinsel, also gottlos zu Tode stürzt.

In Westeuropa gibt es keine Götter, die den Reinkarnationsverkehr regeln, folglich sind die Tempel bei uns auch nur zurückhaltend bunt. Als einzige Ausnahme fällt mir spontan nur die Cappella del Barolo ein, die Sol LeWitt 1999 mit Streifen und Wellen bemalt hat, eine bunt beschwipste Faust auf das nebelbleiche Antlitz des Piemont. Im Westen scheinen wir Künstler und Künstlerinnen zu brauchen, um voll in Farbe zu kommen. Muss man daraus schliessen, dass die Kunst auch die Sicherheitslücke in unserem System darstellt? Man könnte sie dafür lieben.

Eine andere Stadt
Freitag, 5. Januar 2018 – Lucknow (Indien), Husainabad Road, Bara Imambara

Wo es die meiste Zeit warm ist auf dieser Welt, hat man ein anderes Verhältnis zur Kälte als dort, wo der Winter während Monaten herrscht. Im nördlichen Europa fühlt sich der Mensch von der Kälte bedroht. Er assoziiert mit ihr in erster Linie Krankheit, Schmerz und Tod, die Absenz von Farben, Feldfrüchten, Frischluftfreuden. Er zieht sich in seine Höhlen zurück, die gut gegen die Kälte gewappnet sind, verhüllt sich, erstarrt, beschäftigt sich mit allerlei Ritualen und sehnt sich im Grunde ständig danach, dass es endlich wieder wärmer wird.

Weiter im Süden indes, wo es die meiste Zeit des Jahres warm, ja sogar etwas zu warm ist, verbindet man mit der Kälte kaum Bedrohliches. Im Gegenteil: Kälte ist hier ein Luxus, leichtes Frösteln ein begehrter Zustand, ein Komfort, den man die meiste Zeit des Jahres hindurch mit grossem Aufwand und viel Energie herstellen muss. Wenn es also ein paar Tage lang gratis kühle Luft gibt, und das auch für jene, die sich die klimatisierten Zonen gewöhnlich nicht leisten können, dann ist das sicher kein Grund, in Panik auszubrechen.

Aber auch wenn der Südmensch die Kälte nicht fürchtet, klamme Hände hat er trotzdem. Und also tut er, was Menschen seit Tausenden von Jahren schon tun: Er entzündet ein Feuer und streckt seine Finger wohlig in Richtung der Flammen aus.

Seit Anfang des Jahres liegt ein dicker Nebel über Lucknow, der selbst die Abgase der Millionenstadt zu verschlucken scheint. Tag um Tag schwankt das Thermometer zwischen drei und acht Grad hin und her. An jeder Ecke, vor Geschäften, hinter Marktständen, bei den Wachthäuschen, in den Parks, neben den Fressbuden und Chai-Kochern, überall brennen kleine Feuer. Nicht nur Holz oder Kohle, auch Laub oder Karton, Plastik, Stoff, Stücke von Gummireifen oder Zeitungspapier werden abgefackelt. Aus Tausenden kleiner Feuerstellen steigt der Rauch auf. Er kriecht silbern den staubhustenden Wänden entlang in die Höhe, tanzt weiss durch Labyrinthe aus blauen Plastikplanen, legt sich grau in die Ritzen zerfallener Paläste, dreht sich wie eine Haarlocke durchs Geäst der mächtigen Mangobäume, die da und dort ihre dunkelgrünen Blätter hängen lassen. Die Menschen versammeln sich um die Feuer, die meisten organisieren sich, nur wenige kümmern sich ausschliesslich um die eigene Wärmezone. Die Feuer verändern nicht nur die Art, wie die Leute sich in den Strassen benehmen. In dem Rauch bewegen sich auch die Körper ganz anders, wirken die Gesichter oft wie gemalt oder unscharf fotografiert, unsichtbar manchmal, nicht lesbar oder aber noch stärker von der Zeit gegerbt als gewöhnlich. Eine Stadt, in der überall Feuer brennen, ist eine andere Stadt.

Ich stehe vor der Bara Imambara, der mächtigen Trauerhalle, die Asaf-ud-Daula, Nawab von Awadh, im späten 18. Jahrhundert hat errichten lassen. Es ist Freitag und als Nicht-Muslim ist mir der Zutritt heute verwehrt. Aber die Rikschafahrer, die vor dem Eingang des Geländes auf Gläubige warten, die nach Hause chauffiert werden wollen, haben mich an ihr Feuer eingeladen. Und so stehe ich einen Moment lang mit ihnen da und strecke meine Hände in Richtung der Flammen aus. Man teilt ein Feuer anders als etwa ein Essen. Man wendet sich gemeinsam von der Welt ab, eher wie bei einem Gebet. Man muss dabei nicht reden – es fehlt nichts, wenn nicht gesprochen wird. Einer versucht, ein Selfie mit mir aufzunehmen. Aber er müsste sein Gerät praktisch in die Flammen halten, um uns beide aufs Bild zu bekommen, das ist ihm dann doch zu heikel.

Eigentlich schade, haben wir uns im kalten Norden so professionell gegen den Winter gewappnet, dass wir in den Strassen keine Feuer mehr anzünden müssen. An diesen kleinen Wärmeherden erlebt man sich – was sonst fast nur in Katastrophenfällen vorkommt – als Teil einer Menschenbande, die sich zusammenrottet, um so besser den Angriffen der Natur zu trotzen.

The Peepul (Gufran Malik), 2016
Aufsicht
Fine Art Print, Airbrush, Lack, MDF mit Grundierfolie, Esche massiv,
Top view
Fine art print, airbrush, varnish, MDF with primer film, solid ash
118 × 118 × 5 cm

52

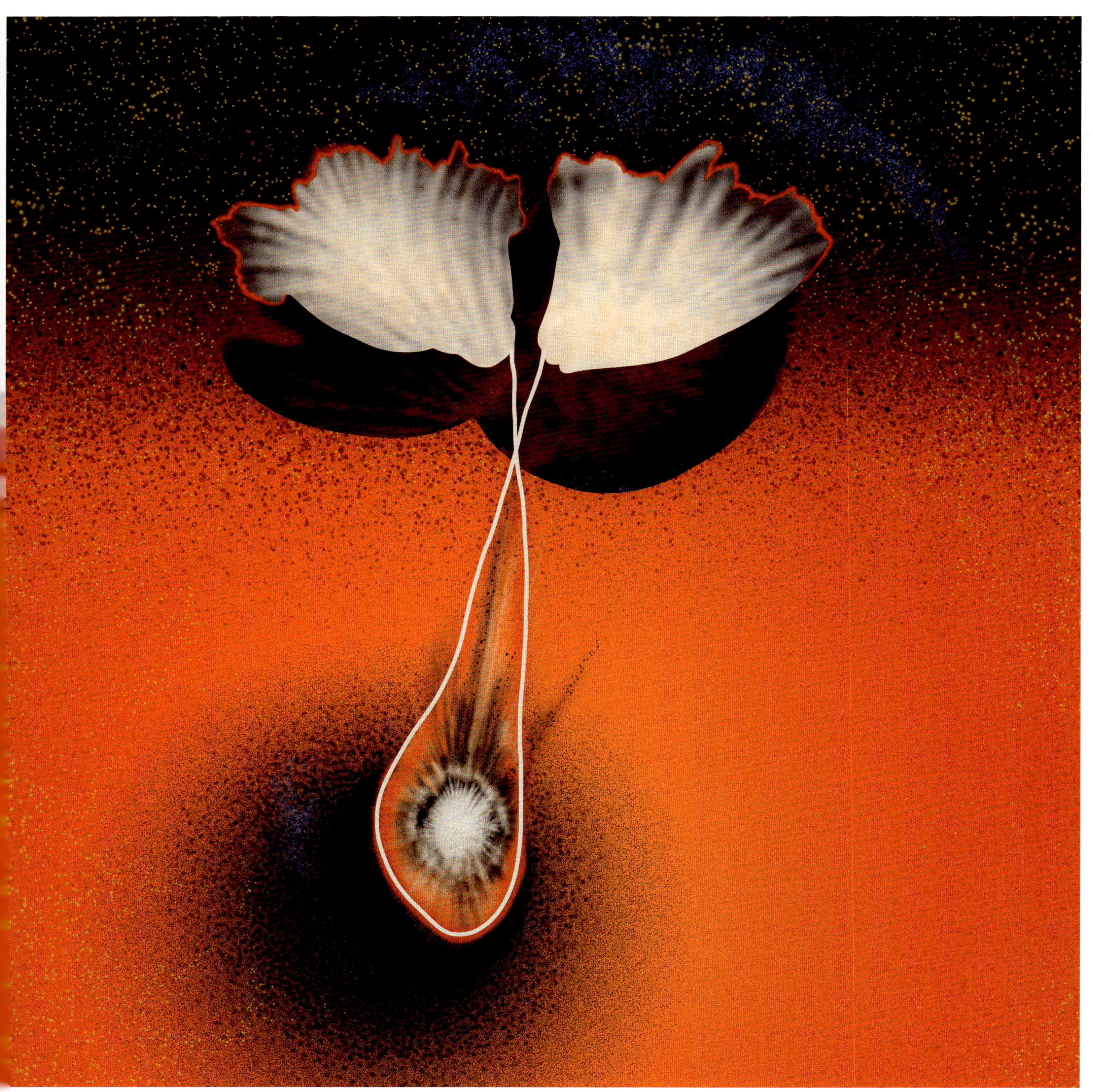

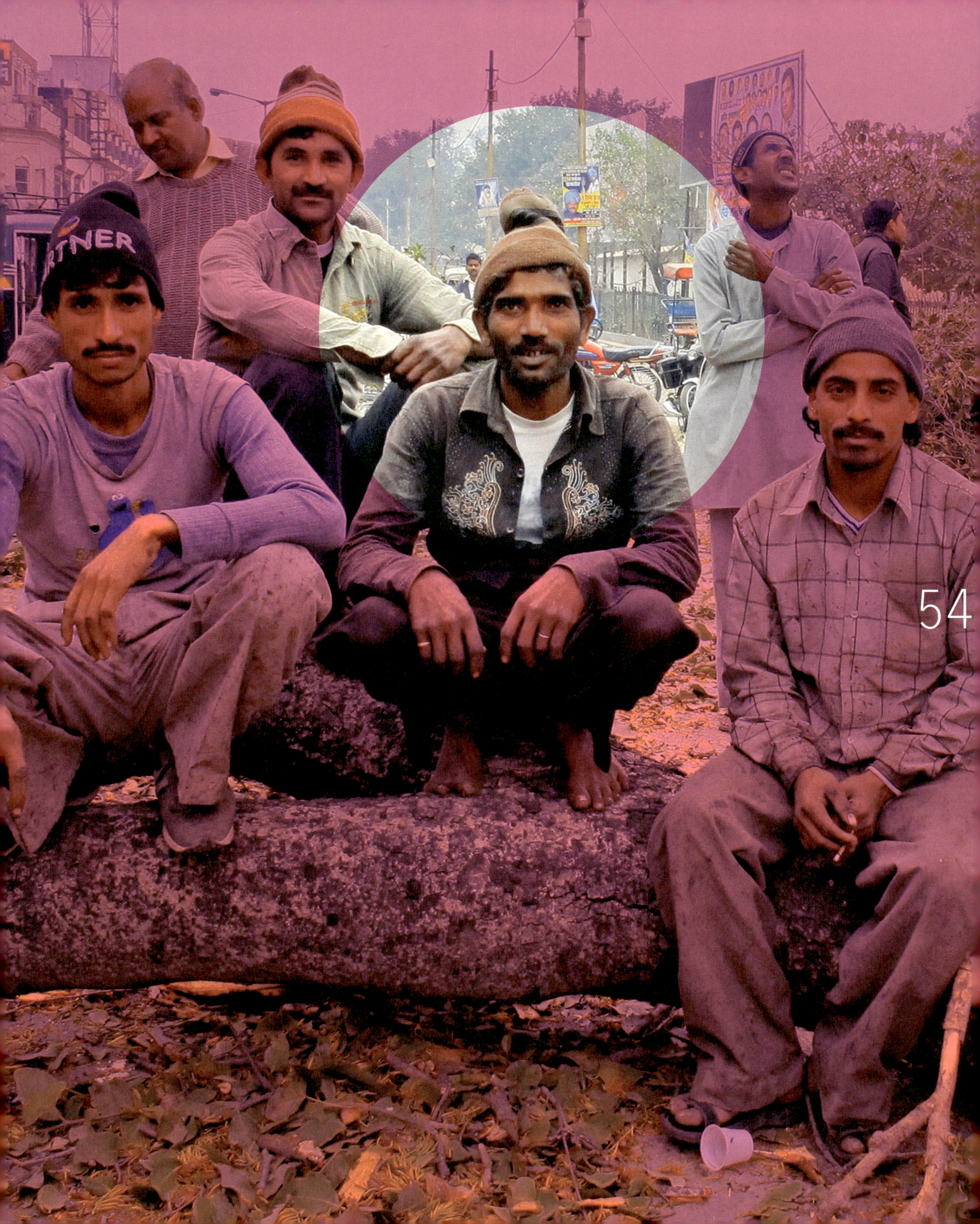

LOGBUCH HARIDWAR SAMSTAG —SONNTAG 1—2/I

LOGBOOK HARIDWAR SATURDAY —SUNDAY I/1—2

Haridwar, January 1, 2011

A dazzlingly beautiful New Year's Day. The light is golden and the sky a deep blue. The entire tree faller crew is at the site again today. I show them the slip of paper explaining who I am and what I'm doing that the man at the reception desk translated into Hindi and wrote down. They pass the paper around and, with a puzzled look on their faces, shrug their shoulders. They apparently don't understand it. I feel welcome just the same and hence spend another day at the site. Although we don't have a common verbal language, the communication is very lively. It's amazing how well one can get to know each other even without words, how processes can be explained, and how even jokes easily find expression.

I believe to know the names of some of the tree fallers in the meantime and try to transcribe the nicknames I'd given them. Gufran injured his hand and bandaged it. He's sharpening axes and saw blades and doesn't undertake any climbing activity all day. He and Bablu are both freshly shaven today, their moustaches neatly trimmed. Gufran seems nervous and a bit sad. He brought me a piece of paper with all kinds of information about himself, including his father's name, his own name, his address, and even the name of the police district. What I really like is how he formulates his age: "Age as on 1.1. 2007: 28." I consider telling people my age in this way in the future and therefore slightly challenging my vis-à-vis to do some math. In the afternoon, he poses for a photo, for which he puts on a white, crocheted prayer cap. He points to his cap and then makes a semicircular movement toward the whole crew. I interpret this to mean that most or all of them are Muslim. Should this be the case, the predominantly Hindu government would have drawn up a town-planning concept in connection with the upcoming Hindu pilgrim festival in 2022 and for that reason hired a Muslim crew to bash a Hindu sanctuary in the form of this tree and its shrine. I'm baffled and hope to be able to have this information clarified by someone else.

Haridwar, 1. Januar 2011

Ein strahlend schöner Neujahrstag. Das Licht ist ganz golden und der Himmel tiefblau. Heute ist wieder das ganze Holzfäller-Team vor Ort. Ich zeige ihnen den Zettel mit den Erklärungen zu meiner Person und meinem Tun, die mir der Mann an der Rezeption in Hindi übersetzt und aufgeschrieben hat. Sie reichen das Papier herum und zucken mit ratlosen Gesichtern die Schultern. Offensichtlich verstehen sie nicht. Nichtsdestotrotz fühle ich mich willkommen, und so verbringe ich einen weiteren Tag vor Ort. Obwohl wir keine gemeinsame verbale Sprache haben, ist die Kommunikation sehr rege. Es ist erstaunlich, wie umfassend man sich auch auf wortlose Weise kennenlernen kann, Arbeitsvorgänge erklärt werden können und auch Scherze problemlos einen Ausdruck finden.

Unterdessen meine ich die Namen von einigen Baumfällern zu kennen und versuche, die Spitznamen, die ich ihnen für mich selbst gegeben hatte, damit wieder zu überschreiben. Gufran ist an der Hand verletzt und hat sie eingebunden. Er schärft Äxte und Sägeblätter und unternimmt den ganzen Tag keine Kletteraktionen. Sowohl er wie auch Bablu sind heute frisch rasiert, die Schnurrbärte scharfkantig in Form getrimmt. Gufran wirkt nervös und etwas traurig. Er hat mir einen Zettel mit sämtlichen Angaben zu seiner Person mitgebracht. Darauf steht der Name seines Vaters, sein eigener Name, seine Adresse, sogar der Name des Polizeidistrikts. Was mir wirklich gut gefällt, ist die Formulierung seines Alters, das mit «Age as on 1.1.2007: 28» angegeben ist. Ich überlege mir, in Zukunft mein Alter auch auf diese Weise anzugeben und damit meine Gegenüber rechnerisch etwas zu fordern. Am Nachmittag posiert er für ein Foto, für das er eine weisse gehäkelte Gebetsmütze aufsetzt. Er deutet mit der Hand auf die Mütze und zeigt mit einer Halbkreisbewegung auf die ganze Truppe. Ich deute dies so, dass die meisten oder alle in diesem Team Muslime sind. Falls dem so wäre, hätte also die überwiegend hinduistische Regierung in Zusammenhang mit dem kommenden Hindu-Pilgerfest 2022 ein stadtplanerisches Konzept ausgearbeitet und ein muslimisches Team angeheuert, um dafür ein hinduistisches Heiligtum in Gestalt dieses Baums und seines Schreins niederzumachen. Ich bin verblüfft und hoffe, diese Informationen noch von anderer Seite klären zu können.

Hinter dem Baum liegt ein Platz, abgetrennt durch einen Metallzaun, eine Art Brache, wo das Holz auch der anderen gefällten Bäume hingebracht und gesammelt wird. Auf dieser Seite des Zauns hat es im Gegensatz zum Treiben auf der anderen Seite kaum Menschen. Ich bemerke, dass sich jemand an meine Seite gestellt hat. Da ich am Arbeiten bin, schenke ich der Person jedoch keine Aufmerksamkeit.

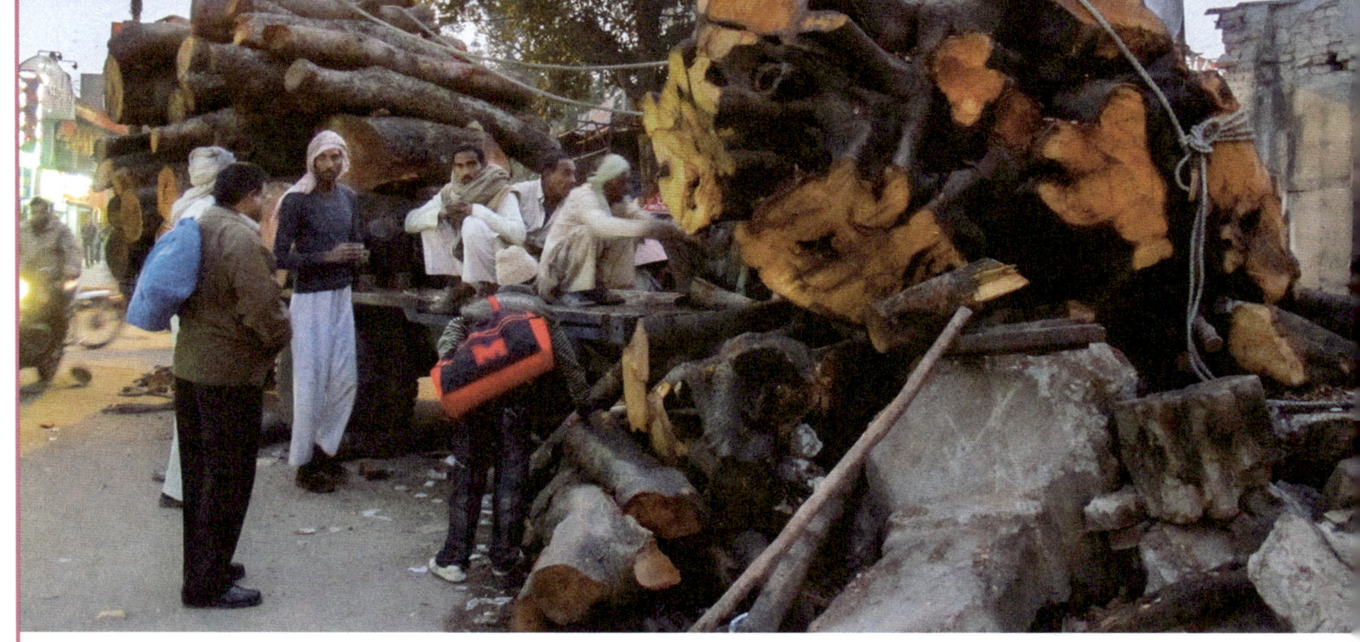

There's a space behind the tree, separated
by a metal fence, a kind of fallow area
where the wood from the other felled trees
is also taken and collected. Unlike all
the goings-on on the other side, there are
hardly any people on this side of the fence.
I notice that someone is standing next
to me. But because I'm working, I don't pay
attention to the person. When I finished
recording and look to the side, I realize that
it's a man exposing his genitals. I rail at
him in Swiss German and drive him away
by loudly clapping my hands. I get angry yet
again over the projections that get thrust
on me as a woman by a male-dominated society.
Although I'm generally approached with
respect, in me as a female and West European
other power imbalances seem to take effect,
confusing and counter-rotating like the
nonsensical stairs in a picture by M. C. Escher.

Somewhat later, a tractor with a trailer and
another crew of workers arrive. With ropes
and wooden poles, the men maneuver the heavy
pieces of tree to the trailer and roll them
over an inclined ramp made of wooden beams
onto the trailer bed. They drag the somewhat
smaller pieces, surely heavy as well, to
the trailer in pairs or all alone. It is hard
work, and the men spur each other on with
heave-ho calls. The energetic leader of the
wood-loading crew repeatedly lights beedis
for everyone, and he also puts one between my
fingers. I'd like nothing more than to start
smoking again. Smoking is a pleasant exchange
between inside and outside, and there's
something very communicative about doing it
in a group. Which would be all the more ap-
pealing in this case, as it could be a beautiful common language. During the short breaks
there's hot, sugar-sweet chai and shiny ball-
shaped pastries dripping with sugar water,
which the foreman hands out to everyone on
the transport team. With wide-open eyes, he
reaches into the soft paper bag and, without
being asked, presses one of the light brown,
sticky pastries into everyone's hands. He
rather breathlessly hurries from one person
to the next. The naturalness and the affable
manner of this thoughtful gesture have a
calming effect on me and come across as oddly
motherly, which doesn't quite seem to fit
his physical appearance at all. The sugary
pastries are delicious, and I continue to
work my cameras with sticky fingers.

It's gradually getting dark, and the tree
fallers take their leave. The loading
crew stays at the site. They're struggling
with a large tree trunk that surely has
a circumference of five meters and is being
heaved onto the trailer bed, little by
little, with leverage and traction. It's hard
to believe that a piece that size can be

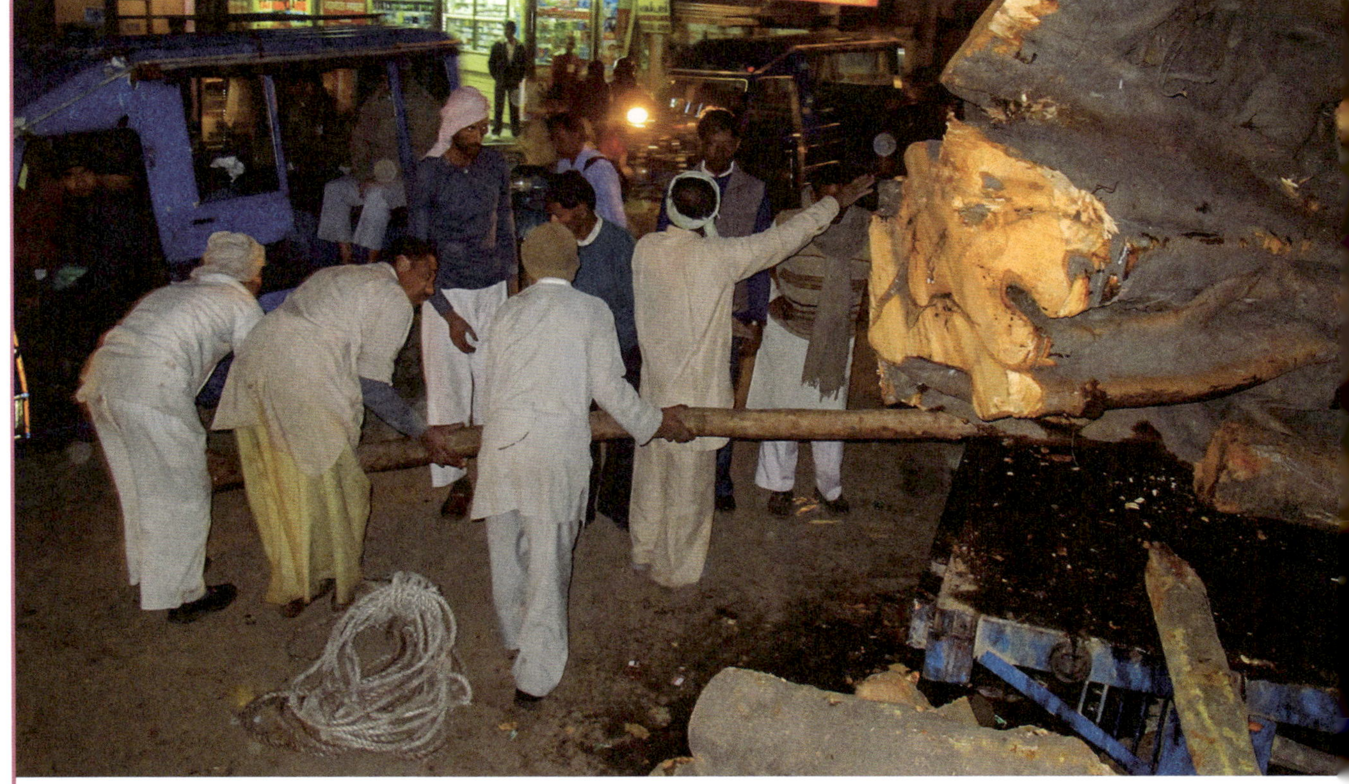

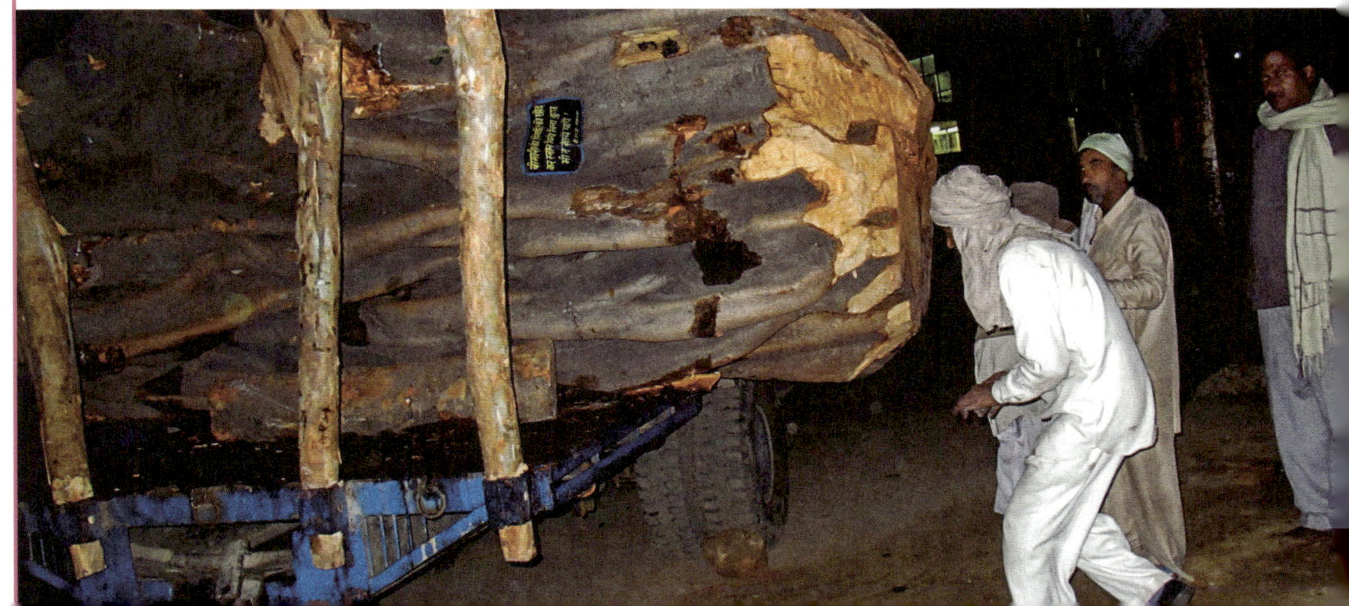

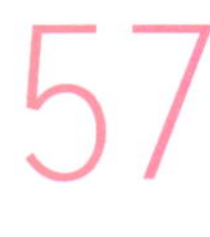

57

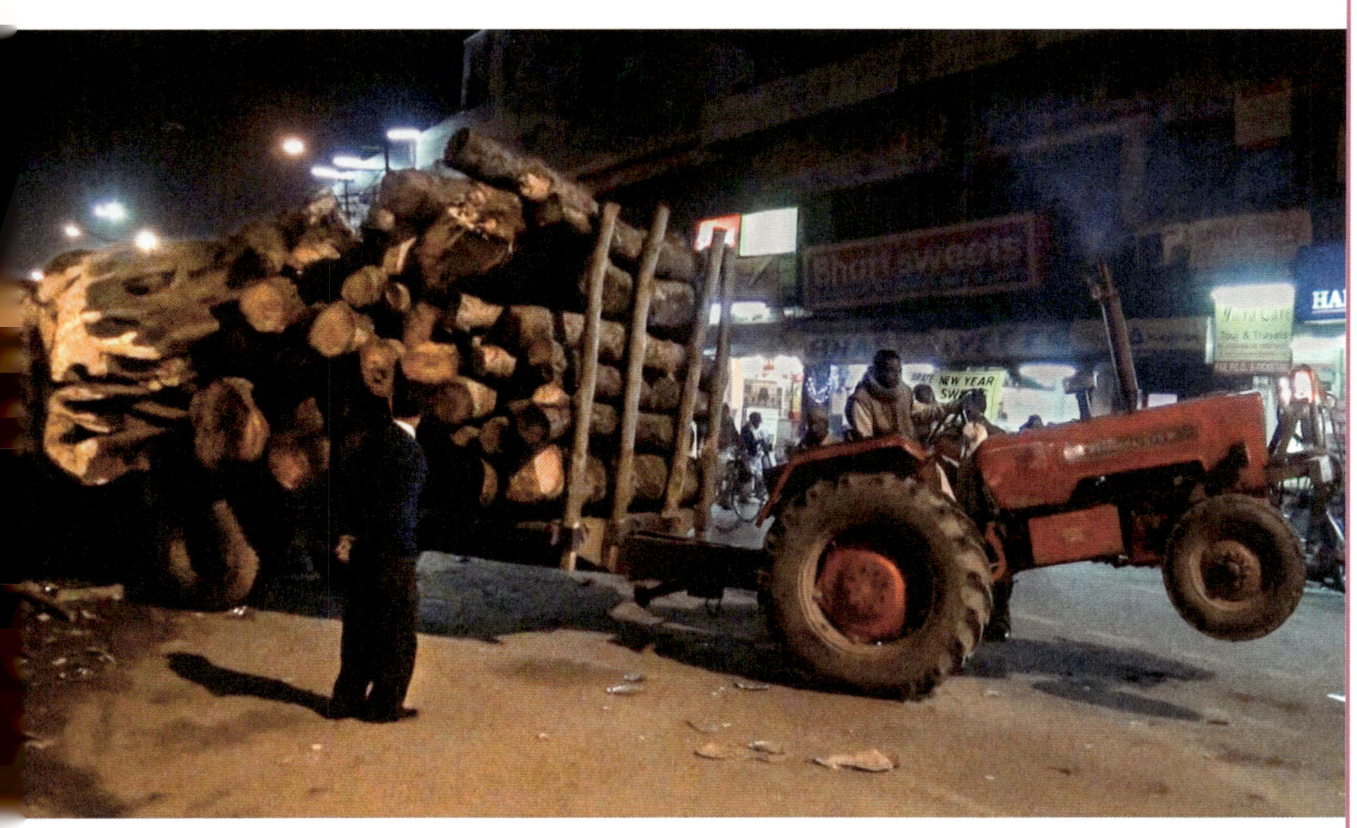

Als ich die Aufnahme beendet habe und zur Seite blicke, realisiere ich, dass ein Mann mit entblösstem Geschlechtsteil neben mir steht. Ich beschimpfe ihn auf Schweizerdeutsch und jage ihn mit laut klatschenden Händen davon. Ich ärgere mich einmal mehr über die von einer männerdominierten Gesellschaft auf mich als Frau herangetragenen Projektionen. Obwohl man mir meist respektvoll begegnet, scheinen in meiner Person als Frau und Westeuropäerin manchmal verschiedene Machtgefälle wirksam zu sein, verwirrlich und gegenläufig wie unsinnige Treppen in einem Bild von M. C. Escher.

Etwas später kommt ein Traktor mit Anhänger und einem weiteren Arbeiterteam. Mit Seilen und Holzstangen bugsieren die Männer die schweren Baumstücke zum Anhänger und rollen sie über eine schräge Rampe aus Holzbalken auf die Ladefläche. Die etwas kleineren, jedoch sicherlich auch schweren Stücke schleppen sie zu zweit oder auch alleine zum Anhänger. Es ist Schwerstarbeit, die Männer treiben sich mit Hauruck-Rufen gegenseitig an. Der energische Anführer des Holzverladeteams zündet immer wieder für seinen ganzen Trupp Beedis an und steckt auch mir jeweils eine zwischen die Finger. Am liebsten würde ich wieder mit dem Rauchen anfangen. Rauchen ist ein schöner Austausch zwischen innen und aussen, und es in einer Gruppe zu tun, hat etwas sehr Kommunikatives. Was hier umso reizvoller wäre, als es eine schöne gemeinsame Sprache sein könnte. Während der kurzen Arbeitspausen gibt es heissen, zuckersüssen Chai und glänzende, von Zuckerwasser triefende Kugeln, die vom Vorarbeiter des Transportteams an alle ausgeteilt werden. Mit weit aufgerissenen Augen greift er in die weiche Papiertüte und drückt einem die hellbraunen klebrigen Kugeln ungefragt in die Hände. Dabei eilt er ziemlich atemlos von einer Person zur anderen. Die Selbstverständlichkeit und unzimperliche Art dieser fürsorglichen Geste wirkt auf mich berührend und merkwürdig mütterlich, was so gar nicht zu seiner physischen Erscheinung zu passen scheint. Die Zuckerkugeln schmecken gut, und mit klebrigen Fingern hantiere ich weiter an meinen Kameras herum.

Langsam dunkelt es ein und die Holzfäller verabschieden sich. Das Verladeteam bleibt noch vor Ort. Es kämpft mit einem grossen Baumstamm von bestimmt fünf Metern Umfang, der mit Hebelwirkung und Zugkraft Stückchen für Stückchen auf die Ladefläche gehievt wird. Es ist kaum zu glauben, dass ein derartiges Riesenstück ohne motorisierte Hilfe nach etwa einer halben Stunde auf der Ladefläche liegt. Es hat nur wenig Strassenlampen, die Szenerie wird hauptsächlich von vorbeifahrenden Fahrzeugen in ständig bewegter Lichtführung erhellt.

moved to the trailer bed without motorized
equipment within half an hour. There are few
streetlamps; the scene is primarily illuminated by vehicles driving past in a steadily
moving distribution of light. Unfortu-
nately, my camera is having trouble coping
with such little light. I hope to be able
to capture the special atmosphere despite
technical difficulties. Most of the workers
are wearing light-colored clothes that
glow in the dark; because it's so cold, they've
wrapped scarves around their heads. As it
drives away, the tractor rears up like a
stubborn horse under the weight of the load.
It doesn't seem to impress anyone but me.
Undeterred, the driver presses the gas
pedal. The front tires of the motor vehicle
repeatedly rise up but it seems to get used
to the load after the first several hundred
meters and now creaks as it rolls away.
Four men are sitting high up on the load and
record me with their cell phones, while I
in turn do the same with my camera. They wave
at me a last time and disappear into the
darkness. I watch a couple of horses while
they eat; for convenience, whole feedbags
have been pulled over their heads. I'm hungry,
too, and completely exhausted.

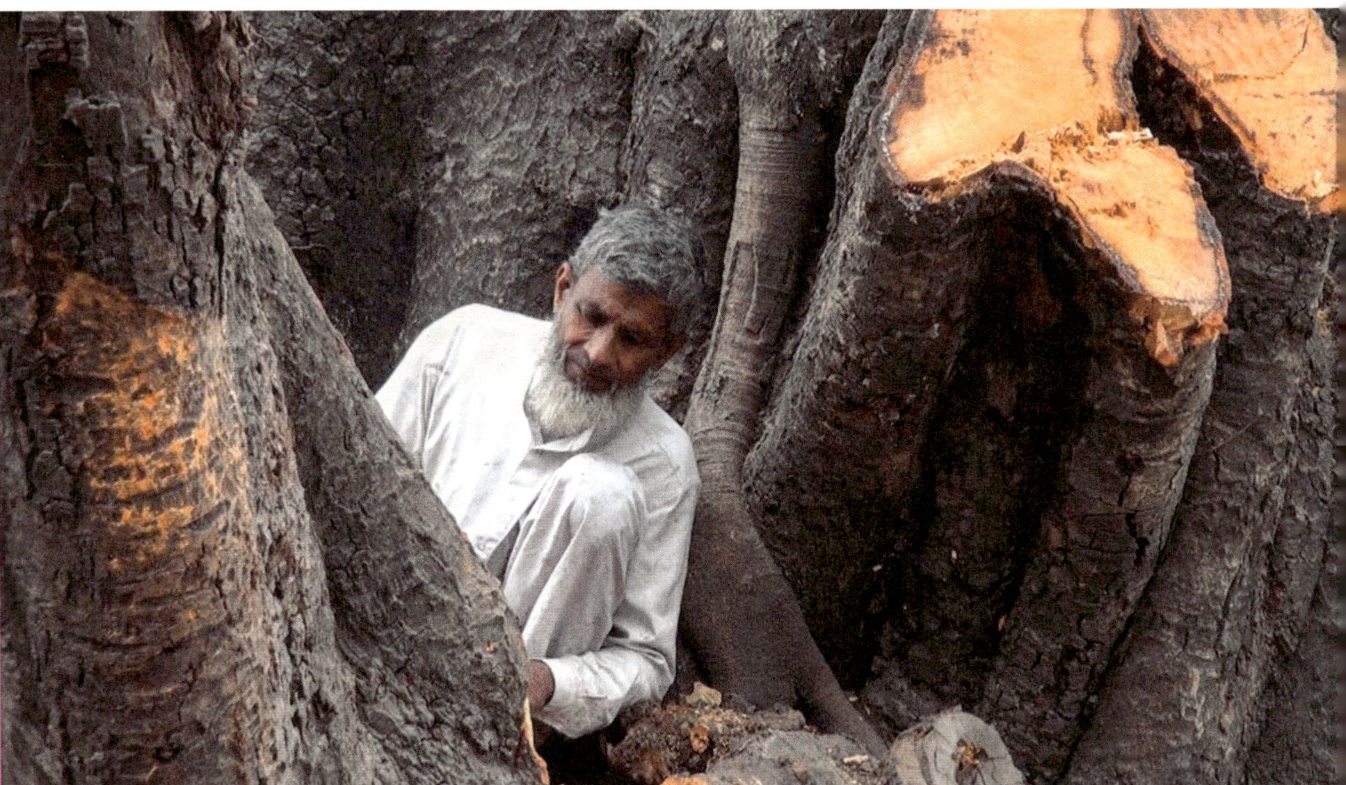

58

Haridwar, January 2, 2011

The workers are only taking short breaks
again today. They don't eat much. I have the
impression that they subsist primarily on
beedis; sweet, hot tea; and ball-shaped pastries dripping with sugar. The big tree
trunk will surely fall today. Two men sitting
at the foot of the tree are using a large
saw to make the final cut. The meanwhile
large incision has been wedged with an axe so
that the weight of the tree doesn't block
the two-man crosscut saw. One of the tree
fallers beckons me over and points to the saw
groove at the foot of the tree, out of which
water is suddenly streaming. He instructs
me to climb onto the tree with him, and further up he shows me a hole through which
I can discern a cave filled with water in the
dark interior of the tree trunk. There is
apparently an internal hollow connection between this cave and the foot of the tree.
The two men on the ground pulling and pushing
the enormous saw evidently severed this
connecting cave. It is a mysterious notion
that this tree also has a spatial inner life.
With mischievous pleasure, the faller uses
this connection to cool the underlying,
otherwise inaccessible and steaming-hot saw
groove, every now and then pouring water
into the hole approximately two meters high-
er up. The foot of the massive tree trunk,
already greatly shortened, has been stripped
from all sides up to the center with the

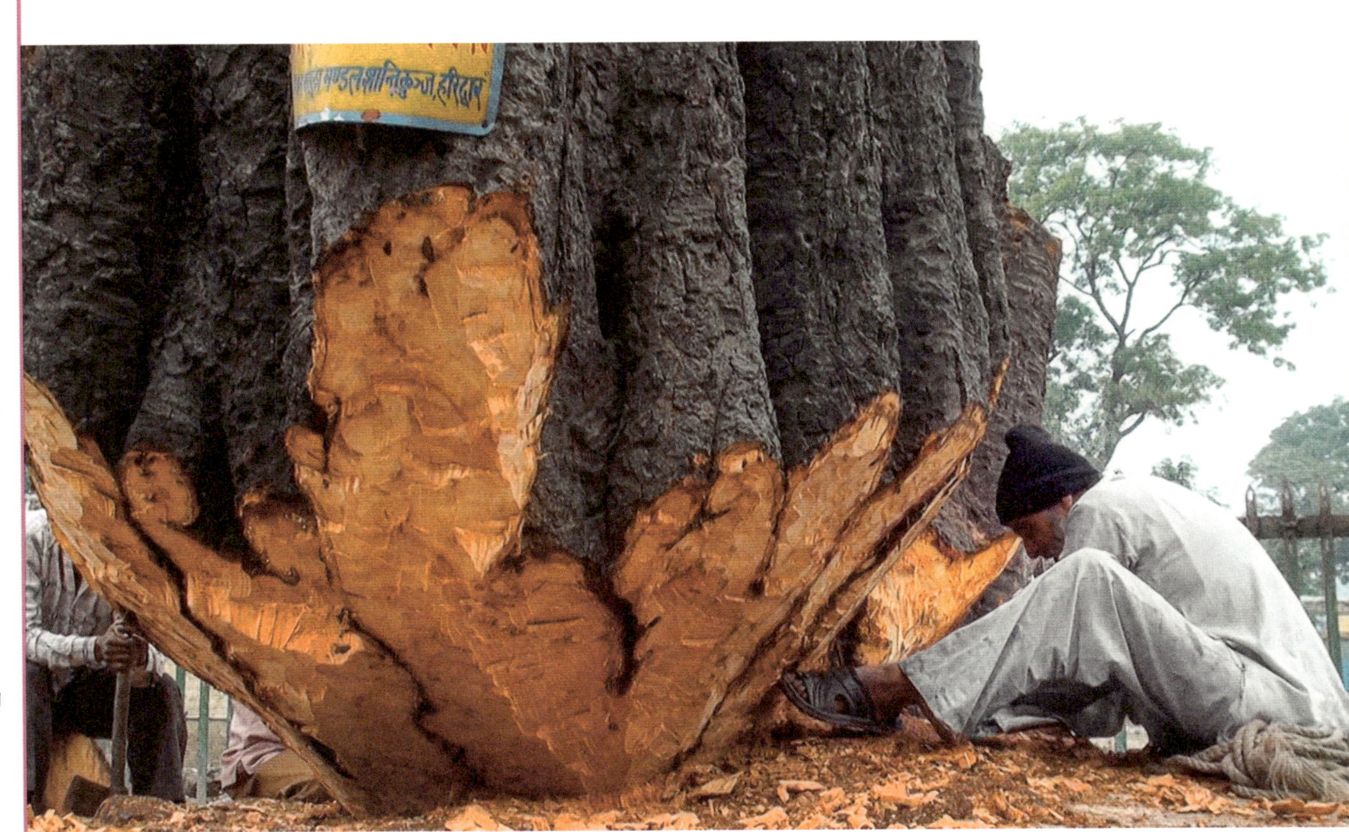

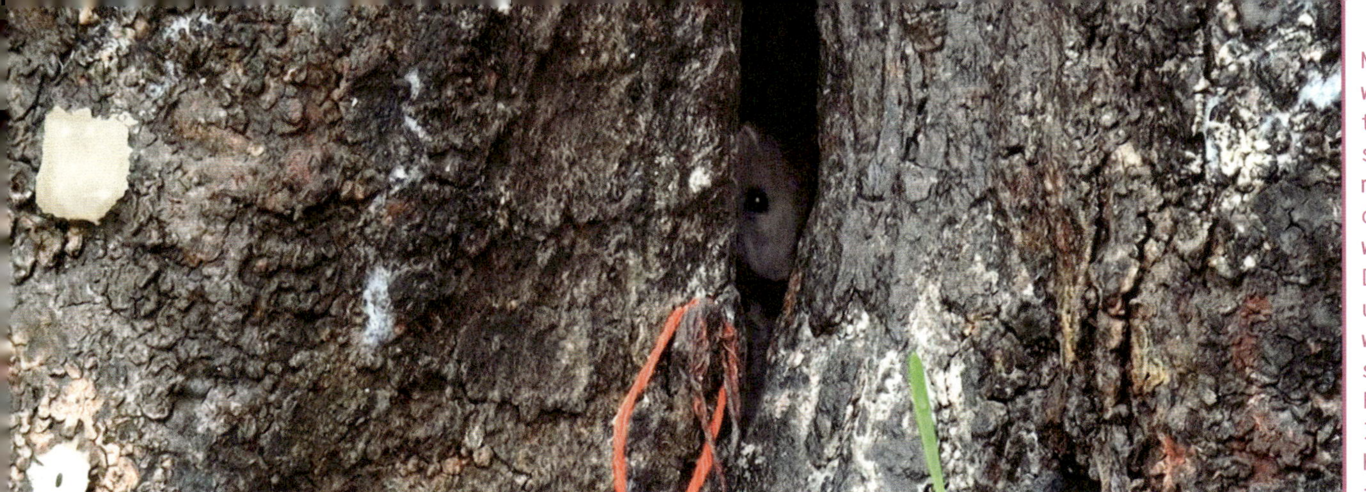

Meine Kamera hat leider Mühe, mit derart
wenig Licht zurechtzukommen. Ich hoffe,
trotz technischer Schwierigkeiten die
spezielle Stimmung einfangen zu können. Die
meisten Arbeiter tragen helle Kleidung,
die in der Dunkelheit leuchtet, der Kälte
wegen haben sie Tücher um den Kopf gebunden.
Der Traktor bäumt sich beim Wegfahren
unter dem immensen Gewicht der Ladung auf
wie ein störrisches Pferd. Ausser mich
scheint das niemanden zu beeindrucken. Der
Fahrer drückt unbeirrt auf das Gaspedal.
Immer wieder heben sich die Vorderräder des
Kraftfahrzeuges, es scheint sich jedoch
auf den ersten paar hundert Metern an die
Last zu gewöhnen und rollt nun ächzend dahin.
Vier der Männer sitzen hoch oben auf der
Ladung und nehmen mich mit ihren Handys auf,
während ich umgekehrt dasselbe mit meiner
Kamera tue. Sie winken mir ein letztes
Mal zu und verschwinden in der Dunkelheit.
Ich schaue noch ein paar Pferden beim
Fressen zu, denen der Einfachheit halber
ganze Futtersäcke über den Kopf gestülpt
wurden. Ich habe auch Hunger und bin total
erschöpft.

Haridwar, 2. Januar 2011

Auch heute machen die Arbeiter nur kurze
Pausen. Sie essen nur wenig, ich habe
den Eindruck, dass sie sich hauptsächlich
von Beedis, süssem heissem Tee und trie-
fenden Zuckergebäckkugeln ernähren. Der
grosse Baumstumpf wird wohl heute fallen.
Zu zweit, am Fuss des Baumes sitzend,
wird mit einer riesigen Säge der letzte
finale Schnitt erarbeitet. Damit die Baumsäge vom Gewicht des Baums nicht blockiert
wird, ist der inzwischen schon grosse
Einschnitt mit einer Axt verkeilt. Einer
der Holzfäller winkt mich heran und zeigt
auf die Sägeschnittstelle am Fuss des Baums,
aus der plötzlich Wasser herausquillt.
Er weist mich an, mit ihm auf den Baum zu
klettern, und zeigt mir weiter oben ein
Loch, durch das ich im dunklen Inneren des
Baumstumpfs eine mit Wasser gefüllte
Höhle erkennen kann. Offensichtlich gibt
es eine inwendige hohlräumliche Verbindung zwischen dieser Höhle und dem Fuss des
Baums. Diese Verbindungshöhle wurde nun
von der riesigen Säge, die jeweils von zwei
Männern am Boden gezogen und gestossen
wird, offensichtlich gekappt. Es ist eine
geheimnisvolle Vorstellung, dass dieser Baum
auch noch ein räumliches Innenleben hat.
Mit spitzbübischer Freude nutzt der Fäller
diese Verbindung zur Kühlung der darunter-
liegenden, ansonsten nicht zugänglichen und
dampfend heissen Sägeschnittstelle, indem
er von Zeit zu Zeit Wasser in das etwa zwei
Meter höher gelegene Loch giesst.

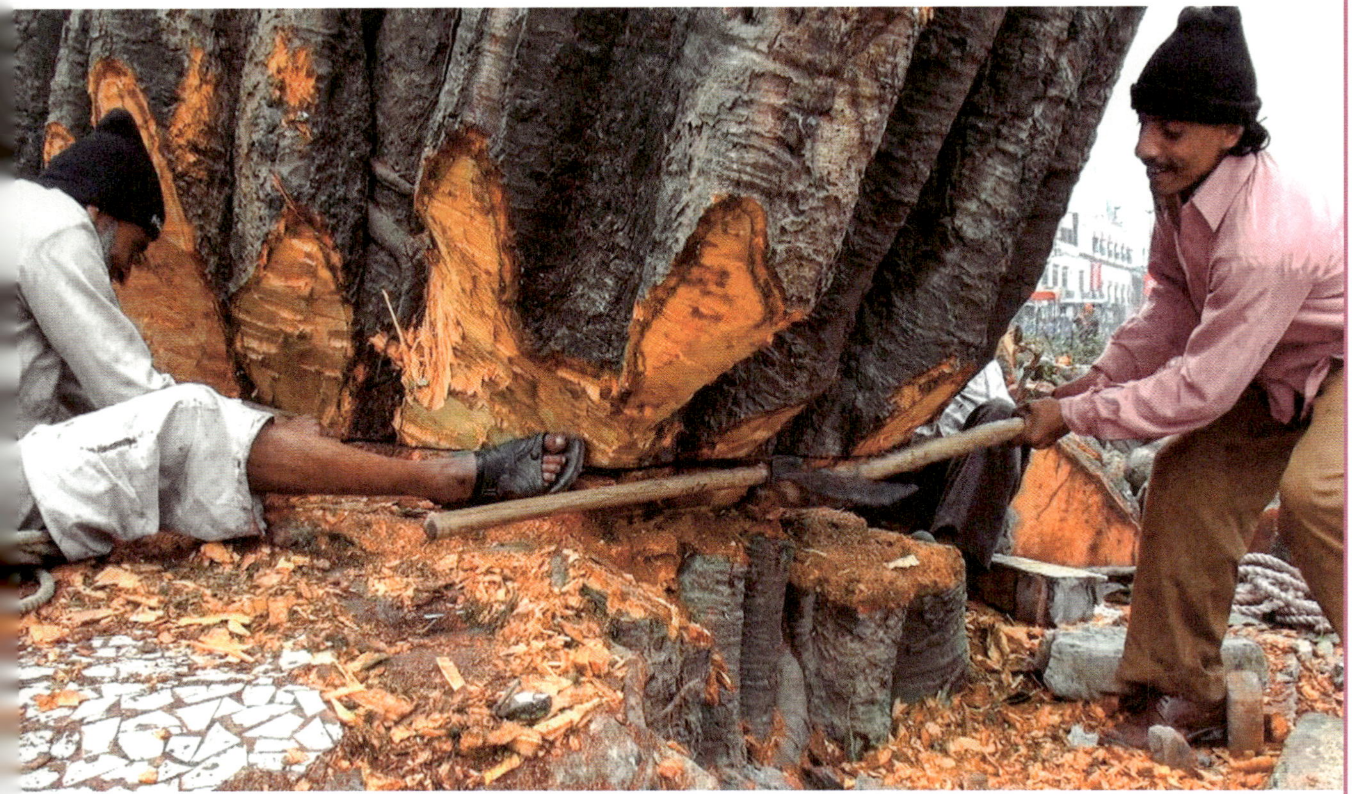

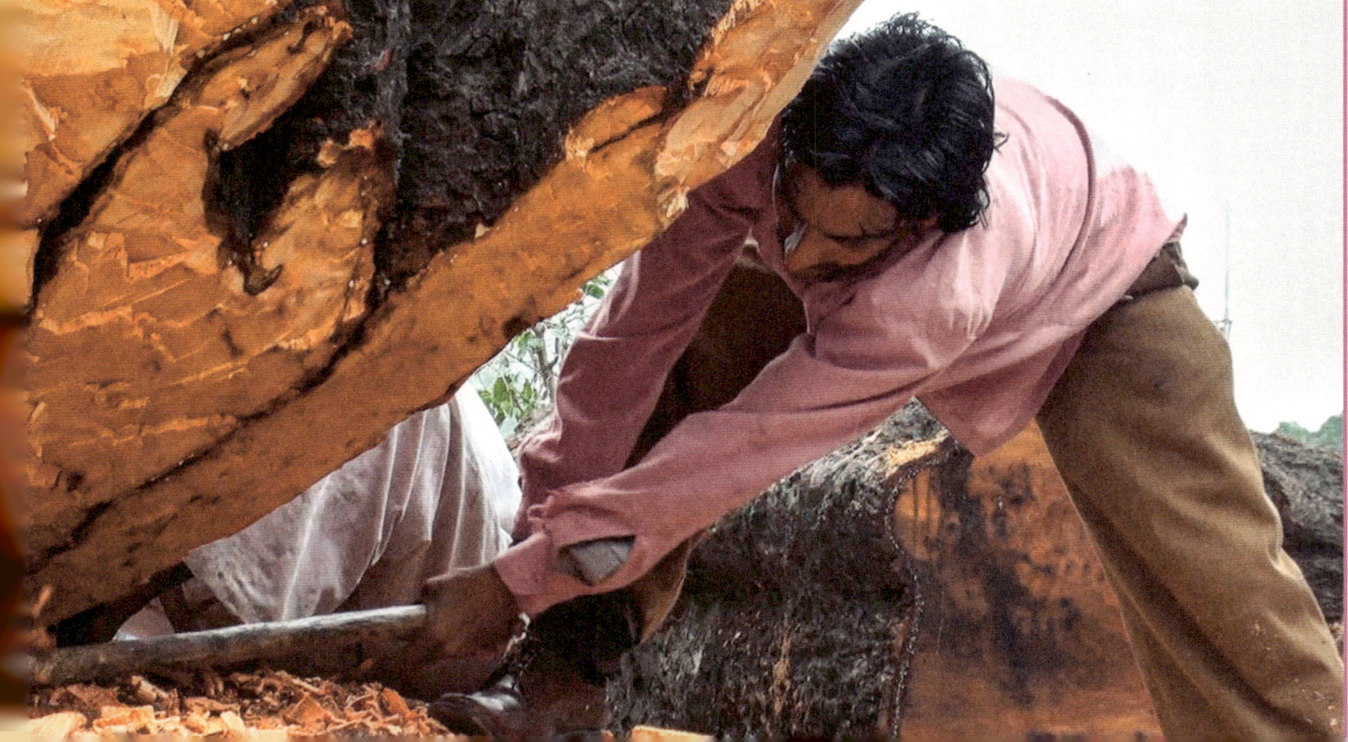

blows of an axe. It looks like it's balancing solely by a point on the round base. Timber that has been gnawed at by beavers comes to mind, and my imagination has the huge butt of the tree dance on plate-like base masonry like a spinning top.

Bablu climbs onto the tree and fixes a rope to the uppermost end of the trunk. The other end is tied to a U-profile embedded in concrete down on the main street. It requires the physical strength of five workers to tauten the rope. At the same time, a group of protestors approaches carrying a bier made out of bamboo canes. There's something lying on it, enveloped in a white cloth. They're carrying handwritten signs and shouting rhythmic slogans. I don't understand a thing and am not sure to what extent or even whether there is a link between the protest and the tree-felling work. The tree fallers are sitting on the rope or hanging from it with the entire weight of their bodies. With teetering movements, they attempt to bring down the tree. There's something uncanny about the protestors' slogans. At the same time, in a strange way they accentuate the rhythmic teetering back and forth of the tree fallers on the rope. They way it looks, the tree trunk will fall onto the street, actually at exactly the same place where the protestors are now standing and the traffic continues to rush past. A photographer in a black motorcycle helmet is there, and he continues to wear it even while he takes pictures of the protestors.

The groove to the center of the tree and the cut on the other side of it have to be enlarged even more. The protestors now come to the assistance of the tree fallers, and with combined force they pull on the rope. The bier they were carrying remains on the street, forgotten. I revise my assumption that the demonstration has something to do with the elimination of the tree. Passersby also begin assisting the tree fallers; they tug and sway in unison. The traffic has been halted now, and the tree trunk falls onto the street with a dull plunk. Everyone runs to the felled trunk, and some of the tree fallers climb onto the remains of the tree and look around, triumphant. I also go over to the tree and see a bundle of roots in the middle of the broken trunk that is still connected with the soil. I'm confused. I've never seen roots in the interior of a trunk. This inner, main root is now cut through once and for all, which strangely moves me. The act of cutting-through reminds me of the cut through an umbilical cord, of the birth of life and at the same time of death.

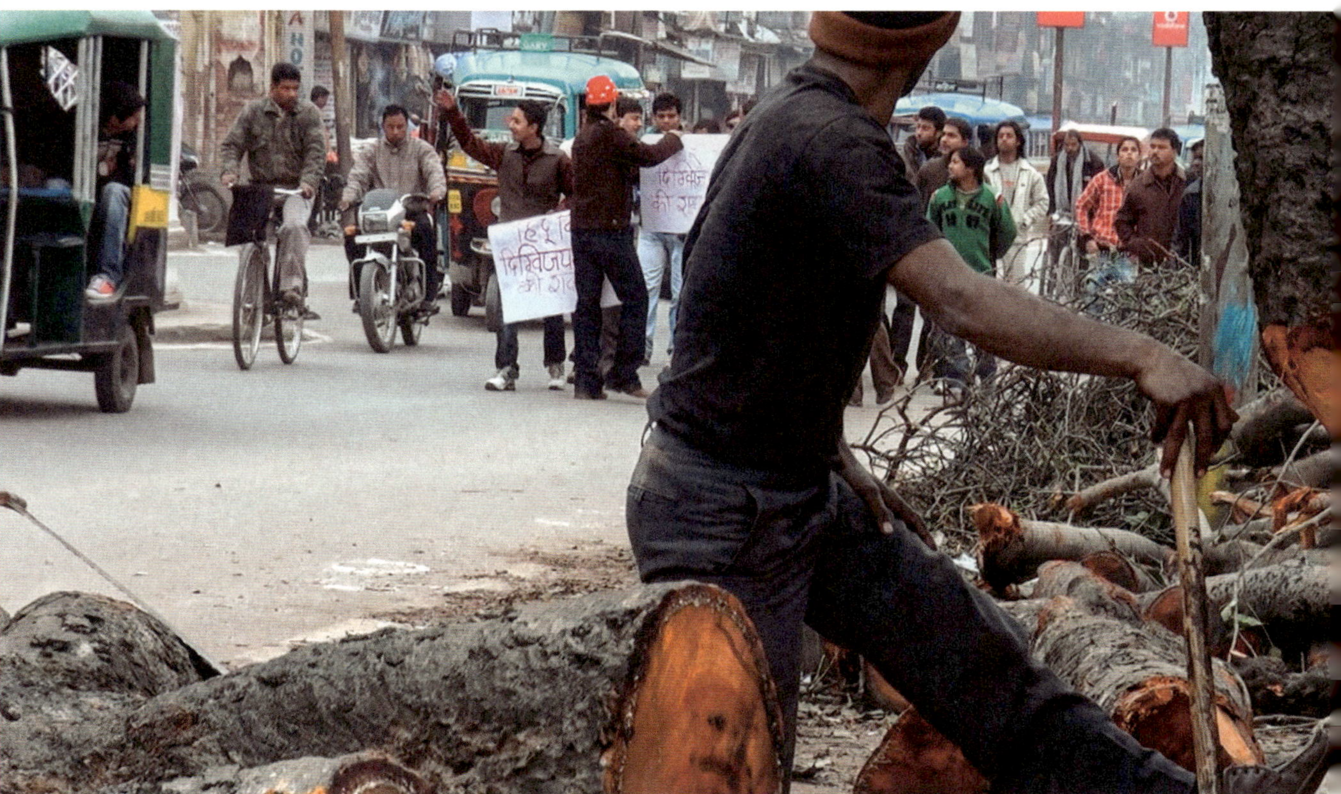

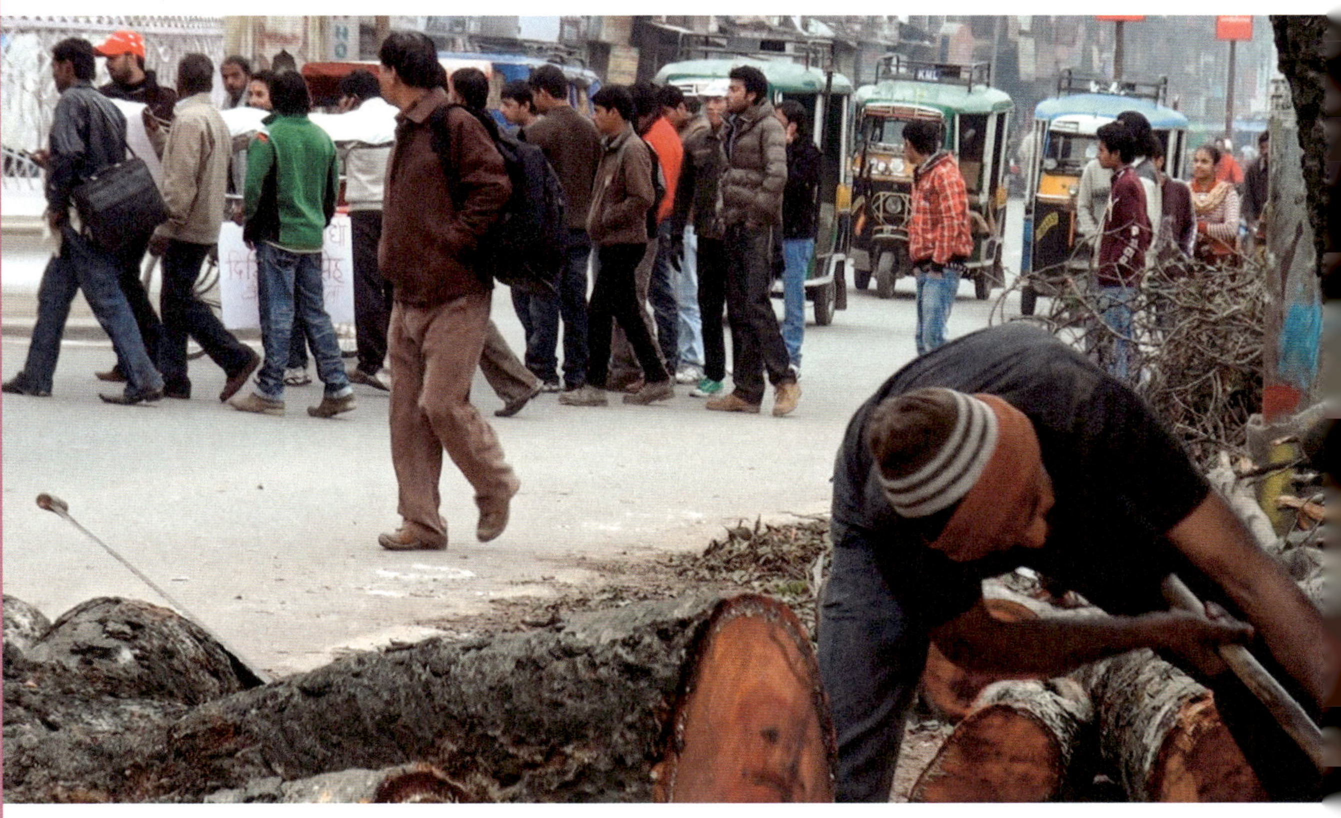

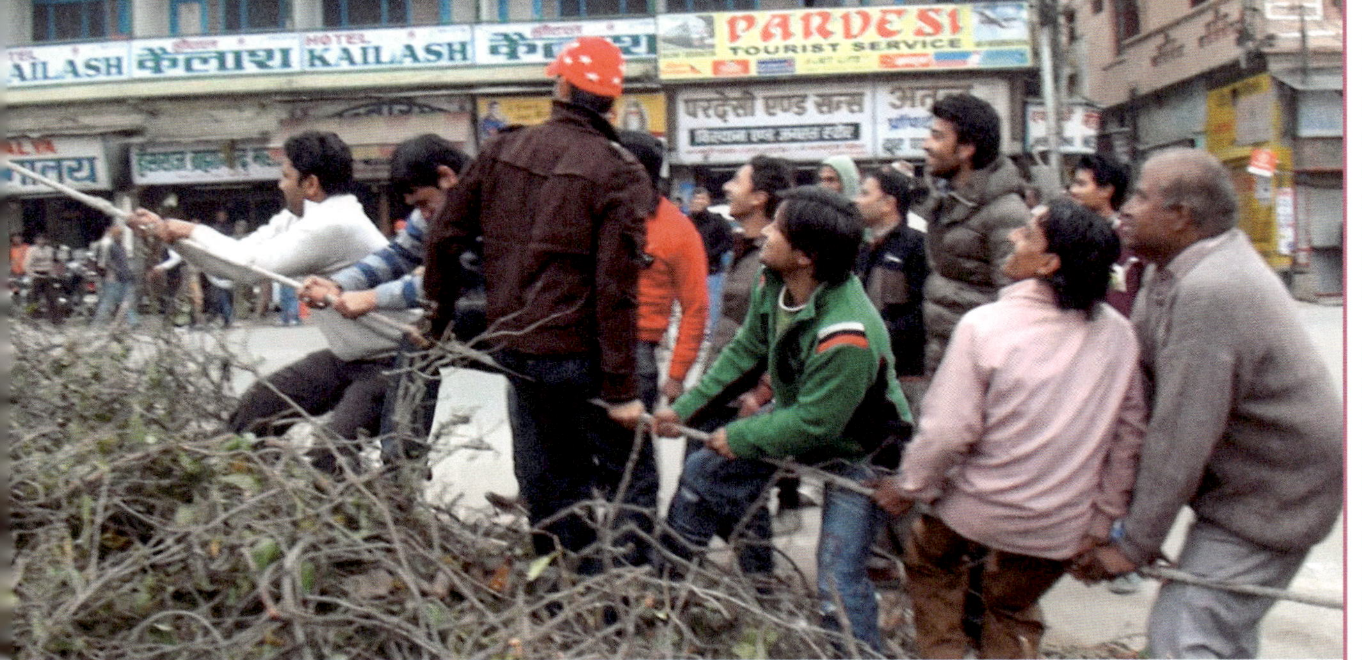

Der mächtige, schon arg gekürzte Baumstamm ist am Fuss von allen Seiten her bis zur Mitte mit Axtschlägen abgetragen. Es wirkt, als würde er nur noch auf einer Spitze auf dem runden Sockel balancieren. Es kommen mir von Bibern benagte Hölzer in den Sinn, und meine Vorstellung lässt den riesigen Baumstrunk als Kreisel auf dem tellerartigen Sockelgemäuer tanzen.

Bablu klettert auf den Baum und befestigt am obersten Ende des Stamms ein Seil. Das andere Ende wird in einiger Entfernung unten auf der Hauptstrasse an einem einbetonierten U-Profil vertäut. Das Seil wird unter körperlichem Einsatz von fünf Arbeitern aufwendig gespannt. Zur gleichen Zeit nähert sich eine Gruppe von Demonstranten, die eine Totenbahre aus Bambusrohren tragen. Darauf liegt etwas, verhüllt von einem weissen Tuch. Sie tragen handgeschriebene Schilder und rufen rhythmische Parolen. Ich verstehe nichts und bin unsicher, inwieweit und ob überhaupt ein Zusammenhang mit den Baumfällungsarbeiten besteht. Die Holzfäller sitzen auf dem Seil oder hängen sich mit dem ganzen Körpergewicht daran. Mit wippenden Bewegungen versuchen sie so, den Baum zu Fall zu bringen. Die Parolen der Demonstranten haben etwas Unheimliches. Gleichzeitig untermalen sie auf merkwürdige Weise das rhythmische Auf- und Abwippen der auf dem Seil sitzenden Holzfäller. So wie es aussieht, wird der Baumstumpf nach vorne, auf die Strasse fallen, eigentlich genau dorthin, wo nun die Demonstranten stehen und noch immer der Verkehr vorbeirauscht. Ein Fotograf ist da und macht Bilder von den Demonstranten. Er nimmt dabei seinen schwarzen Motorradhelm nicht vom Kopf.

Die Kerbe zur Baummitte und der Schnitt auf der anderen Seite des Baums müssen weiter vergrössert werden. Die Demonstranten kommen nun den Baumfällern zu Hilfe und mit vereinten Kräften ziehen sie am Seil. Die von ihnen herangetragene Totenbahre bleibt vergessen auf der Strasse liegen. Ich revidiere meine Annahme, dass die Demonstration der Baumeliminierung gilt. Auch Passanten kommen den Holzfällern zu Hilfe, gemeinsam wird gezerrt und geschaukelt. Der Verkehr ist nun gestoppt, und mit einem dumpfen Knall fällt der Baumstumpf auf die Strasse. Alle rennen zum gefallenen Stamm und einige der Holzfäller steigen auf die Baumruine und blicken triumphierend um sich. Auch ich gehe zum Baum und sehe im Zentrum des gebrochenen Stamms einen Strang Wurzeln, der noch immer mit dem Erdreich verbunden ist. Ich bin irritiert. Noch nie habe ich im Inneren eines Stammes Wurzeln gesehen. Diese innere Hauptwurzel wird nun mit einer grossen Baumsäge endgültig durchtrennt, was mich eigenartig berührt. Der Akt der Durchtrennung erinnert mich an den Schnitt durch eine Nabelschnur, an die Geburt von Leben und zugleich an den Tod.

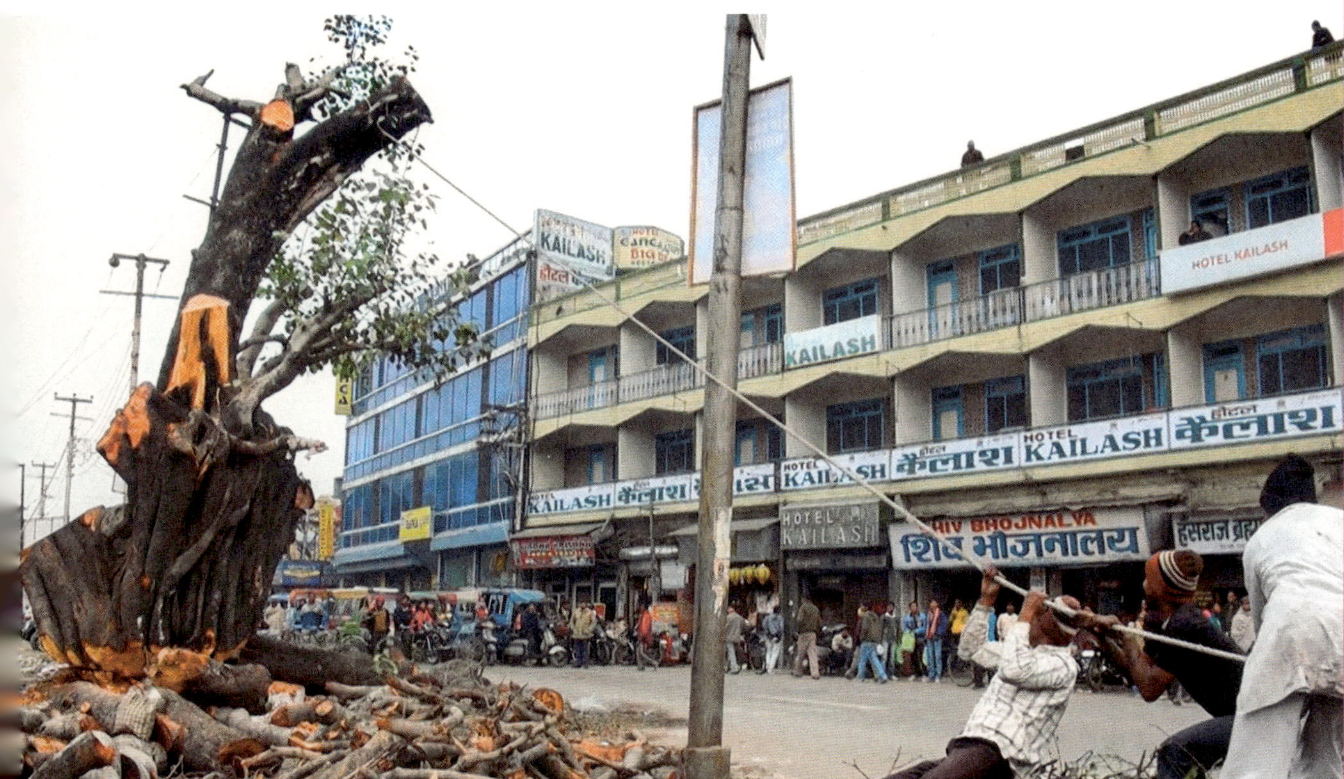

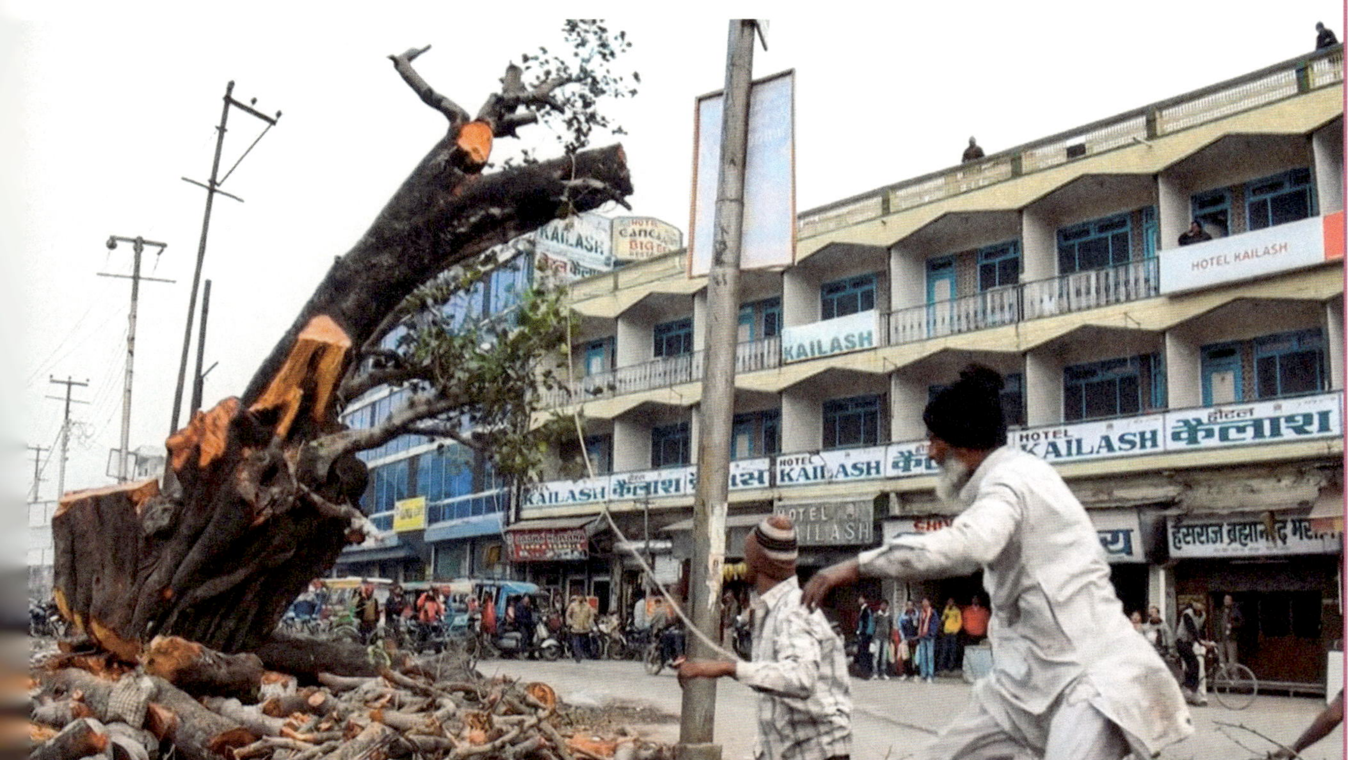

In kaltem Licht trippeln bernsteinfarbene Töne.
Die meisten befinden sich ganz in meiner Nähe.
Scheppernde Rhythmen aus der Ferne bringen sie
allmählich zum Stolpern.

Amber-colored sounds scamper in cold light.
Most of them are very near me. Dull rhythms from
afar gradually cause them to stumble.

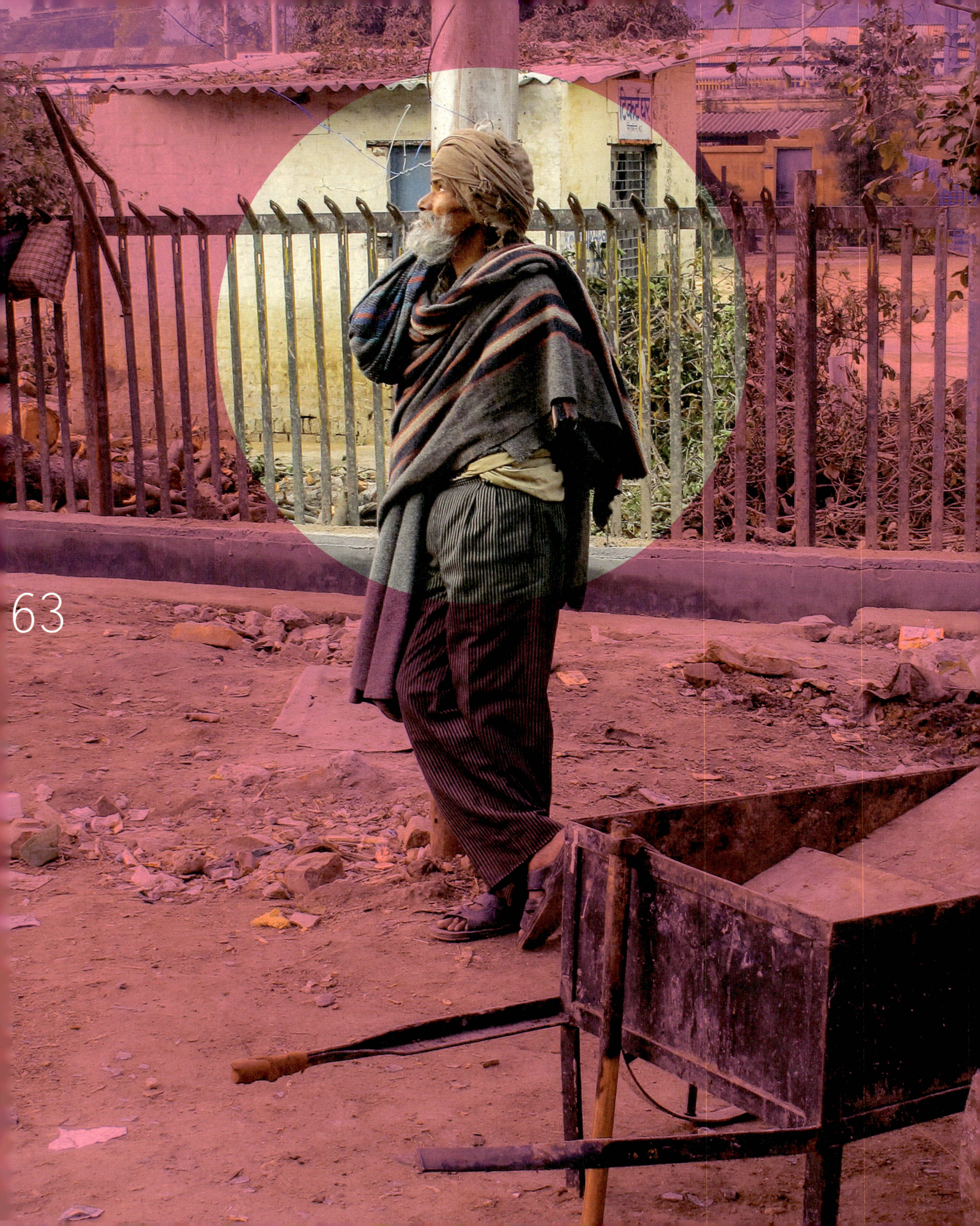

63

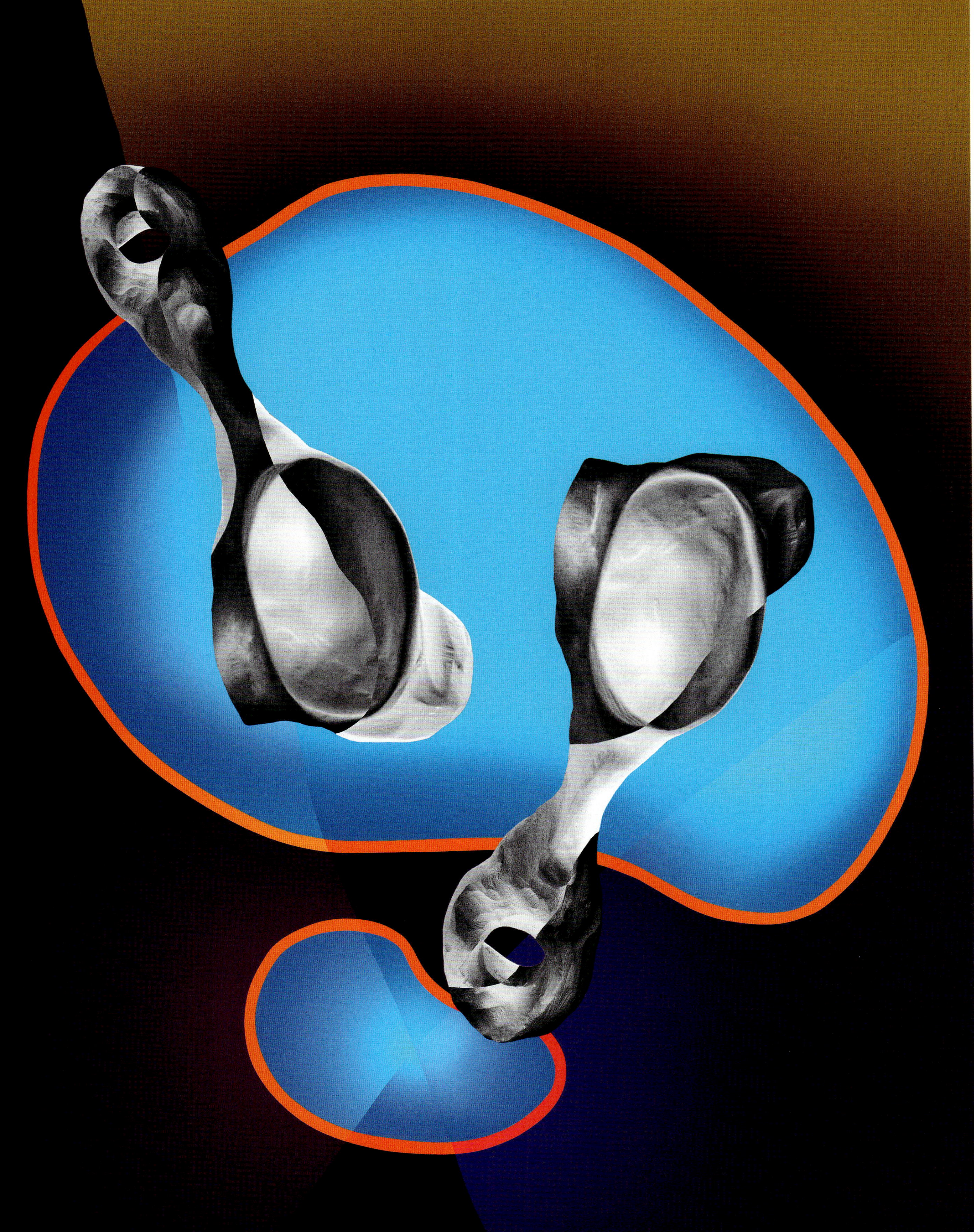

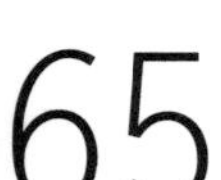

65

The Peepul (Pinstripe Man), 2017
Fine Art Print, Airbrush, Graphit, Lack, MDF mit Grundierfolie, Esche massiv
Fine art print, airbrush, graphite, varnish, MDF with primer film, solid ash
118 × 96 × 5 cm

Daniel Morgenthaler

Take a Picture, Give a Picture

What a way to start.

The title I initially gave to the file into which I am writing this text was "SonjaFeldmeier_Indermedialität."

I wanted to write "Intermedialität" (intermediality), because that is the aspect of Sonja Feldmeier's series of works *based on a true story* that I am concerned with here: with the relationship between the various artistic media that the artist intermeshes in this series. However, I wrote "Indermedialität" instead.[1]

No one had to know that my title for the document was inaccurate and that I had fallen into a language trap. No one had to know about this Freudian slip, which is possibly the expression of my unconscious and bias-driven desire to know what kind of mediality is typical for Indians.

I mention the faux pas anyway, because I believe that it reveals something I share with Sonja Feldmeier: both of us initially walk into a trap from which we gradually have to work our way out. Sonja Feldmeier succeeds in liberating herself from this trap in a prolonged and intense examination by means of the use of very different artistic media and, I would like to demonstrate, with intermediality that via transmediality even becomes synmediality. I will hopefully succeed in liberating myself with the medium that is available to me: this text.

What a way to start.

This also applies to *based on a true story,* whose first medium, medium zero, is video. Sonja Feldmeier spontaneously captured the process of felling a sprawling tree in the northern Indian town of Haridwar on film. The peepul tree, which to Hindus is holy, is felled by a crew of Muslims commissioned for this purpose in order to widen the street along which the tree stands for a Hindu pilgrimage festival. By opting for video, Sonja Feldmeier uses a medium that is capable of producing or reproducing disparity. She holds the video equipment in her hand, while the shoes of a child she is filming bear the words "Crazy Guitar" (perhaps even a clandestine reference to one of Sonja Feldmeier's own works? *Unknown Album* from 2018 is in any case a very crazy guitar). She records high-tech images while the workers she is portraying fell the tree in a deeply archaic way and make do almost completely without machines. The artist has a technological and representational edge; she can portray without being portrayed herself. And she can decide exactly how her vis-à-vis are portrayed. However, in one instance in the video two of the individuals being filmed shoot back by taking a picture of or filming the filmmaker. But that does not yet make Sonja Feldmeier more visible to us.

The artist is aware of the risk she runs when she—as a Western artist—captures an event on the Indian subcontinent on film: she unavoidably becomes associated with a long tradition of Western artists who gawk at their exotic objects. The theorist and filmmaker Ariella Azoulay goes as far as writing that as a precursor to video, photography was actually invented in 1492; that imperialism and photography—as a technology that brought and brings back the image of Christopher Columbus and other "New Worlds" that were discovered and therefore also co-constructs—are mutually dependent:

"Photographs are ... metonymical records of an encounter between those convened around the camera, figures whom the unifocal camera is designed to separate and differentiate while naturalizing that separation. ... It is only through powerful institutions such as museums, archives, the press, or the police, as well as economic and political sanctions, that ... the participation of the many [is]

66

1   Translator's note: The German word "Inder" translates into English as "Indian."

Daniel Morgenthaler
Take a Picture, Give a Picture

Das fängt ja gut an.

Als Erstes habe ich die Datei, in die ich diesen Text schreibe, mit «SonjaFeldmeier_Indermedialität» betitelt.

Ich wollte «Intermedialität» schreiben, denn um diesen Aspekt in Sonja Feldmeiers Werkkomplex *based on a true story* geht es mir hier: um das Verhältnis der verschiedenen künstlerischen Medien, welche die Künstlerin in dieser Arbeit ineinander verzahnt. Ich habe aber «Indermedialität» geschrieben.

Niemand müsste wissen, dass ich beim Betiteln dieses Dokuments ungenau gewesen bin und unversehens in eine Sprachfalle getreten bin. Niemand müsste von diesem Freud'schen Verschreiber wissen, der möglicherweise Ausdruck ist für meinen unbewussten und vorurteilsgesteuerten Wunsch, zu wissen, welche Medialität typisch für Inder*innen ist.

Ich erwähne den Fauxpas trotzdem, weil ich glaube, dass sich darin eine Gemeinsamkeit zwischen Sonja Feldmeier und mir zeigt: Wir beide tappen erst mal in eine Falle, aus der wir uns dann nach und nach herausarbeiten. Sonja Feldmeier gelingt diese Befreiung aus der Falle in langer und intensiver Auseinandersetzung, durch den Einsatz ganz unterschiedlicher künstlerischer Medien und, so würde ich gerne zeigen, mit einer Intermedialität, die über eine Transmedialität sogar zur Synmedialität wird. Mir gelingt die Befreiung hoffentlich mit dem Medium, das mir zur Verfügung steht, diesem Text.

Das fängt ja gut an.

Das gilt eben auch für den Werkkomplex *based on a true story*. Dessen erstes Medium, das Medium Null, ist Video. Sonja Feldmeier hat spontan den Vorgang des Fällens eines ausladenden Baums im nordindischen Haridwar filmisch eingefangen. Ein für Hindus heiliger «Peepul Tree» wird von dafür beauftragten Muslimen gefällt, um die Strasse, an deren Seite der Baum steht, für ein hinduistisches Pilgerfest zu verbreitern. Sonja Feldmeier nutzt hier mit Video ein Medium, das Ungleichheit herstellen oder reproduzieren kann. Sie hält das Videoequipment in der Hand, während ein gefilmtes Kind nur die Wörter «Crazy Guitar» auf den Schuhen stehen hat (vielleicht sogar eine heimliche Referenz auf eine eigene Arbeit Sonja Feldmeiers? *Unknown album* von 2018 ist jedenfalls eine ziemlich crazy Gitarre). Sonja Feldmeier macht hochtechnologisiert Bilder, während die porträtierten Arbeiter den Baum tiefarchaisch fällen und fast ganz ohne Maschinen auskommen. Die Künstlerin hat einen Technologie- und Repräsentationsvorsprung, sie kann abbilden, ohne selbst abgebildet zu werden. Und sie kann darüber entscheiden, wie genau ihre Gegenüber abgebildet werden. Einmal wird in ihrem Video jedoch zurückgeschossen: Zwei der gefilmten Personen fotografieren oder filmen wiederum die Filmerin. Das macht Sonja Feldmeier für uns aber noch nicht sichtbarer.

Die Künstlerin weiss, welches Risiko sie eingeht, wenn sie – als westliche Bildermacherin – mit der Kamera ein Ereignis auf dem indischen Subkontinent einfängt: Sie tritt unweigerlich in Bezug zu einer langen Tradition westlicher Bildmacher*innen, die ihre exotischen Objekte begaffen. Die Theoretikerin und Filmemacherin Ariella Azoulay geht so weit, zu schreiben, dass die Fotografie, als eine Vorstufe von Video, eigentlich 1492 erfunden worden sei, dass der Imperialismus und die Fotografie als Technologie, die das Bild der von Christoph Kolumbus und anderen entdeckten «Neuen Welt» zurückbrachte und -bringt und so auch mitkonstruiert, einander gegenseitig bedingen:

devalued, prohibited, or outlawed in an attempt to deprive the participants in the photographic event of their rights and power, making photography subservient to the imperial project." [2]

The power imbalance between the filming or photographing authority and the motif at his or her mercy exists to this day, even though a great deal of Western art examines this imbalance intensely and in great detail. I could therefore now say that Sonja Feldmeier has walked into a photo or video trap.

What a really good way to start.

Gawking. A harsh word. And Sonja Feldmeier also decelerates, almost painfully, precisely those moments during the film in which in fact we gawk. Whenever one of the workers looks into the camera, the film always slows down; the often-fleeting gaze is prolonged. That is entirely contrary to intuition: When confronted by someone's gaze my reaction is mostly one of instinctively looking away. I surely don't want to gawk. Yet Sonja Feldmeier really gawks with the camera. She holds the gaze, even prolonging the confrontation in slow motion. And we gawk over her shoulder.

It does not matter how long the sawing protagonists gawk back, they will not see us—after all, since 1492 we have had the privilege of remaining invisible in this technology-assisted pseudo-exchange of gazes. Without having to get involved in an encounter or a discussion, we watch as they chop apart a beautiful tree that was only just considered to be sacred. We are probably even reproaching the workers, even though we do not have the faintest idea of the financial pressures the protagonists are under, exactly who hired them, how they feel while they work, whether they are treated with hostility by the Hindus that visit the tree's shrine during its amputation—open-sanctum surgery. Instead, what we notice is that they have dirt under their toenails.

This has to stop.

Sonja Feldmeier has the majority of the same privileges that I do when I watch this film—but not quite. Unlike me, the actors looked back at her, at least in the situation on location in Haridwar (and in part, as mentioned, took pictures of or filmed her); as a woman in a visibly male-dominated environment and traveling on her own, which meant that she could not simply delegate the film work to someone else, she was even particularly exposed.

This meta-information, which is not all directly evident in the video, causes us to sit up and take notice: are we still gawking, like in 1492, or are we instead taking a close look, assisted by the device of deceleration? Are the protagonists exposed in slow motion—or instead taken seriously? In any case, the slow-motion device opens the film up, perhaps makes the medium, as a possible response to Ariella Azoulay, vulnerable, permeable, capable of connecting to.

Because this is where intermedia come in: with the assistance of the musician Vojislav Anicic, Sonja Feldmeier fills the eerie silence that sets in when the film is slowed down—and which sharply contrasts with the hectic noise in and around the tree—with a kind of sound portrait. Can people sound even if Sonja Feldmeier—and respectively, we—had no verbal language that we shared with them? The musical portraits lead out of the image. They are one step on a long path through various media instances—and back again. None of these steps is purely documentary and therefore not biased as put forward by Ariella Azoulay: we will not learn anything customarily informative about the slowed-down people. However, after we have heard how they sound we will see what color they have—and this does not refer to skin color—and into what form they might be molded. And how this form can in turn be taken up by the image—this time imperially unbiased—by means of photographic techniques.

Thus the individual protagonists briefly appear out of time and are set to music, digitally and with the aid of natural sounds. The artists lend sounds to people instead of, as they say in photography—and which is so revealing—taking a picture of them. The soundtrack leads out of the image, temporarily abducts the character: not by force, but delicately. Where to? In the end—or is it a beginning?—in large-format images on wooden supports: *The Peepul.* Each of them is connected via its name with a protagonist in the film: *The Peepul (Iltab Hasan).* At first glance, naming them is even a further exposure of the individual. Or as a possibility of reversing what Ariella Azoulay describes as an "attempt to deprive the participants in the photographic event of their rights and power." Ordinarily, this involves not only depriving the "participants" of their rights and power, but also of their names. Not in this case: while working on *The Peepul Tree,* Sonja Feldmeier once again travels to Haridwar. She seeks out all of those who participated in felling the tree and obtains their permission to publicly present the film and mention their names.

Like the audio portraits, the classic portraits follow a synesthetic logic. They are classic only in the sense that they have classic formats (118 by 97–116 centimeters) and can be hung on a wall. At first glance, the motifs and colors have little to do with that Iltab Hasan I am familiar with from the film. However, Sonja Feldmeier possesses synesthetic perception, hence one that transcends individual perceptual strategies. She connects colors with numbers, sounds with words, objects with odors. On one level, bone-like objects can be seen on the synesthetic portrait of Iltab Hasan. Sonja Feldmeier molded these in clay, plaster, and epoxy resin and then photographed them, used image processing to transfer them into the portrait, and then printed them again and further processed them with drawing, painting, and airbrush. There is a kind of loop at one end of this construct, and at the other end joint balls that are reminiscent of human hip joints. Pink halos of color have formed around these balls. The dark gray strands behind them serve as the nervous system, and they are in turn surrounded by seemingly transparent bubbles.

Naturalistic or not? I can't know. It may be that for Sonja Feldmeier a pictorial composition of this kind follows a logic that is similar to that of a realistic depiction or a naturalistic portrait for a classic painter. And it may be that for me, as a non-synesthete, something gets lost in the process. And be it only the possibility of verifying the naturalism based on reality. However, what is more boring than controlling whether a portrait is a good likeness? If Sonja Feldmeier were a classic painter, she would have painted Iltab Hasan when the day's work was done in several portrait sittings—and hence once again walked into a trap. Into the trap of representation that is based on an imbalance of power and technology—in the case of painting perhaps somewhat less obvious and questionable as in the case of photography. It is at any rate much more difficult to lapse into clichés when the manner of expression is based on impressions that only the artist herself has. Using the video camera, Sonja Feldmeier is still taking supposedly objective pictures. With the multimedia works for the wall, Sonja Feldmeier gives Iltab Hassan a radically subjective picture. And aren't the best gifts those that are most personal?

Hence, a way out of the video trap? What Ariella Azoulay views as an element that connects photography and imperialism is the alleged clarity with which both work hand in hand on the construction of "New Worlds"—and in doing so cement inequalities instead of scrutinizing them. The raw material for the film

68

2   Ariella Azoulay, "Still Searching…: 5. Unlearning Imperial Sovereignties," from the series *Unlearning Decisive Moments of Photography;* publ. 2018, Fotomuseum Winterthur blog, https://www.fotomuseum.ch/en/explore/still-searching/articles/155401_unlearning_imperial_ sovereignties (accessed April 28, 2019)

«Fotografien sind [...] metonymische Dokumente einer Begegnung derer, die sich um die Kamera zusammengefunden haben, Menschen, welche die nur in eine Richtung blickende Kamera separieren und unterscheiden und dabei diese Trennung als natürlich erscheinen lassen soll. [...] Erst durch mächtige Institutionen wie Museen, Archive, die Presse oder die Polizei sowie durch wirtschaftliche und politische Sanktionen [...] wird die Teilhabe der Vielen entwertet, untersagt oder gesetzlich verboten – ein Versuch, die Mitwirkenden am fotografischen Ereignis ihrer Rechte und ihrer Handlungsfähigkeit zu berauben, wodurch die Fotografie dem imperialistischen Projekt untertan wird.»[1]

Das Machtgefälle zwischen dem ausgelieferten Motiv und der filmenden oder fotografierenden Instanz bleibt bis heute bestehen, obwohl sich sehr viel westliche Kunst intensiv und sehr genau mit diesem Gefälle auseinandersetzt. Ich könnte jetzt also sagen, Sonja Feldmeier ist in die Foto- oder Videofalle gegangen.

Das fängt ja wirklich gut an.

Begaffen. Ein hartes Wort. Und Sonja Feldmeier verzögert auch noch, fast schmerzhaft, genau die Momente des Films, in denen wir ganz eigentlich gaffen. Immer, wenn einer der Arbeiter in die Kamera blickt, verlangsamt sich der Film, der oft flüchtige Blick wird hinausgezögert. Das ist gänzlich gegen die Intuition: Meist ist meine Reaktion bei einer Blickkonfrontation doch eher, dass ich instinktiv wegschaue. Ich möchte ja nicht gaffen. Sonja Feldmeier gafft aber so richtig mit der Kamera. Sie hält dem Blick stand, verlängert die Konfrontation gar noch per Zeitlupe. Und wir gaffen ihr über die Schulter.

Die sägenden Protagonisten können noch so lange zurückgaffen, sie werden uns nicht sehen – wir haben schliesslich seit 1492 das Privileg, in diesem technologiegestützten Pseudoblickwechsel unsichtbar zu bleiben. Ohne uns auf eine Begegnung oder eine Diskussion einlassen zu müssen, schauen wir ihnen dabei zu, wie sie einen wunderschönen Baum auseinanderhacken, der doch gerade noch als Heiligtum galt. Wahrscheinlich machen wir den Arbeitern sogar einen Vorwurf, obwohl wir nicht die leiseste Ahnung davon haben, in welchen finanziellen Druckverhältnissen die Protagonisten arbeiten, wer sie genau beauftragt hat, wie sie sich fühlen bei der Arbeit, ob sie von den Hindus, die den Schrein am Baum noch während der Amputation besuchen – eine Operation am offenen Heiligtum –, angefeindet werden. Stattdessen bekommen wir mit, dass sie etwas Schmutz unter den Zehennägeln haben.

Das muss jetzt aber mal aufhören.

Sonja Feldmeier hat mehrheitlich dieselben Privilegien wie ich, wenn ich diesen Film anschaue – aber nicht ganz. Im Gegensatz zu mir wurde sie von den Akteuren zumindest in der Situation vor Ort in Haridwar zurückgesehen (und teilweise, wie erwähnt, zurückfotografiert oder -gefilmt); war, als Frau in einem sichtlich männerdominierten Umfeld und als allein Reisende, die auch das Filmen nicht einfach delegieren kann, sogar besonders exponiert.

Diese Meta-Informationen, die aus der Videoarbeit nicht alle direkt ersichtlich sind, lassen aufhorchen – und aufsehen: Gaffen wir noch, wie 1492, oder schauen wir hier vielmehr genau hin, unterstützt durch den Kunstgriff der Verlangsamung? Werden die Protagonisten in der Zeitlupe blossgestellt – oder vermehrt ernst genommen? Der verlangsamende Kunstgriff öffnet jedenfalls den Film, macht das Medium vielleicht auch, als mögliche Antwort auf Ariella Azoulay, verletzlich, durchlässig, anschlussfähig.

Hier setzt Sonja Feldmeier denn auch intermedial an: Mit Unterstützung des Musikers Vojislav Anicic füllt Sonja Feldmeier die gespenstische Stille, die sich bei einsetzender Verlangsamung des Films einstellt – und die in scharfem Gegensatz steht zum hektischen Lärm im und um den Baum herum –, mit einer Art Soundporträt. Kann eine Person klingen, auch wenn Sonja Feldmeier – und entsprechend wir – keine gemeinsame verbale Sprache mit ihr hatte? Die musikalischen Porträts führen aus dem Bild heraus. Sie sind ein Schritt auf einem langen Weg durch verschiedene mediale Instanzen – und wieder zurück. Keiner dieser Schritte ist rein dokumentarisch und also auch nicht im Sinne von Ariella Azoulay vorbelastet: Wir werden nichts herkömmlich Informatives über die verlangsamte Person erfahren. Nachdem wir aber gehört haben, wie sie klingt, werden wir sehen, welche Farbe sie hat – und damit ist nicht ihre Hautfarbe gemeint –, in welche Form sie modelliert werden könnte. Und wie diese Form wiederum über fotografische Techniken – diesmal imperial unbelasteter – ins Bild zurückkommen kann.

Die einzelnen Protagonisten tauchen also kurz aus der Zeit auf und werden vertont, digital und mithilfe natürlicher Töne. Die Künstler*innen verleihen hier einer Person Klänge, statt nur ihr Bild zu nehmen, wie man in der Fotografie so schön – und so schön entlarvend – sagt: to take a picture. Die Tonspur führt aus dem Bild hinaus, entführt den Charakter kurzfristig: nicht gewaltsam, sondern künstlerisch feinfühlig. Wohin? Am Ende – oder ist es eben ein Anfang? – in grossformatige Bilder auf Holzträgern: *The Peepul*. Sie sind jeweils über den Namen mit einem Protagonisten des Films verbunden: *The Peepul (Iltab Hasan)*. Auf den ersten Blick ist die namentliche Nennung vielleicht sogar ein weiteres Exponieren der Person. Aber eben auch eine Möglichkeit, das umzukehren, was Ariella Azoulay als «Versuch, die Mitwirkenden am fotografischen Ereignis ihrer Rechte und ihrer Handlungsfähigkeit zu berauben» beschreibt. Üblicherweise geht das damit einher, dass den «Mitwirkenden» neben «Rechten und Handlungsfähigkeit» auch ihr Name abgesprochen wird. Nicht so hier: Sonja Feldmeier reist während der Arbeit an *The Peepul Tree* nochmals nach Haridwar. Sie sucht alle Beteiligten der Baumfällung auf und holt deren Einverständnis ein, den Film öffentlich zu präsentieren und ihre Namen zu nennen.

Wie die Audioporträts folgen auch die klassischeren bildlichen Porträts einer synästhetischen Logik. Klassisch sind sie nur noch in dem Sinne, dass sie klassische Formate haben (118 cm hoch, 97 bis 116 cm breit) und an eine Wand gehängt werden können. Die Motive und Farben haben auf den ersten Blick wenig mit jenem Iltab Hasan zu tun, den ich aus dem Film kenne. Sonja Feldmeier aber verfügt über eine synästhetische Wahrnehmung, also eine Wahrnehmung, die die einzelnen Wahrnehmungsstrategien transzendiert. Sie verbindet Farben

1 Ariella Azoulay, «Unlearning Decisive Moments of Photography: 5. Unlearning Imperial Sovereignties», 2018 (Auszug übersetzt von Uta Hasekamp), Still Searching..., Blog des Fotomuseums Winterthur, https://www.fotomuseum.ch/en/explore/still-searching/articles/155401_unlearning_imperial_sovereignties (Stand 28. April 2019)

The Peepul Tree may still have this alleged clarity. A productive transfiguration results as soon as the hesitation of the slow motion sets in. Then the music is added, which is connected, so to speak, by way of an intermedia channel with what are again in themselves intermedia portraits. In doing so, Sonja Feldmeier transcends not only the imperialistic component of imaging processes, such as that of photography and of the video, she also transcends media boundaries. Instead of speaking of intermediality, I would therefore now rather speak of trans-mediality—of an intermeshing of the media that goes beyond a pure translation from medium A to medium B to medium C, operating like the title of a book by Andy Warhol: *From A to B and Back Again.* And back again, and back again, and back again.

In the medium of painting, Sonja Feldmeier ultimately transcends the potentials of the individual media as well by selecting not the depictive methods typical for the history of painting but by translating a worker's gaze into an osseous element, a gesture into a halo of color, or a facial feature into a sprayed surface. Might I therefore—with reference to Sonja Feldmeier's synesthetic approach—even speak of synmediality? While the prefix "inter-" refers to an in-between and the prefix "trans-" to an across and thus both indicate a direction between two things, "syn-" indicates what is combined, what is together, and hence establishes non-hierarchical simultaneity. Synmediality would therefore be simultaneity with no hierarchy and the equality of different media.

When that succeeds—and Sonja Feldmeier comes very close to doing so in *based on a true story*—I might also speak of a democratization of the media. Video and photography, these—according to the logic of Ariella Azoulay—instruments of imperialism, are framed by other media and included in a non-hierarchical, synmedia-based logic, and thus also liberate themselves from their imperial past, lose some of their year of birth: 1492.

In the discussion on race and skin color, white speakers time and again claim "I am skin colorblind" as an attempt to relativize their own racism. That is a dead end, for since 1492 (and of course even before that) existing realities of discrimination have simply been denied in this way and consequentially not actively countered. Yet what if we, instead of diagnosing our own colorblindness, begin to see entirely new colors? When existing realities (that of the Muslim workers in the film *The Peepul Tree*) are translated into completely unexpected shapes (for example, with the series *The Peepul*)?

Instead of becoming colorblind we would all become synesthetes—and we do in Sonja Feldmeier's works. Then I might have not inadvertently given this document the title "Indermedialität." And then maybe diversity truly free of any hierarchy might come about some day. And 1492 will finally pass.

What a way to start!

mit Zahlen, Töne mit Worten, Objekte mit Gerüchen. Auf dem synästhetischen Porträt von Iltab Hasan sind auf einer Ebene knochenartige Objekte zu sehen. Sonja Feldmeier hat diese modelliert, in Ton, Gips, Holz, Epoxidharz, dann abfotografiert, mit Bildbearbeitung ins Bild transferiert, dann wieder geprintet und mit Zeichnung, Malerei und Airbrush weiterbearbeitet. Das eine Ende dieser Gebilde schliesst eine Art Öse ab, am andere Ende sind es Gelenkkugeln, die an menschliche Hüftgelenke erinnern. Um diese Kugeln herum haben sich pinke Farbhöfe gebildet. Als Nervensystem dahinter fungieren dunkelgraue Stränge, die wiederum von transparent wirkenden Blasen eingefasst werden.

Naturalistisch oder nicht? Ich kann es nicht wissen. Vielleicht folgt für Sonja Feldmeier eine derartige Bildfindung einer ähnlichen Logik wie eine realistische Abbildung oder ein naturalistisches Porträt für eine klassischere Malerin. Und vielleicht geht mir als Nicht-Synästhet dabei etwas verloren. Und sei es auch nur die Möglichkeit, den Naturalismus anhand der Realität zu überprüfen. Doch was gibt es Langweiligeres, als zu kontrollieren, ob ein Porträt gut getroffen ist? Wäre Sonja Feldmeier eine klassische Malerin, hätte sie Iltab Hasan bei einigen Porträtsitzungen nach getaner Arbeit am Baum gemalt. Doch damit wäre sie erneut in eine Falle getappt. In die Falle der Repräsentation, die auf einem Macht- und Technologiegefälle beruht – im Falle der Malerei vielleicht etwas weniger offensichtlich und hinterfragbarer als bei der Fotografie. Es ist jedenfalls viel schwieriger, in Klischees zu verfallen, wenn die Ausdrucksweise auf Eindrücken beruht, die nur die Künstlerin selbst hat. Mit der Videokamera nimmt – ja, nimmt – Sonja Feldmeier noch vermeintlich objektive Bilder. Mit den multimedialen Wandarbeiten gibt – ja, gibt – Sonja Feldmeier Iltab Hassan ein radikal subjektives Bild. Und sind nicht die besten Geschenke diejenigen, die am persönlichsten sind?

Ein Ausweg aus der Videofalle also? Was Ariella Azoulay als verbindendes Element von Fotografie und Imperialismus ansieht, ist die vermeintliche Klarheit, mit der beide Hand in Hand an der Konstruktion «Neuer Welten» arbeiteten – und dabei Ungleichheiten zementierten, statt sie zu hinterfragen. Das Rohmaterial zum Film *The Peepul Tree* hat diese vermeintliche Klarheit vielleicht noch. Eine produktive Verklärung ergibt sich, sobald das Zögern der Zeitlupe einsetzt. Dann kommt auch die Musik dazu, die quasi durch einen intermedialen Kanal mit den in sich selbst wieder intermedialen Porträts verbunden ist. Sonja Feldmeier transzendiert damit nicht nur die imperialistische Komponente von Bildgebungsverfahren wie der Fotografie oder des Videos, sie transzendiert auch die Mediengrenzen. Statt von Intermedialität würde ich deshalb mittlerweile eher von Transmedialität sprechen – einer Verzahnung der Medien, die über eine reine Übersetzung von Medium A nach Medium B nach Medium C hinausgeht, sondern eher funktioniert wie der Titel eines Buches von Andy Warhol: *From A to B and Back Again.* And back again, and back again, and back again.

Schliesslich transzendiert Sonja Feldmeier auch die Potenziale der einzelnen Medien, indem sie eben im Medium Malerei nicht die malereigeschichtlich typischen Abbildungsverfahren wählt, sondern den Blick eines Arbeiters in ein knöchernes Element, eine menschliche Geste in einen Farbhof oder ein Gesichtsmerkmal in eine gesprayte Oberfläche übersetzt. Könnte ich deshalb – in Bezug auf Sonja Feldmeiers synästhetische Herangehensweise – gar von einer Synmedialität sprechen? Während die Vorsilben «Inter» auf ein Dazwischen, «Trans» auf ein Jenseits hinweisen und damit eine Richtung zwischen zwei Dingen angeben, benennt «Syn» das Gemeinsame, das Zueinander, und etabliert so eine hierarchielose Gleichzeitigkeit. Synmedialität wäre also eine hierarchiefreie Gleichzeitigkeit und Gleichberechtigung verschiedener Medien.

Wenn das gelingt – und Sonja Feldmeier kommt dem in *based on a true story* sehr nahe –, könnte ich auch von einer Demokratisierung der Medien sprechen. Video und Fotografie, diese – in der Logik von Ariella Azoulay – Instrumente des Imperialismus, werden eingerahmt in andere Medien und eingebunden in eine hierarchiefreie, synmediale Logik und befreien sich dadurch auch etwas von ihrer imperialen Vergangenheit, verlieren ein wenig ihr Geburtsjahr 1492.

In der Diskussion um «race» und Hautfarbe wird immer mal wieder die Behauptung «Ich bin hautfarbenblind» eingesetzt, als Versuch weisser Sprecher*innen, ihren eigenen Rassismus zu relativieren. Das ist eine Sackgasse, da dadurch die seit 1492 (und natürlich schon davor) bestehenden Diskriminierungsrealitäten schlicht geleugnet und entsprechend nicht aktiv angegangen werden. Was aber, wenn wir, statt uns selbst Farbenblindheit zu diagnostizieren, beginnen, ganz neue Farben zu sehen? Wenn bestehende Realitäten (die der muslimischen Arbeiter im Film *The Peepul Tree*) in völlig unerwartete Formen übersetzt werden (zum Beispiel mit der Bildserie *The Peepul*)?

Statt farbenblind sollten wir vielmehr alle Synästhet*innen werden – und in Sonja Feldmeiers Werkkomplex werden wir es. Dann hätte ich vielleicht auch nicht aus Versehen dieses Dokument mit «Indermedialität» überschrieben. Und dann ergibt sich vielleicht irgendwann eine wirklich hierarchiefreie Diversität. Und 1492 geht endlich vorbei.

Das fängt ja wirklich gut an!

The Peepul (Asif Mohammad), 2018
Fine Art Print, Airbrush, Lack, MDF mit Grundierfolie, Esche massiv
Fine art print, airbrush, varnish, MDF with primer film, solid ash
118 × 102 × 5 cm

72

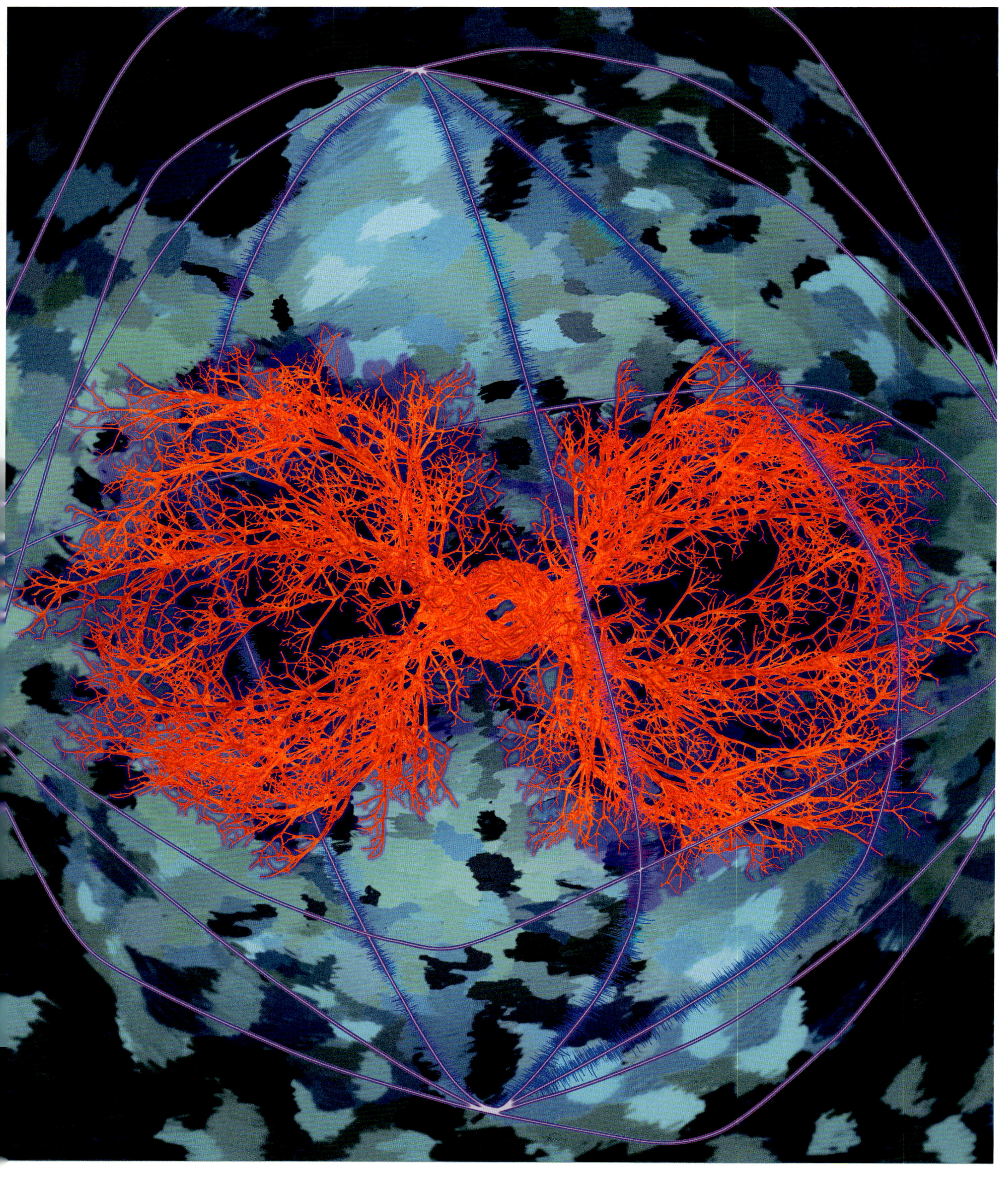

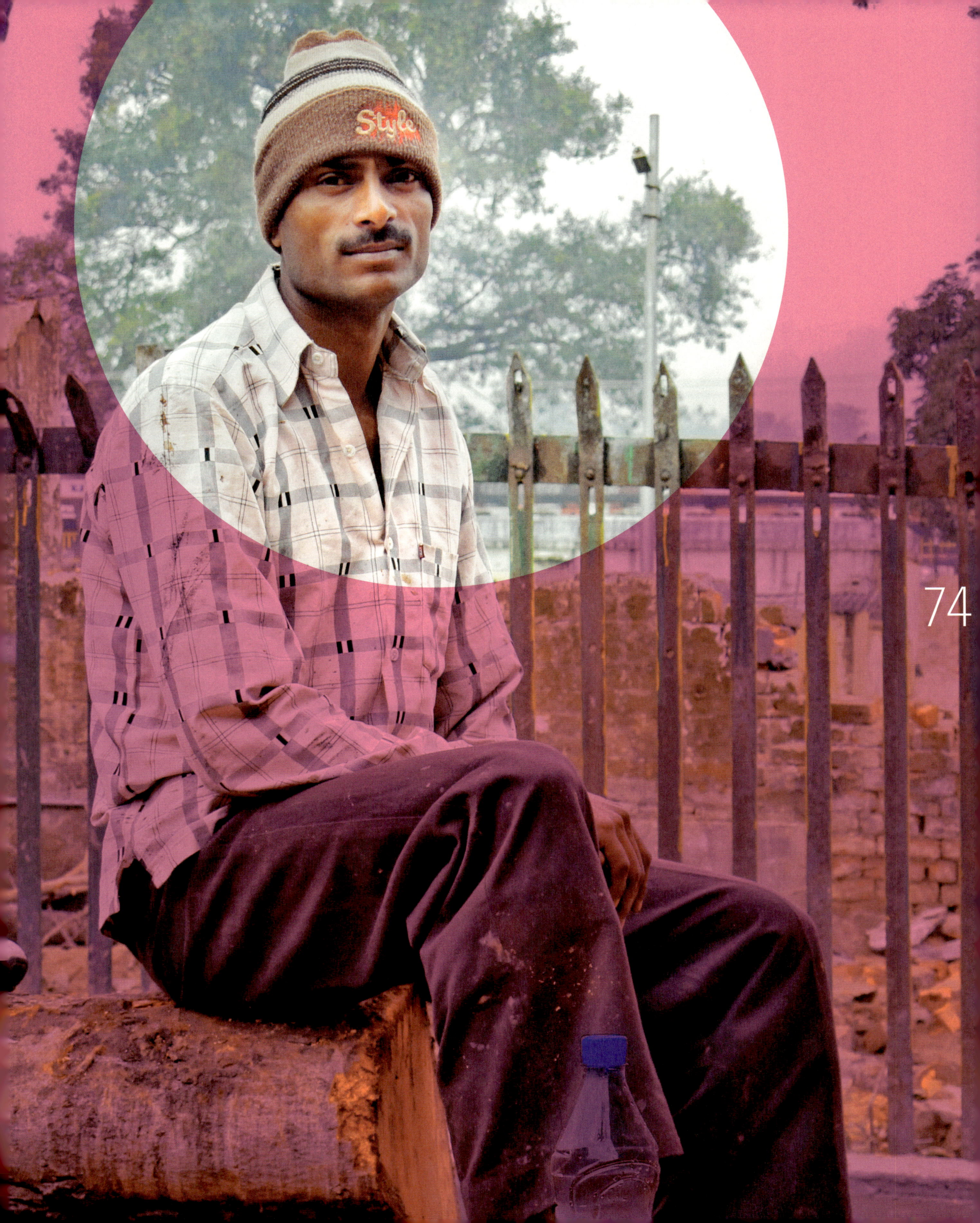
Style

LOGBOOK
HARIDWAR
MONDAY
—TUESDAY
I/3—4

Haridwar, January 3, 2011

I bring along photos of the tree fallers to give to them. They're delighted, and so am I for them. Because I never know in the evening whether I will see them again the next day, it's very important to me to keep giving them pictures. I want to thank them for their hospitality and their generosity for allowing me to participate in everything that has taken place. I also know that many of the poorer people don't have any materialized pictures of themselves, so that besides the memory, the photos I brought along are important to them in yet another way. Almost everyone has a mobile phone nowadays, and so that puts them in a position to take pictures of their surroundings and themselves. But they lack both the financial means as well as the technical access to release these images from their existence in the devices.

Branches and huge tree fragments are piled up every which way and make the men working on them seem tiny. The fallen wood debris, the remains of more than four hundred years of history, is measured, the cutting point marked, and then cut up into pieces that are easy to handle with the enormous log saws. The imposing dimension of what is left of the trunk is also ascertained with a measuring tape. It has a circumference of thirty-three feet, which corresponds to about ten meters. Slightly below the bark, a milky liquid is oozing out of the shiny wood all the way around the last part of the trunk to be felled. Today, two of the tree fallers are mainly busy with sharpening the tools. Crouching on the ground, they file the teeth of what is a probably two-meter-long log saw. They are only sharpened on one side from the front, and the other side of the blade is whetted on the back. The axes are also sharpened. None of the ropes are being used anymore and lie in a pile in the sun like tired snakes.

I discover an older gentleman among the lingering passers-by whom I had already noticed on the first day, and who in these days is time and again at the site as a skeptical onlooker. He watches the events as they take place, at once sad and angry. In an archaic way, he appears very elegant in his pinstriped trousers, the woolen scarf thrown over his

Haridwar, 3. Januar 2011

Ich bringe Fotos von den Holzfällern mit und schenke sie ihnen. Sie freuen sich sehr darüber und ich mich mit ihnen. Da ich abends nie weiss, ob ich sie am nächsten Tag nochmals sehe, ist es mir wichtig, ihnen fortlaufend einige Bilder zu geben. Ich möchte mich damit für ihre Gastfreundschaft und ihre Grosszügigkeit bedanken, mich an all den Geschehnissen teilnehmen zu lassen. Auch weiss ich, dass viele der ärmeren Menschen keine materialisierten Bilder von sich haben, sodass die mitgebrachten Fotos neben der Erinnerung auch noch einen anderen Stellenwert für sie haben. Es besitzen zwar fast alle Leute Mobiltelefone, und so sind ihnen auch die Möglichkeiten gegeben, ihre Umgebung und sich selbst bildlich zu erfassen, es fehlen jedoch die finanziellen Mittel wie auch der technische Zugang, um diese Bilder aus ihrem Dasein in den Geräten herauszulösen.

Äste und riesige Baumfragmente türmen sich kreuz und quer und lassen die darauf arbeitenden Männer winzig erscheinen. Die gefallenen Holztrümmer, Überbleibsel von über 400 Jahren Geschichte, werden vermessen, die Sägestellen markiert und mit mächtigen Baumsägen in handhabbarere Teile zerlegt. Auch die imposante Dimension der Stammruine wird mit einem Massband vermessen. Der Umfang beträgt fast 33 Fuss, das entspricht rund 10 Metern. Etwas unterhalb der Rinde quillt rund um den ganzen zuletzt gefallenen Baumstumpf eine milchige Flüssigkeit aus dem leuchtenden, frisch geschlagenen Holz. Zwei der Holzfäller sind heute hauptsächlich mit dem Schärfen der Werkzeuge beschäftigt. Auf dem Boden kauernd, schleifen sie mit einer Feile die Zacken der bestimmt zwei Meter langen Baumsäge. Dabei werden die Zacken von vorne nur auf der einen Seite geschliffen, die Gegenseite wird auf der Rückseite des Sägeblatts gewetzt. Auch die Äxte werden geschärft. Die Seile sind nun nicht mehr im Einsatz und liegen auf einem Haufen in der Sonne wie müde Schlangen.

Unter den verweilenden Passanten entdecke ich einen älteren Herrn, der mir schon am ersten Tag aufgefallen war und der in diesen Tagen immer wieder als skeptischer Zuschauer vor Ort ist. Er betrachtet das Geschehen traurig und wütend zugleich. Mit seinen Nadelstreifenhosen, dem um die Schultern geworfenen Wollschal und dem Baumwollturban wirkt er auf archaische Weise sehr elegant. Er scheint ob der Fällung dieses Baums ausser sich zu sein und versucht, mir mit Gesten und Mimik die Hintergründe und seine Meinung mitzuteilen. Er löst Luftwurzeln und auf der Baumrinde gewachsene Triebe. Auch in den Baum geschlagene Nägel dreht er heraus und sammelt weitere Fragmente, an den Baum gepinnte Holz-, Papier- und Schnurstücke. Diese Relikte legt er fein säuberlich auf ein Hemd,

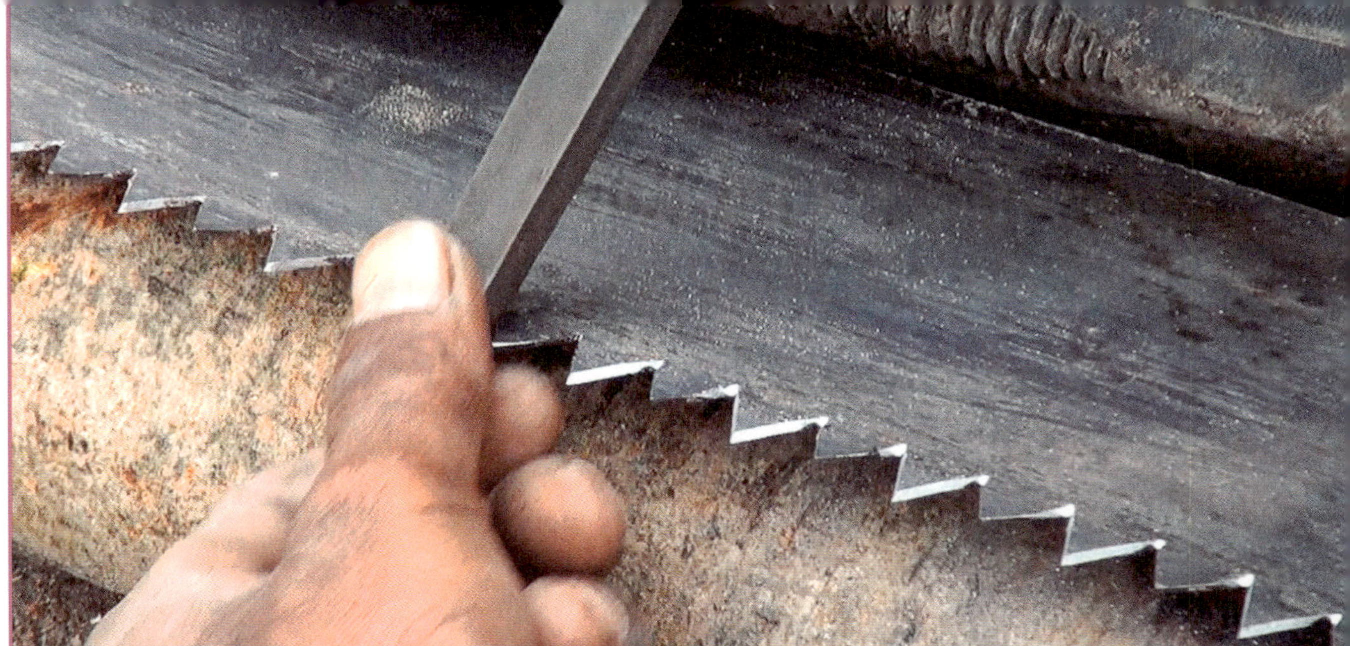

shoulders, and the cotton turban. He seems
distraught over the felling of this tree, and
with gestures and facial expressions tries
to communicate the background and his opinion
to me. He removes aerial roots and shoots
that have grown on the bark. He also takes out
the nails that have been hammered into the
tree and collects additional fragments—
pieces of wood, paper, and string pinned on
the tree. He arranges these relics neatly
on a shirt that he symmetrically folded for
this purpose and placed on the ground. The
shirt also previously hung from a nail on the
tree and was probably forgotten some time
ago. After climbing around for a while on the
tree lying on the ground and collecting all
of these objects, he binds the shirt with its
sleeves and a wire he likewise removed from
the tree. There's something human-looking
about the shirt filled with the collected rem-
nants; it reminds me of a corpse. He then
crumples everything together again and walks
away with the bundle. I wonder where he's
going with the representations of this tree
and what he's going to do with them.

Because many things are inexplicable to me
here and can scarcely be deciphered through
language, I hope to be able to track down
details about every occurrence and every
activity in order to clarify the events. This
requires uninterrupted presence of mind,
and I'm in what seems like a state of awareness that is free of hierarchies. Euphoric
about anything unexpected, somewhat rest-
less, and worried about missing an important
detail, I absorb everything that I can see,
hear, and smell in my surroundings. People's
actions, animals and plants, arrangements
of things, sounds and noise, even the weather
might contain information that would con-
tribute to a better understanding. In this
state, numerous ends of what I experience are
open and can be interconnected in a multi-
tude of variations. At the same time, it is
first and foremost about being able to better
understand and pin down palpable incidents.
Moreover, I also expect a subtext that connects all of the events that might provide me
with insight into the deeper-lying struc-
tures of meaning. A world perceived in this
way, in which everything seems to be connected with everything else, operates according
to the lawlessness of an inner emotional
life. Associatively connected and control-
lable only to a limited extent, an environment
of this kind resembles a psychogram turned
inside out. Disconnected to a certain degree
and transferred out of one's own Self, it's
very liberating to be able to contemplate such
vibrant density in the observable outside.

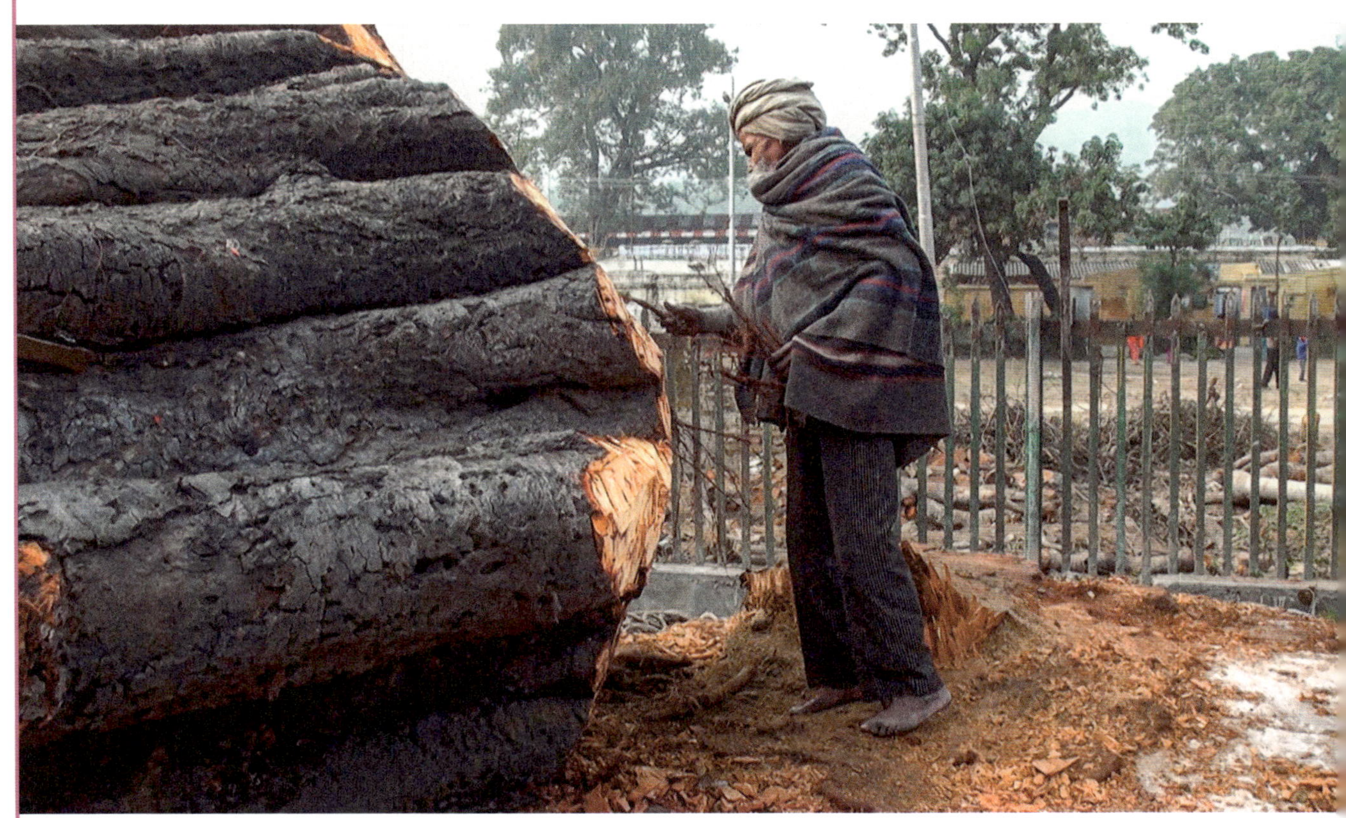

das er zu diesem Zweck symmetrisch gefaltet
und auf den Boden gelegt hat. Auch das
Hemd hing zuvor an einem Nagel am Baum und
ist dort wohl schon vor einiger Zeit vergessen worden. Nachdem er eine Weile auf dem
liegenden Baum herumgestiegen ist und all
diese Objekte eingesammelt hat, verschnürt
er das Hemd mit dessen Ärmeln und einem
ebenfalls dem Baum entnommenen Draht. Das
mit den gesammelten Überbleibseln gefüllte
Hemd hat etwas Menschenähnliches und erinnert mich an einen Leichnam. Dann knautscht
er alles nochmals zusammen und geht mit
seinem Bündel davon. Es nimmt mich wunder,
wohin er mit den Repräsentationen dieses
Baumes geht und was er damit tun wird.

Da für mich hier vieles nicht erklärbar ist
und auch kaum durch Sprache entschlüsselt
werden kann, erhoffe ich mir, von jeder
Begebenheit und bei jeder Handlung Details
zur Aufklärung der Vorgänge aufspüren
zu können. Dieser Umstand fordert ununter-
brochene Geistesgegenwart, und ich be-
finde mich im Zustand einer Art hierarchie-
befreiter Aufmerksamkeit. Euphorisch
ob all des Unerwarteten, etwas rastlos und
in Sorge, ein wichtiges Detail zu verpassen, absorbiere ich alles, was ich in meiner
Umgebung sehen, hören und riechen kann.
Handlungen von Menschen, Tieren und Pflanzen, Anordnungen von Dingen, Geräusche
und Lärm, sogar das Wetter könnte eine zum
besseren Verständnis beitragende Information beinhalten. In diesem Zustand sind
viele Enden des Erlebten offen und können in
mannigfaltigen Variationen miteinander verbunden werden. Dabei geht es in erster Linie
darum, offenkundige Begebenheiten besser
verstehen und einordnen zu können. Ich ver-
mute jedoch zusätzlich einen all die Ereignisse verbindenden Subtext, der mir Einsicht
in tiefer liegende Bedeutungsstrukturen
eröffnen könnte. Eine auf diese Weise wahr-
genommene Welt, in der alles mit allem
verbunden zu sein scheint, funktioniert
nach der Gesetzlosigkeit einer psychischen
Innenwelt. Assoziativ verbunden und nur
begrenzt regulierbar, gleicht eine solcher-
art erlebte Umgebung vielmehr einem nach
aussen gestülpten Psychogramm. Bis zu
einem gewissen Grad abgekoppelt und aus dem
eigenen Selbst ausgelagert, ist es sehr
befreiend, eine solch lebendige Dichte im
beobachtbaren Aussen betrachten zu können.

Ich frage den grossen und ziemlich einge-
bildeten jungen Vorarbeiter, der nie
mithilft und nur wichtig herumsteht, ob
heute die grossen Stammstücke und das viele
Holz abgeholt werden. Er versteht etwas
Englisch, beteuert jedoch hauptsächlich mit
Gesten, dass er nicht wisse, wann die
letzten Stammtrümmer abtransportiert werden. Ich gebe ihm meine Handynummer und

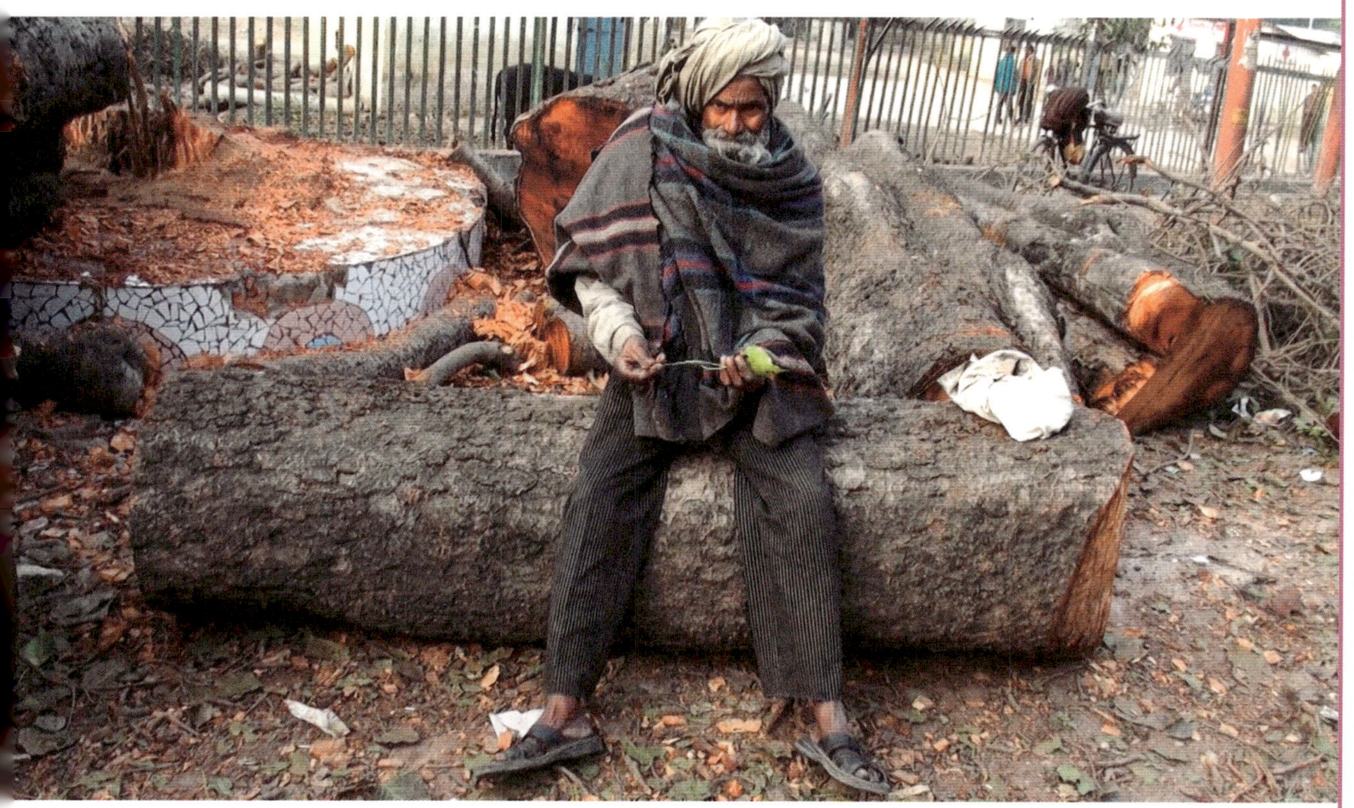

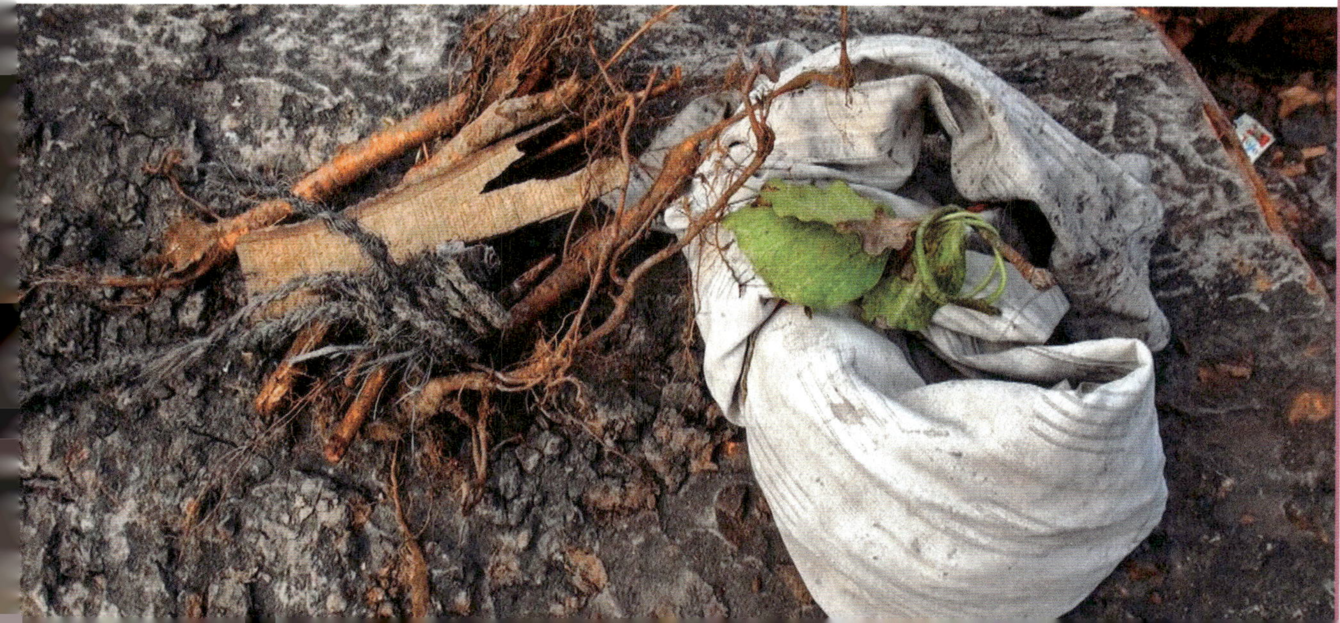

I ask the tall and rather conceited young
foreman, who never helps out and only stands
around looking important, whether the large
pieces of the trunk and all the wood will
be picked up today. He understands a bit of
English, but he asserts, primarily with
gestures, that he doesn't know when the last
debris will be removed. I give him my cell
phone number and ask him to let me know as
soon as he has any details. On no account
do I want to miss the removal. On the way to
the hotel I come upon a mobile cookie baker
pushing along a small wood-fired stove
on wheels. The smell of freshly baked cookies
is tempting, and I buy a bag of them. Back
in the hotel, I warm myself under the blanket
with a hot cup of tea and the cookies. I
spend the evening sitting on the bed in the
unheated room, wrapped in several layers
of clothes under wool blankets, and view the
photo and video material from the past few
days. I can still hardly believe that I hap-
pened to become part of such an unsettling
yet at the same time fulfilling occurrence.

During the night, I wake up with a stomach-
ache and a high fever. I go to the toilet
in the hallway and vomit multiple times. I'm
so weak that I'm barely able to return to
my room.

Haridwar, January 4, 2011

I have severe diarrhea and a high fever,
and feel pretty rough. I need water, as my
reserves are used up. I ask the man at
the reception desk to bring me some tea,
water, and toilet paper. He's very nice and
brings me tea and water. The toilet paper
has to wait a while, because only foreigners
use it, which is why it's hard to get hold
of. After a couple of hours he brings me
some and offers to transfer me to a better
room two floors up. I'm so weak that I can
only get there with his help. This one has a
small heater, the windows can be closed
almost all the way, and there's a toilet in
the room, which I'm glad about. Food is out
of the question, and anything I drink
only runs right through my body. I review
the events of the past several days in fever-
ish dreams and thoughts.

The dull sound of the fall of the final piece
of tree continues to echo in my ears, and
my feet remember the quaking of the ground.
A raven sits defiantly on the freshly cut
area of breakage and pecks at a curious
lizard, but it quick-wittedly escapes the
pointed beak. Will the rat that lived in

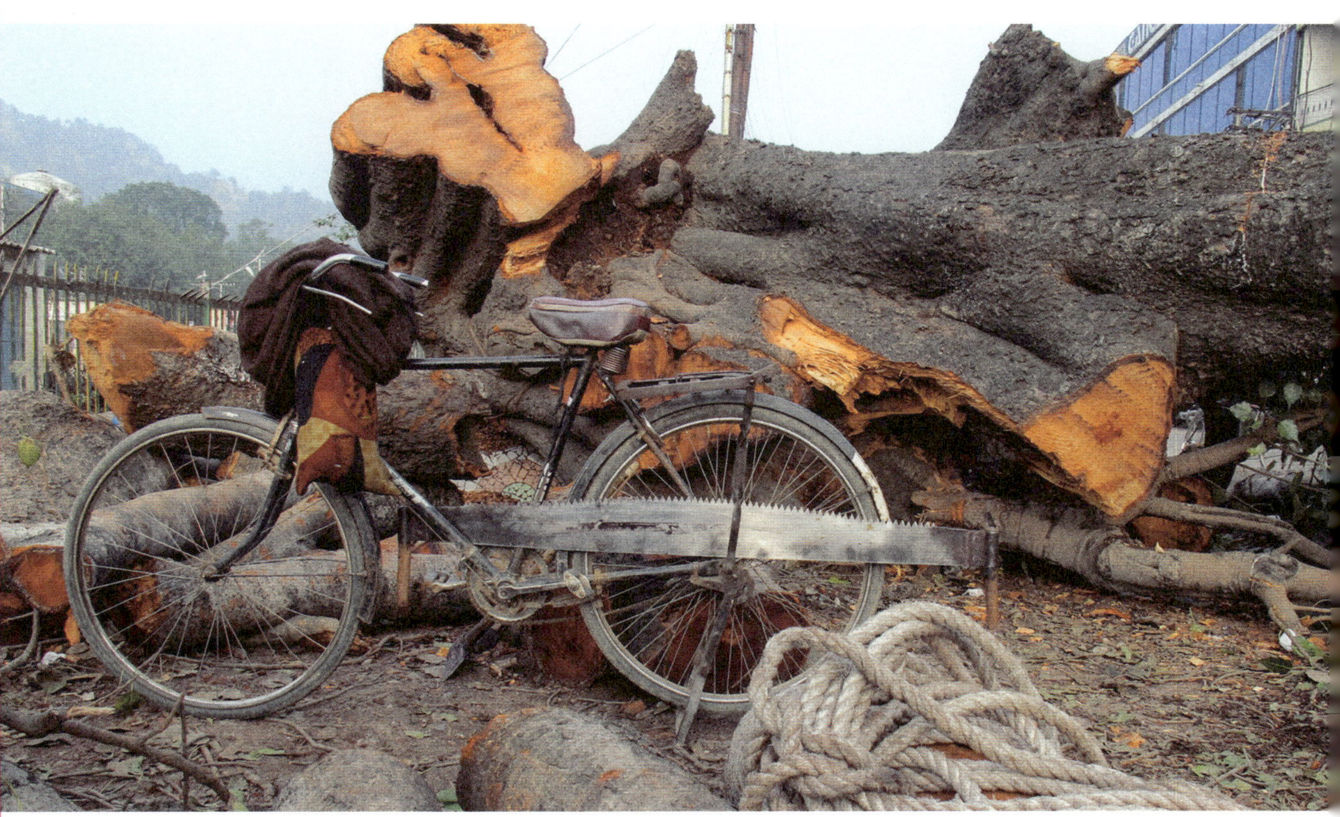

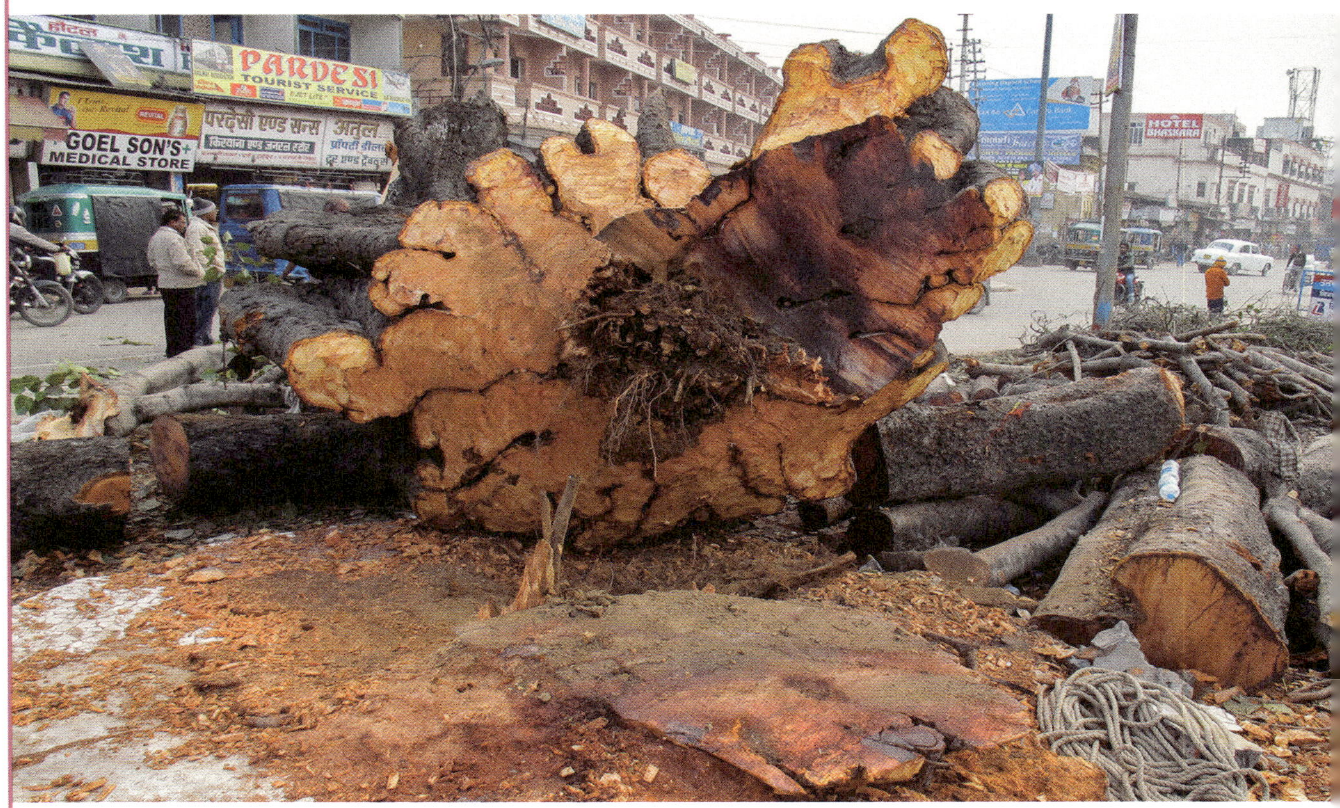

78

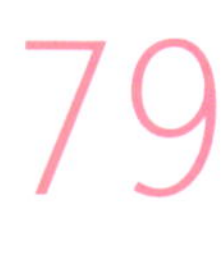

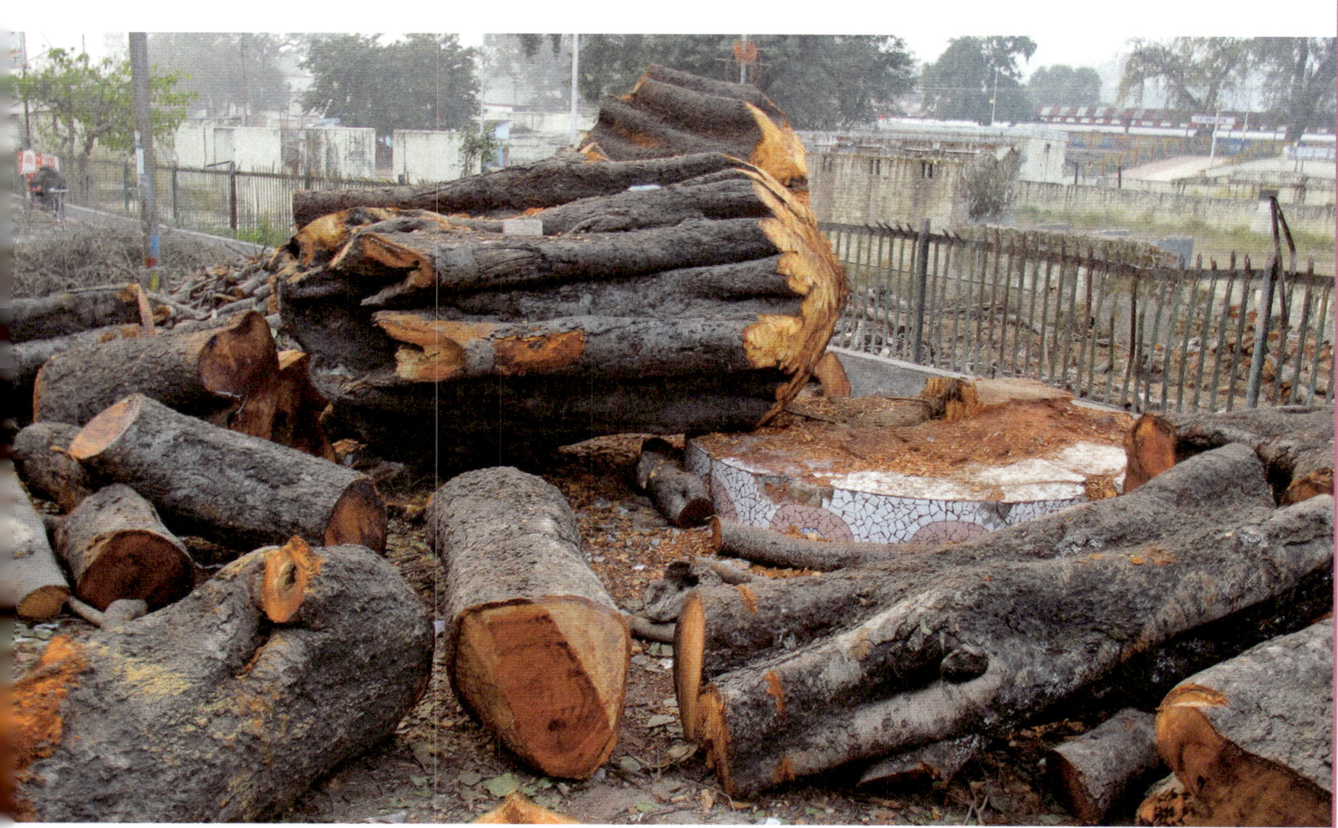

bitte ihn, mich zu informieren, sobald er
Näheres weiss. Ich will auf keinen Fall
diesen Abtransport verpassen. Auf dem Weg
zum Hotel treffe ich auf den mobilen
Plätzchenbäcker, der einen kleinen Holzofen
auf Rädern vor sich herschiebt. Es riecht
verführerisch nach frischem Gebäck und ich
kaufe eine Tüte davon. Zurück im Hotel,
wärme ich mich unter der Bettdecke mit heissem Tee und den Plätzchen. Ich verbringe
den Abend im ungeheizten Zimmer, eingepackt
in mehrschichtige Kleidung unter Wolldecken
auf dem Bett sitzend, und sichte das Bild-
und Videomaterial der letzten Tage. Ich
kann es noch immer kaum fassen, von welch
einem aufwühlenden, verstörenden und
zugleich erfüllenden Ereignis ich per Zufall
Teil geworden bin.

In der Nacht erwache ich mit Magenschmerzen
und hohem Fieber. Ich gehe auf das Klo
im Gang und übergebe mich mehrmals. Ich bin
so geschwächt, dass ich kaum mehr in mein
Zimmer zurückkehren kann.

Haridwar, 4.Januar 2011

Ich fühle mich hundeelend, habe starken
Durchfall und hohes Fieber. Ich müsste etwas
Wasser haben, da meine Reserven aufgebraucht
sind. Ich bitte den Mann von der Rezeption,
mir Tee, Wasser und Klopapier zu bringen.
Er ist sehr nett und bringt Tee und Wasser.
Das Toilettenpapier muss noch etwas warten,
da solches nur von Ausländern verwendet
wird und deshalb nicht so schnell aufzutrei-
ben ist. Nach ein paar Stunden bringt er
mir welches und bietet an, mich in ein besse-
res Zimmer, zwei Stockwerke höher, zu verlegen. Ich bin total geschwächt und kann
mich nur mit seiner Hilfe dorthin bewegen.
Dieses hat eine kleine Heizung, die Fenster
lassen sich fast ganz schliessen, und es
gibt eine eigene Toilette im Zimmer. Darüber
bin ich sehr froh. An Essen ist nicht zu
denken und auch das Getrunkene läuft nur
durch meinen Körper hindurch. In fiebrigen
Träumen und Gedanken durchlaufe ich die
Erlebnisse der letzten Tage.

Der dumpfe Klang des finalen Baumfalls
hallt immer noch in meinen Ohren, und meine
Füsse erinnern sich an die Erschütterung
des Bodens. Ein Rabe sitzt keck auf der
frischgeschlagenen Bruchstelle und pickt
nach einer neugierigen Eidechse, die jedoch
geistesgegenwärtig dem spitzen Schnabel
entkommt. Wird wohl die Ratte, die in einem
Hohlgang des Baumriesen wohnte und sich
komfortabel von den essbaren Opfergaben der
Gläubigen im Schrein ernährte, einen ad-
äquaten Ersatz für ihr ehrwürdiges, nun dem
Erdboden gleichgemachtes Domizil finden?

a hollow area of the giant tree and comfort-
ably fed on the believers' edible offerings in
the shrine find an adequate alternative
for its venerable domicile, which has now been
razed to the ground? In any case, the forgotten shirt has already been assigned a
new task as a bundle, and it now carries out
roots and other relics of the wooden witness of the past into the world. With enormous effort, the witness of another temporal
dimension, one that bursts my own timeframe
many times over, was irreversibly severed
from its possible future history in a matter
of days. Cut up into manageable parts, sort-
ed, and taken away. A backward summary of
450 years in 7 days. What is left behind? The
void, the memories, and the bit of warmth
from the log fires. Or will the aerial roots
that the pinstripe man collected burrow
themselves into the soil somewhere else? The
deity figures chiseled out of the shrine
have perhaps already landed on the algae-
covered bed of the Ganges and are looking at
the fish and at the feet of the pilgrims.
I imagine all kinds of different boats, eerie
pieces of furniture, and fantastic housing
built out of lumber from the tree, and one of
the tree fallers time and again nimbly makes
his way hand over hand through my tags of
memories, smoking, cheerful, and performing
hard work at a dizzying height. Milky liquid
is streaming out of the injured wood into
the darkness of the night like white blood.
An old woman sitting on the ground ignites a
long-range missile. The colorful projectile
on the matchbox goes up in a flash, and the
little, instant fire warms her clammy fingers
for a brief moment. If he doesn't have to
assist the Indian army right now, Agni, the
god of fire, will provide for more sustain-
able warmth. Others are a little more patient
and squat in a circle around the small fire.
The heat of the flames determines the distance of all of the hands wandering over it.
Their movements along the boundary between
bone-chilling cold and comfortable warmth
draw an invisible sphere in the air. All
of these hands seem to be carefully tracing
an imaginary world whose center one would
like to draw near to, but at the same time
one fears the unpredictability slumbering in
it and attempts to banish it with gentle
movements.

I assume that the last large pieces of the
trunk will be picked up today, and that
I will now miss the removal of the last debris. The man from the reception desk very
kindly comes by every couple of hours
to check up on me. I repeatedly ask him about
the tree. He reports that this morning,
when he went shopping, all of the wood was
still there. That reassures me somewhat.

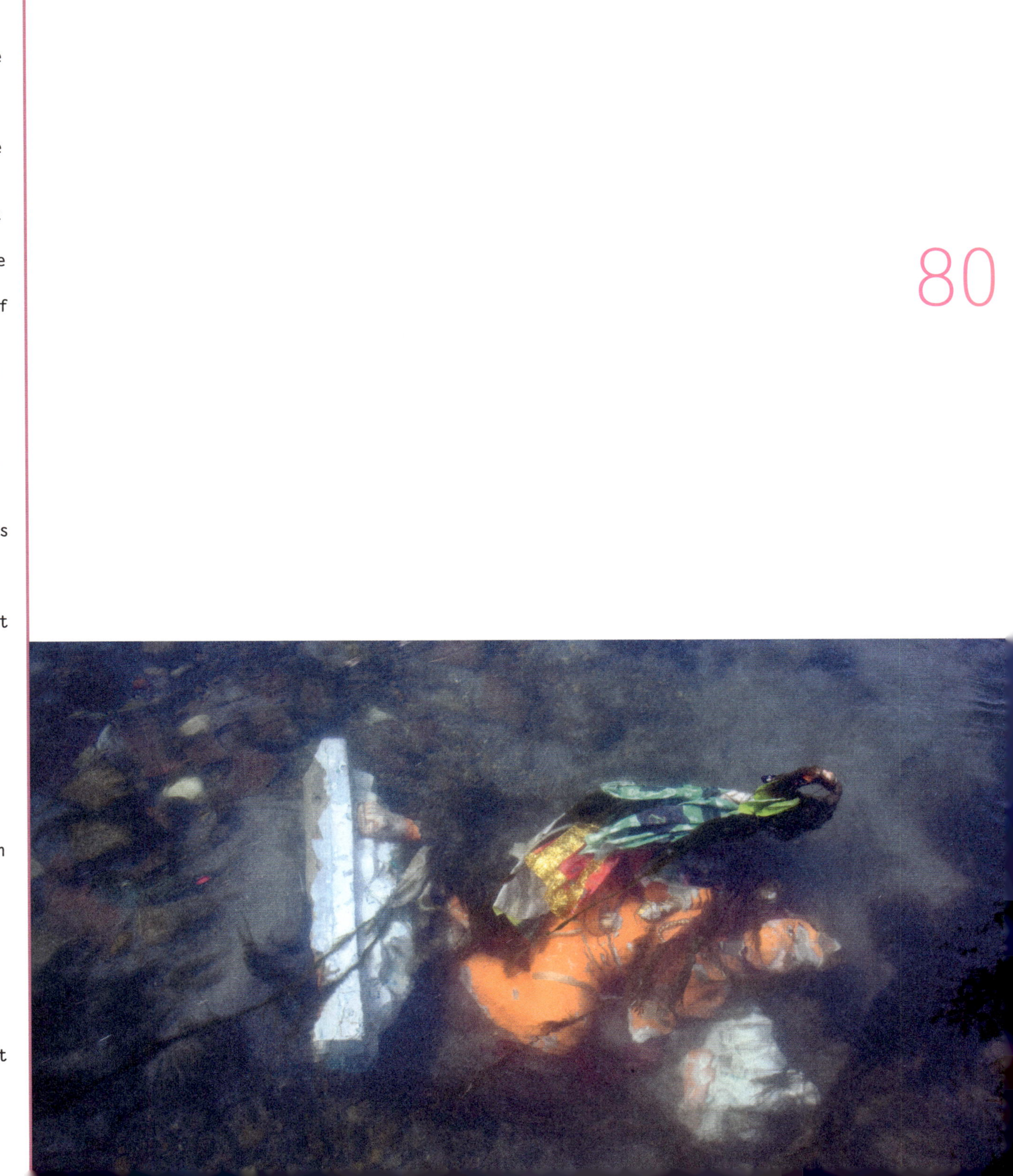

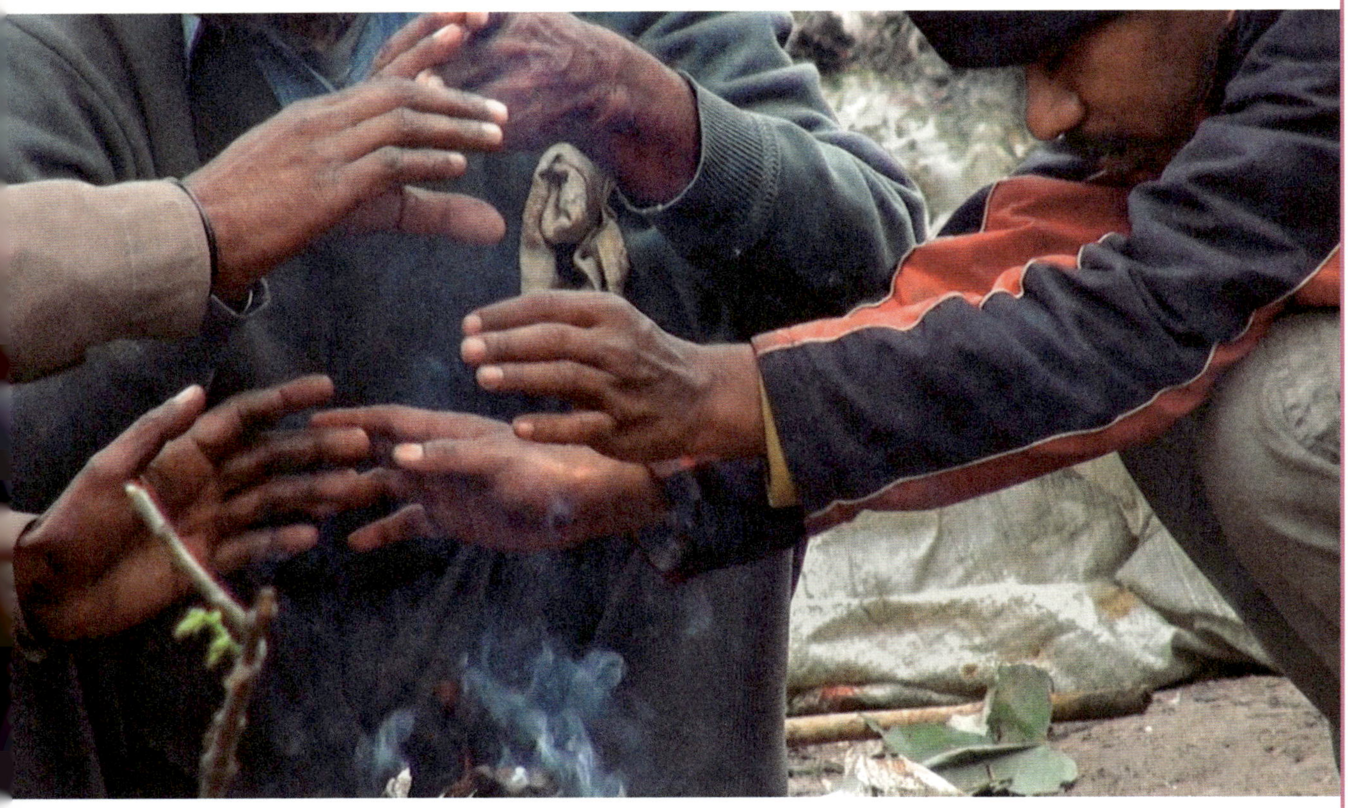

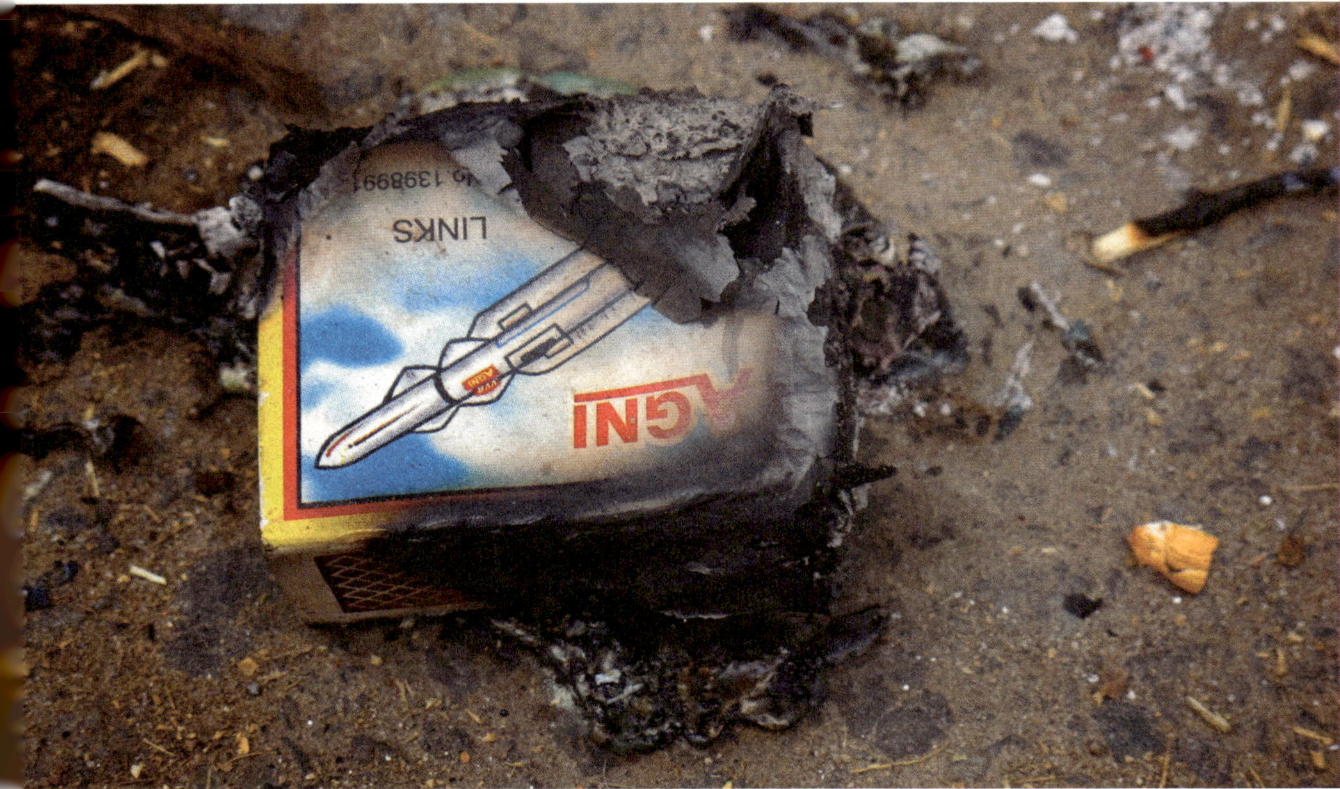

Dem vergessenen Hemd wurde jedenfalls schon seine neue Aufgabe als Bündel erteilt, und es trägt nun Wurzeln und andere Relikte des hölzernen Zeitzeugen in die Welt hinaus. Ein Zeuge einer zeitlichen Dimension, die meinen eigenen Zeitrahmen um ein Vielfaches sprengt, wurde in nur wenigen Tagen unter enormem Kraftaufwand und unwiderruflich von seiner möglichen künftigen Geschichte gekappt. In überschaubare und handhabbare Teile zerlegt, sortiert und abgeführt. Eine rückläufige Zusammenfassung von vierhundert-fünfzig Jahren in sieben Tagen. Was bleibt zurück? Die Leerstelle, die Erinnerungen und das bisschen Wärme der Holzfeuerchen. Oder werden sich die vom Nadelstreifenmann eingesammelten Luftwurzeln woanders wieder in die Erde graben? Auch die aus dem Schrein gespitzten Götterfiguren sind vielleicht schon jetzt auf dem mit Algen bewachsenen Grund des Ganges gelandet und schauen den Fischen und den Füssen der Pilger zu. Ich stelle mir allerlei Variationen von Booten, unheimlichen Möbeln und fantastischen Behausungen vor, die aus den Brettern des Baumes gebaut sind, und immer wieder hangelt sich einer der Baumfäller behende durch meine Erinnerungsfetzen, rauchend, vergnügt und unerschrocken in schwindelerregender Höhe Schwerstarbeit leistend. Aus dem verletzten Holz quillt milchige Flüssigkeit wie weisses Blut in das Dunkel der Nacht. Die am Boden sitzende alte Frau zündet eine Langstreckenrakete. Das bunte Geschoss auf der Zündholzschachtel geht in einer Stichflamme auf, und das Instantfeuerchen wärmt für einen kurzen Moment ihre klammen Finger. Der Feuergott Agni wird, wenn er denn nicht gerade der indischen Armee aus-helfen muss, schon noch für nachhaltigere Wärme sorgen. Andere sind etwas geduldiger und kauern im Kreis um kleine Feuerchen. Die Hitze der Flammen bestimmt den Abstand aller darüberwandernden Hände. Ihre Bewe-gungen entlang der Grenze von klirrender Kälte und wohliger Wärme zeichnen eine unsichtbare Kugel in die Luft. All diese Hände scheinen behutsam eine imaginäre Welt abzutasten, deren Zentrum man sich zwar annähern möchte, aber zugleich die darin schlummernde Unberechenbarkeit fürchtet und mit sanften Bewegungen zu bannen versucht.

Ich nehme an, dass die letzten grossen Stammstücke heute geholt werden und ich den Abtransport der letzten Baumtrümmer nun verpassen werde. Der Mann von der Rezeption kommt freundlicherweise alle paar Stunden, um nach mir zu schauen. Ich frage ihn immer wieder nach dem Baum. Er berichtet mir, dass heute Morgen, als er einkaufen ging, alles Holz noch vor Ort war. Das beruhigt mich ein wenig.

Hüpfende Töne spielen mit einer in sich verdrehten,
glatten Form und treiben diese übermütig
himmelwärts. Sieben Mal in die Hände klatschen und
der galoppierende Spuk ist vorbei.

Hopping sounds play with a screwed, smooth shape
and playfully propel it skyward. Clap your
hands seven times and the galloping racket is over.

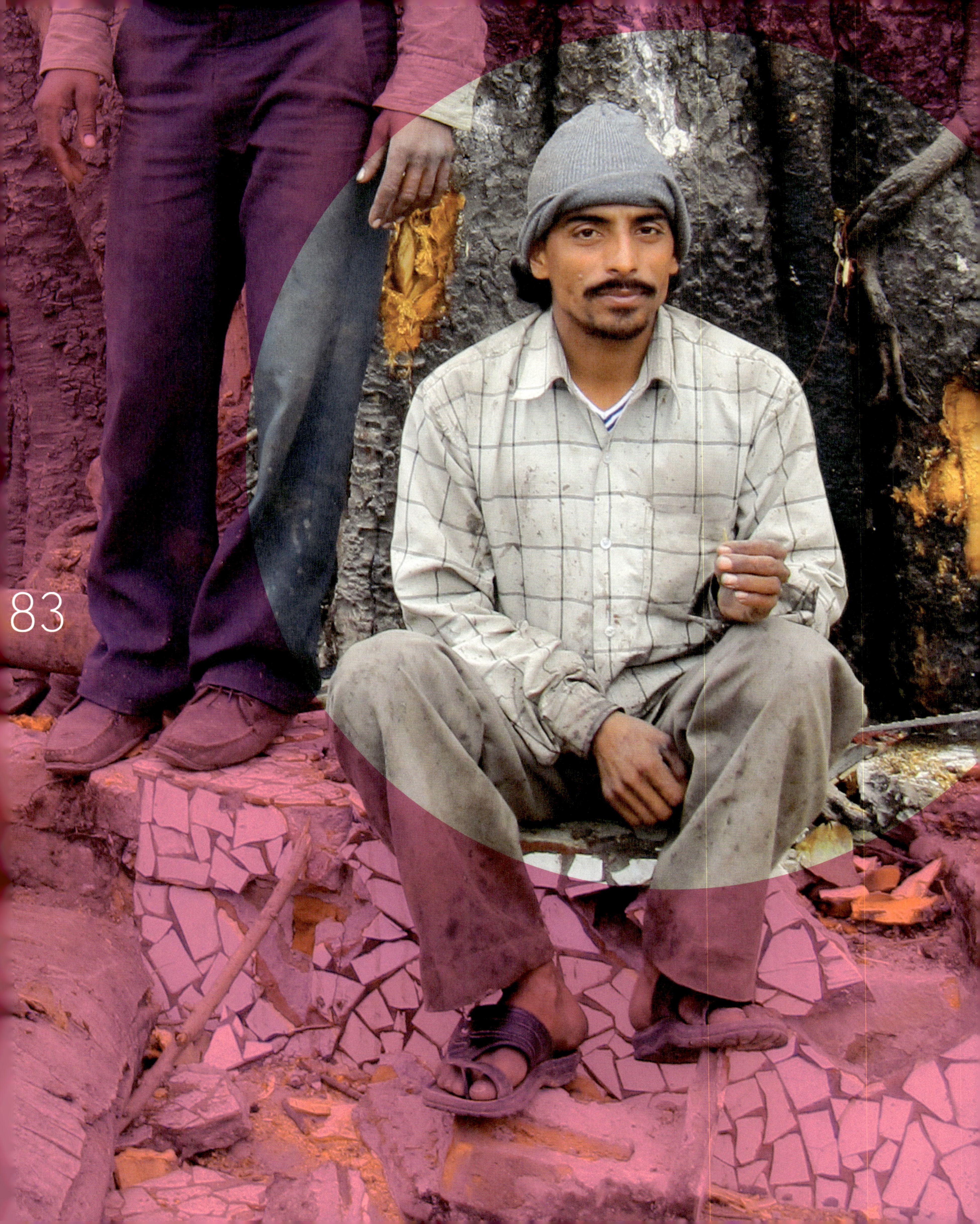

83

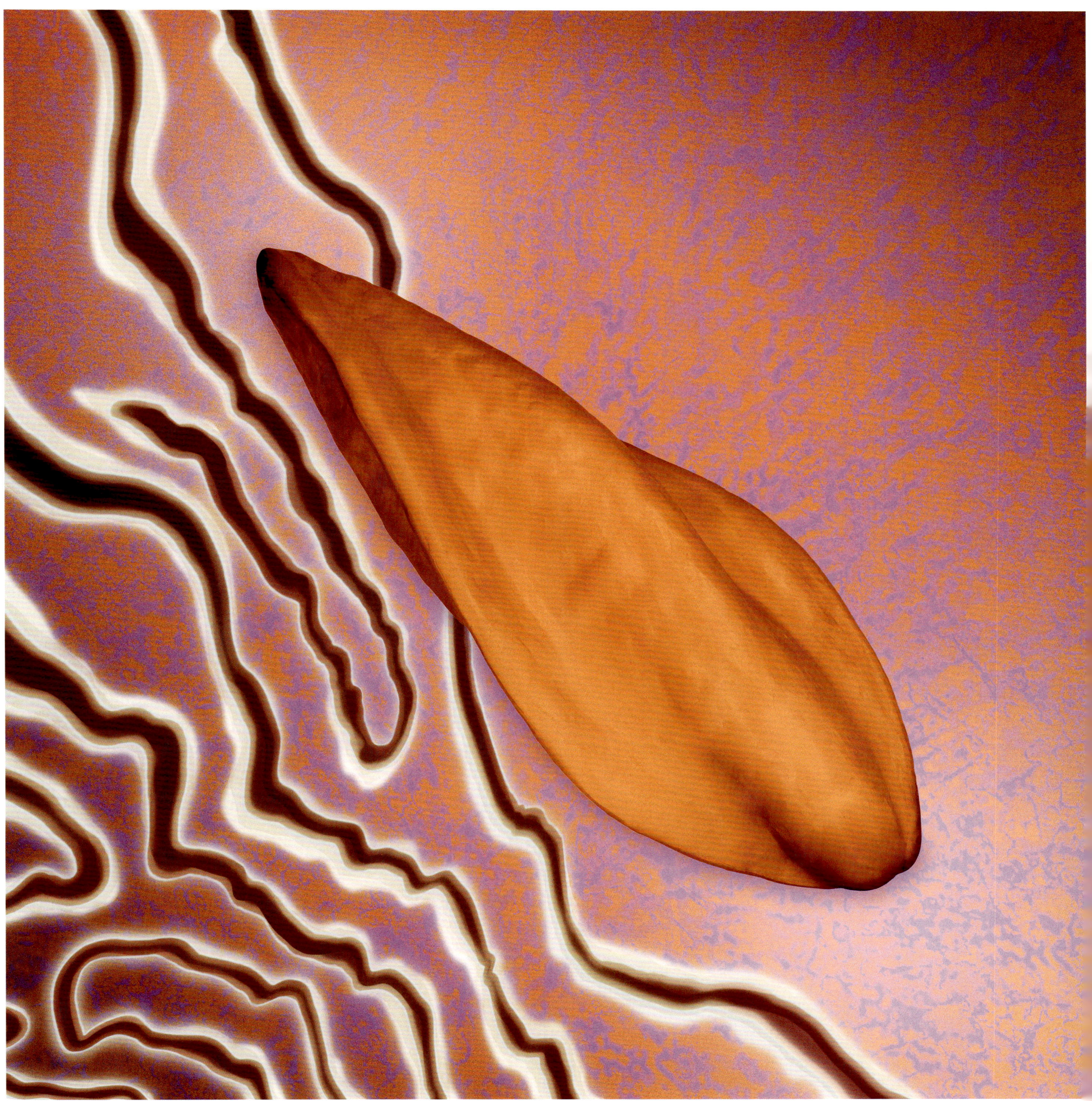

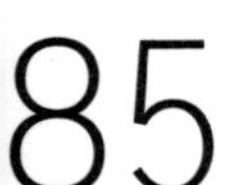

85

The Peepul (Bablu Rav), 2016
Fine Art Print, Airbrush, Lack, MDF mit Grundierfolie, Esche massiv
Fine art print, airbrush, varnish, MDF with primer film, solid ash
118 × 118 × 5 cm

Sonja Feldmeier

*1965, lives and works in Switzerland and elsewhere
www.sonjafeldmeier.com

Solo Exhibitions (selected)
* Publication/Catalogue

2019   *The Peepul,* John Schmid Kunstprojekte, Basel (CH)

2015   *Real India,* OVRA Archives, Bern (CH)

2013   *Lapilli,* John Schmid Galerie, Basel (CH)

2012   *Kalka-Shimla Diaries,* Bahnmuseum Albula, Bergün (CH)

2010   *from nowhere to somewhere,* Kunstraum Baden, Baden (CH)

2009   *In Your Room,* Galerie Ruzicska/Weiss, Düsseldorf (DE)

2007   *Inhale Exhale,* Kunst Halle Sankt Gallen, St. Gallen (CH)

       Lost Call, ARK Ausstellungsraum Klingental, Basel (CH) *

2006   *Repatriated Territories,* Spazio Culturale La Rada, Locarno (CH)

       Dark Angel, Trudelhaus, Baden (CH)

2005   *Feedback,* o. T. Raum für aktuelle Kunst, Lucerne (CH)

       Meter hinter dem Meeresspiegel, Galerie Parisa Kind, Frankfurt a.M. (DE)

       Curator's Best, The Wrong Gallery, New York (US) (with Christoph Büchel)

2000   *Phantom 00,* guest presentation, Aargauer Kunsthaus, Aarau (CH) *

Art-in-Architecture

2015/19   *Kaleidophon,* Schulhaus Looren, Zurich (CH)
           (competition 2015, realization 2019)

2014/15   *Funken Flunkern,* Jugendzentrum Werkk, Baden (CH)
           (competition 2014, realization 2015)

Screenings (selected)

2016   White Frame, Groupe Intervention Vidéo (GIV), Montreal (CA)

       Rendering Time Screenings, Metropolis Kino, Hamburg (DE)

2013   Fabulous Festival of Fringe Film, Durham (CA)

2010   Videonale, Kunstmuseum Bonn, Bonn (DE)

       International Festival of Films on Art (FIFA), Montreal (CA)

       56th International Short Film Festival Oberhausen, Oberhausen (DE)

       Neuchâtel International Fantastic Film Festival (NIFFF),
       Centre d'art Neuchâtel, Neuchâtel (CH)

2005   Club, La Rotonda del Festival, Locarno (CH)

Awards and Grants (selected)

2019   Research Residency in Kolkata/New Delhi (IN), Pro Helvetia

2013   Artist Grant, Aargauer Kuratorium, Aargau

2011   Artist Residency in New Delhi (IN), Atelier Mondial, Basel

2010   Artist Residency in London (UK), Landis & Gyr Stiftung

2009   Basler Filmpreis, category art film

2008   Kulturförderpreis der Alexander Clavel-Stiftung

2006   Artist Grant, Kunstkredit Basel-Stadt

2004   Artist Residency in New York (US), Atelier Mondial, Basel

       Artist Grant, Aargauer Kuratorium, Aargau

2002   Artist Grant, Kunstkredit Basel-Stadt

2001   Artist Grant, Aargauer Kuratorium, Aargau

2000   Artist Residency in Berlin (DE), Kanton Basel-Landschaft

Collections

Bundesamt für Kultur, Schweizerische Eidgenossenschaft, Bern (CH)

Sammlung Essl, Albertina, Vienna (AT)

Kunstmuseum Basel (CH)

Kunstmuseum Solothurn (CH)

Kunstkammer im Schloss Bartenstein, Bartenstein (DE)

Kunstkredit Basel-Stadt (CH)

Kunstsammlung der Stadt Baden (CH)

Museum für Kommunikation, Bern (CH)

Migros Aare, Baden (CH)

National Versicherung, Basel (CH)

Sammlung Kunstkredit Kanton Basel-Landschaft (CH)

*** Publication/Catalogue**

2018　*Switzerland Guest of Honour,* Art Paris Art Fair, Paris (FR)

　　　Auswahl 18, Aargauer Kunsthaus, Aarau (CH)

　　　34. Kantonale Jahresausstellung, Kunstmuseum Solothurn, Solothurn (CH)

　　　Songlines, Projektraum M54, Basel (CH)

2017　*Coding and Entity,* Di-Egy Festival 0.2, Cairo (EG)

　　　Voyage, Voyage! Über das Reisen in der Kunst, Kunstmuseum Olten, Olten (CH)

　　　La Brocca Nera, Kunstmuseum Solothurn, Solothurn (CH)

2016　*Rendering Time,* Groupe Intervention Vidéo (GIV), Montreal (CA)

2015　*Wohin gehen wir? Videokunst zur Stadtgesellschaft,* Motorenhalle, Projektzentrum für zeitgenössische Kunst, Dresden (DE)

　　　Zürich Kritik, Master of Arts in Fine Arts Degree Show 2015, Zürcher Hochschule der Künste ZHdK, Zurich (CH) *

　　　Kunstarchivkunst, Stadtgalerie, Bern (CH)

2014　*Collecting. Umgang mit Sammlungen,* Kunsthaus Baselland, Muttenz/Basel (CH)

　　　Videocity.bs, Foyer Theater Basel, Basel (CH)

2013　*100 Jahre Meret Oppenheim—Das Geheimnis der Vegetation,* art project in public space, Basel (CH) *

　　　Auswahl 13, Aargauer Kunsthaus, Aarau (CH) *

　　　Holy Shit, Shay Arye Gallery, Tel Aviv (IL)

2012　*Werke der Emanuel Hoffmann-Stiftung und der Öffentlichen Kunstsammlung Basel,* with new acquisitions by Olafur Eliasson, Sonja Feldmeier, Ceal Floyer, and Simon Starling, Kunstmuseum Basel | Gegenwart, Basel (CH)

　　　Ankäufe Kunstkredit Baselland, Kunsthaus Baselland, Muttenz/Basel (CH)

2011　*meter behind the sea-level,* Ahmedabad International Arts Festival (AIAF), Ahmedabad (IN)

　　　Café des Rêves, Helmhaus, Zurich (CH) *

　　　Festival der Tiere, Essl Museum, Klosterneuburg bei Wien, Vienna (AT)

　　　Môtiers 2011—Art en plein air, Môtiers (CH)

2010　*Real India,* Sanskriti Kendra, New Delhi (IN)

2009　*Three leap seconds later,* Kunsthaus Grenchen, Grenchen (CH)

　　　modellhaft, Kunstraum Riehen, Riehen (CH)

　　　Walk On The Light Side, eggn'spoon in EWZ-Mustergarten, Zurich (CH)

2008　*Art with Strangers,* Turnpike Gallery, Leigh (UK)

　　　Real Estate, Kunstmuseum Solothurn, Solothurn (CH) *

2007　*odds and ends,* Galerie Ruzicska/Weiss, Düsseldorf (DE)

　　　Torno Subito! (Atto II), Substitut, Berlin (DE)

2006　*Re_dis_trans: Voltage of Relocation and Displacement,* apexart, New York (US)

　　　Visioni del Paradiso, Istituto Svizzero, Rome (IT) *

　　　emerging artists 06: Schweiz, Essl Museum, Klosterneuburg bei Wien, Vienna (AT) *

　　　Von Erde schöner, Galerie Bernd Kugler, Innsbruck (AT)

2005　*Geld,* Trudelhaus, Baden (CH)

2004　*Garagesale & Videoshop,* Filiale Erben, Basel (CH)

　　　Animal Destinies, Goliath Visual Space, New York (US)

　　　Open Studios, iscp, New York (US)

　　　from White to Wild, White Space, Zurich (CH)

2003　*Môtiers 2003—Art en plein air,* Môtiers (CH) *

2002　*Stardust Deluxe,* Lisa Lounge and Villa Elisabeth, Berlin (DE)

　　　V.I.P. Very Important Pictures, Kunsthalle Palazzo, Liestal (CH) *

　　　Freespace, Z33 House for Contemporary Art, Hasselt (BE) *

　　　1:1 Wrong Time Wrong Place #4, espace d'art contemporain (les halles), Porrentruy (CH)

2001　*Out of Bounds,* Luckman Gallery, Los Angeles (US)

　　　Lecture Lounge LL vol. 01, The P.S.1 Clocktower Gallery, New York (US) (with Christoph Büchel)

2000　*Painterly.* The 11th Vilnius Painting Triennial, Contemporary Art Centre (CAC), Vilnius (LT) *

　　　Satellit, Z 2000—Positionen junger Kunst und Kultur, Berlin-Pavillon, Berlin (DE)

Sonja Feldmeier dankt herzlich allen, die mit Rat und Tat, Erfahrung und Engagement die Realisierung der Werke und der Publikation unterstützt haben:

Den Baumfällern Iltab Hasan, Gufran Malik, Asif Mohammad, Riazat Mohammad, Taslim Mohammad, Nafis Rao, Bablu Rav und Abdul Sattar für ihre freundliche Offenheit, ihren Humor und ihre Gastfreundschaft. Ihrem Mut und ihrer Unerschrockenheit gilt meine volle Bewunderung.

Dem Atelier Mondial für den Atelieraufenthalt in New Delhi 2010/11, durch den dieses Projekt überhaupt ins Rollen kam. Sadaf Raza, Chandrika Grover und dem ganzen Pro Helvetia-Team in New Delhi für die hilfreiche Unterstützung vor Ort. Petra Manefeld für den unerwarteten und aufhellenden Besuch an meinem einsamen Krankenbett in Haridwar 2011. Akshay Rathore für den unermüdlichen Einsatz und die wertvolle und umfangreiche Übersetzungsarbeit auf der Recherchereise nach Haridwar 2016.

Vojislav Anicic für die einfühlsame und engagierte Auseinandersetzung mit meiner Arbeit und meinem wohl oft wunderlich anmutenden Ideenkosmos, für die sensiblen und komplexen musikalischen Kompositionen sowie die intensive Zusammenarbeit bei der Entwicklung der Tonspur von *The Peepul Tree*.

Thomas Isler für den wertvollen Beitrag beim Filmschnitt; Stella Händler von freihändler filmproduktion für die produktive Zusammenarbeit und die engagierte Promotion von *The Peepul Tree*.

Fotofachlabor Pascale Brügger für Beratung und hochwertige Art Prints; Schreinerei Westquai für präzisen Rahmenbau für *The Peepul*.

Chantal Molleur, Claudia Müller, Max Schmid, Claudia Spinelli, Maja Wismer und Isabel Zürcher für kritisches und hilfreiches Feedback; Muriel Utinger für abenteuerliche und lustige Hirnstürme; Philipp Gasser für Sternenstaubkontrolle und vielfältige technische Beratung.

John Schmid für Offenheit und ideelle Unterstützung und für die grosszügige Anschubfinanzierung dieser Publikation.

Sibylle Ryser für das kluge Gestaltungskonzept, die intensive inhaltliche Auseinandersetzung und die wunderbare Redaktionsarbeit sowie für die freundschaftliche Begleitung des ganzen Werkkomplexes *based on a true story*.

Den Autorinnen und Autoren Samuel Herzog, Daniel Morgenthaler, Senjuti Mukherjee und Sibylle Ryser für anregende Textbeiträge; Silvia Jaklitsch, Katharina Pötz und Gabrielle Cram vom Verlag für moderne Kunst für verlegerisches Engagement und redaktionelle Unterstützung; Rebecca van Dyck und Uta Hasekamp für präzise Übersetzungen.

Meinen beiden Schwestern Antara und Maja wie auch meinen Eltern Brigitte und Gerhard Feldmeier für die liebevolle Begleitung; meinen Freundinnen und Freunden sowie im Besonderen Benjamin Pia für die Mithilfe beim Bäumepflanzen.

Dank
Acknowledgments

Sonja Feldmeier extends her heartfelt thanks to all of those who supported the realization of the works and the publication with their help and advice, experience, and commitment:

The tree fallers Iltab Hasan, Gufran Malik, Asif Mohammad, Riazat Mohammad, Taslim Mohammad, Nafis Rao, Bablu Rav, and Abdul Sattar for their gracious openness, their sense of humor, and their hospitality. I deeply admire their courage and their boldness.

The Atelier Mondial for the studio residency in New Delhi in 2010/11, without which this project would have never started rolling. Sadaf Raza, Chandrika Grover, and the entire Pro Helvetia team in New Delhi for their helpful support on site. Petra Manefeld for her unexpected and enlightening visit to my lonely sickbed in Haridwar in 2011. Akshay Rathore for his tireless dedication and his valuable and extensive translating work during the research trip to Haridwar in 2016.

Vojislav Anicic for his perceptive and committed examination of my work and my often seemingly bizarre universe of ideas, for his sensitive and complex musical compositions, as well as for the intense collaboration while developing the soundtrack for *The Peepul Tree*.

Thomas Isler for his valuable contribution to editing the film, and Stella Händler from freihändler filmproduktion for the productive cooperation and her enthusiastic promotion of *The Peepul Tree*.

Fotofachlabor Pascale Brügger for advice and high-quality art prints, and Schreinerei Westquai for the meticulous construction of the frames for *The Peepul*.

Chantal Molleur, Claudia Müller, Max Schmid, Claudia Spinelli, Maja Wismer, and Isabel Zürcher for their critical and helpful feedback; Muriel Utinger for adventurous and playful brainstorms; Philipp Gasser for stardust control and his technical advice.

John Schmid for his openness and ideal support, and for the generous start-up funding of this publication.

Sibylle Ryser for her clever design concept, her intense examination of the contents and wonderful editing work, as well as the friendly support of the entire body of works *based on a true story.*

The authors Samuel Herzog, Daniel Morgenthaler, Senjuti Mukherjee, and Sibylle Ryser for stimulating contributions; Silvia Jaklitsch, Katharina Pötz and Gabrielle Cram from the Verlag für moderne Kunst for their publishing commitment and editorial support; Rebecca van Dyck and Uta Hasekamp for their accurate translations.

My two sisters, Antara and Maja, as well as my parents, Brigitte and Gerhard Feldmeier, for their loving encouragement; my friends, as well as Benjamin Pia in particular for helping to plant trees.

Für die wertvolle finanzielle Förderung, mit der die vorliegende Publikation realisiert werden konnte, danken wir:

Our gratitude goes out to the following for their generous funding, which made it possible to bring the present publication to fruition:

John Schmid Kunstprojekte, Basel

AARGAUER KURATORIUM

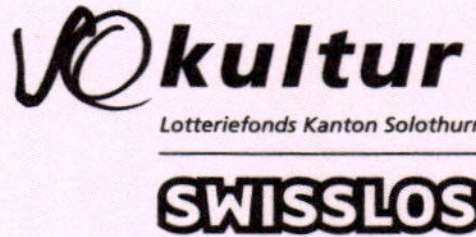

pro helvetia

ERNST GÖHNER STIFTUNG

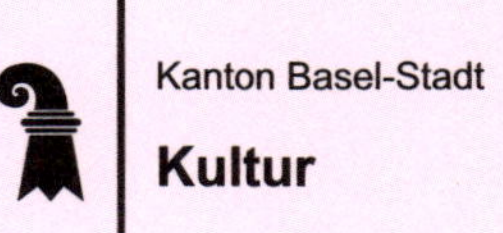
Kanton Basel-Stadt
Kultur

Ernst und Olga Gubler-Hablützel Stiftung

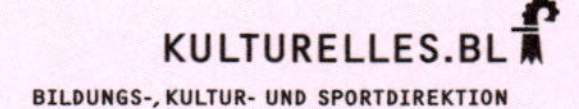
KULTURELLES.BL
BILDUNGS-, KULTUR- UND SPORTDIREKTION

Samuel Herzog (*1966)

lebt in Zürich. Er isst, trinkt, kocht, reist – und schreibt darüber. Seit 2001 ist er Geschäftsführer der Firma HOIO, die Gewürze von der fiktiven Insel Lemusa importiert (www.hoio.org). 2002 bis 2017 war er Redakteur für bildende Kunst bei der *Neuen Zürcher Zeitung.* 2016 bis 2018 bereiste er systematisch den indischen Subkontinent und entwickelte dabei ein Buchprojekt, das 2019 in Teilen unter dem Titel *Indien im Augenblick* im Zürcher Rotpunktverlag erschien.

Daniel Morgenthaler (*1978)

Studium der Anglistik, Germanistik und Philosophie in Zürich und Sheffield. Seit 2011 als Kurator am Helmhaus Zürich tätig. Freier Autor von Katalogbeiträgen und für Zeitschriften wie *Kunst-Bulletin, Brand-New-Life* und *Apartamento.* Lehrtätigkeit an der Zürcher Hochschule der Künste, der Hochschule der Künste Bern und der Haute école d'art et de design in Genf. Zusammen mit Aoife Rosenmeyer verantwortlich für die Konzeption und Programmation der Workshopreihe *Crritic!* zur aktuellen Situation der Kunstkritik in der Schweiz.

Senjuti Mukherjee (*1990)

studierte Vergleichende Literaturwissenschaft an der Jadavpur University in Kolkata und Kunstgeschichte an der Jawaharlal Nehru University in New Delhi. In den letzten Jahren hat sie mit Instituitionen und Organisationen wie Osian's Connoisseurs of Art, der Nature Morte Gallery, der Saat Saath Arts Foundation, Eka Cultural Resources and Research und der Delhi Art Gallery Sammlungen visueller Künste wie auch damit verbundene Archive aufgebaut und erforscht. Sie hat eine Vorliebe für Zelluloid und die analogen Prozesse in Kino und Fotografie und hat sich im Rahmen eines Programms der International Federation of Film Archives im Bereich Zelluloid-Konservierung weitergebildet. Zur Zeit ist sie für die Publikationsreihe zur Kunstkritik verantwortlich, welche die Serendipity Arts Foundation über ihr Festival herausgibt, und kuratiert als UNESCO Fellow für das Online-Archiv Sahapedia ein Forschungsmodul zur Materialkultur des Kinos und zu Filmkopierwerken. Begeistert von Grossstädten, dem Kino, den Künsten und Archiven, sucht Senjuti Mukherjee in ihrer Arbeit all diese Leidenschaften zu verbinden.

Sibylle Ryser (*1960)

führt seit 2001 ein Büro für Buchgestaltung in Basel. Ihre berufliche Kompetenz gründet auf reicher Erfahrung und einer vertieften Ausbildung (1992 Diplom der Basler Schule für Gestaltung, heute Hochschule für Gestaltung und Kunst FHNW; 2005 Master der Universität Zürich in Kunstgeschichte und Populären Kulturen). Sie arbeitet für Museen, Verlage und Institutionen aus den Bereichen Kunst und Wissenschaft. In ihren Projekten verbindet sie gestalterische und redaktionelle Kompetenz. www.sibylleryser.ch

Autor*innen
Authors

Samuel Herzog (*1966)

lives in Zurich. He eats, drinks, cooks, and travels—and writes about it. He has been the executive director of HOIO, a company that imports spices from the fictitious island of Lemusa (www.hoio.org). From 2002 to 2017 he was editor for visual art at the *Neue Zürcher Zeitung.* Between 2016 and 2018 he systematically toured the Indian subcontinent, developing a book project that was published in part under the title *Indien im Augenblick* by the Zurich-based publishing house Rotpunktverlag.

Daniel Morgenthaler (*1978)

studied English and German language and literature and philosophy in Zurich and in Sheffield. He has worked as a curator at the Helmhaus Zürich since 2011. He is a freelance author of contributions to catalogues and to journals such as *Kunst-Bulletin, Brand-New-Life,* and *Apartamento,* and teaches at the Zurich University of the Arts, Bern University of the Arts, and the Haute école d'art et de design in Geneva. Along with Aoife Rosenmeyer he is responsible for the conception and programing of the *Crritic!* series of workshops on the current situation of art criticism in Switzerland.

Senjuti Mukherjee (*1990)

studied Comparative Literature and Art History in Jadavpur University in Kolkata and Jawaharlal Nehru University in New Delhi respectively. For the last few years, she has been constructing and researching visual arts collections and related archives with organizations such as Osian's Connoisseurs of Art, Nature Morte Gallery, Saat Saath Arts Foundation, Eka Cultural Resources and Research, and Delhi Art Gallery. She loves celluloid and analogue processes in both cinema and photography, and has been receiving instruction in celluloid conservation under the International Federation of Film Archives. She currently heads the publication series on art criticism which Serendipity Arts Foundation is bringing out about their festival, and she is curating a research module on the material culture of cinema and film laboratories for the online archive Sahapedia as a UNESCO Fellow. A city, cinema, arts, and archives enthusiast, Senjuti Mukherjee seeks to blend together all her passions in her work.

Sibylle Ryser (*1960)

runs an office for book design in Basel since 2001. Her professional expertise is based on a wealth of experience and in-depth training (diploma from the School of Design Basel, now the FHNW University of Applied Sciences and Arts Northwestern Switzerland, in 1992; M.A. in art history and popular cultures from the University of Zurich in 2005). She works for museums, publishing houses, and institutions from the areas of art and science and combines creative and editorial competence in her projects. www.sibylleryser.ch